KB234131

조계종의 산파
지암 이종욱

조계종의 산파

지암 이종욱

박희승 · 글

조계종
출판사

철저한 고증과 객관적 사실로
재조명한 지암 스님의 삶

· **보선 스님**(대한불교조계종 중앙종회 의장, 대흥사 회주)

지암 이종욱 스님은 근현대 한국불교사에 지대한 영향을 끼친 거목 巨木이다. 일제강점기 전국 31본산 주지 대표로 총본산 건립을 주도하여 조계사를 창건하였고, 해방 이후에는 총무원장으로 종단을 재건하고 동국대학을 종합대학으로 승격시켰다.

나무가 크고 가지가 넓으면 그만큼 그림자도 짙게 드리우고 바람 잘 날이 없는 법이다. 스님은 일제강점기 총무원장으로 종단을 지키는 과정에서 불가피하게 펼친 행정을 두고 자발적 친일親日이냐, 위장 친일이냐는 논쟁에 휘말려야 했다. 역사는 사실을 기록한다는 관점에서 볼 때 스님의 행위는 분명 친일이다. 그 부분은 지암 스님 문손門孫의 한 사람으로서 참회한다.

그러나 그것은 스님의 안위와 사욕을 위한 행위에서 비롯된 것이 아니다. 일제강점기 엄혹한 시절, 백척간두 벼랑에 선 한국불교를 지키기 위한 스님의 고뇌에 찬 결단이었음을 분명히 짚고 넘어가야 한다. 사실과 진실은 다르다. 사실이 곧 진실은 아니다. 진실은 단편적 사실의 나열이 아니라 행위 속에 들어 있는 의도와 인과관계, 당시 사회적 맥락 등 여러 복잡한 상황을 함께 반영한다. 불교에서는 이를 여실지견如實知見이라 한다. 종교의 수도修道가 그러하듯 역사 탐구의 출발점은 '있는 그대로를 그대로 보는' 객관적 사실 추구에서 시작한다. 번뇌의 실체를 바로 보고 그 원인을 제대로 아는 데서 수행자의 발심이 일어나는 것처럼 역사학자는 행위의 진정한 모습을 편견 없이 보는 데서 학문의 출발점이 생겨난다. 사실과 진실의 아우름으로 역사는 평가되어야 마땅하다.

그 점에서 중효 박희승 거사가 펴낸 『조계종의 산파 지암 이종욱』은 지암 스님의 삶과 역사의 진실을 오롯이 밝혀낸 역작이다. 저자는 이 책에서 일제강점기와 혼돈의 해방 정국 아래 조계종단을 세우고 지켜낸 뛰어난 행정승의 모습뿐만 아니라 수행자로서 지암 스님의 삶을 샅샅이 정리했다.

나무가 뿌리를 깊게 내려 만고의 세월을 버텨내는 거목으로 자라기까지는 모진 풍파를 거쳐야 한다. 오늘날 한국불교를 대표하는 대한불교조계종은 일제강점기 때 친일화의 강압을 거쳐 기득권에 사로잡힌 명리승들의 탐욕, 불교를 발밑에 두고 싶어 한 권력의 침탈을 견뎌내고 세계적인 종단으로 우뚝 섰다. 그 첫걸음이 바로 지암 스님의 탁월한 지도력과 금강석 같은 굳은 신심으로 이루어졌다. 이는 스님의 과過에도 불구하고 변하지 않는 사실이다.

한편 스님은 수행자로서도 영락없는 불제자였다. 친일親日의 잔재를 씻고 민족정기를 바로 세우며, 청정한 불교를 회복하기 위해 펼친 불교정화 운동 과정에서 스님은 당신이 출가하고 수행하며 고군분투 일으켜 세웠던 월정사에서 아무런 이의 없이 조용히 물러나기도 했다.

이 책의 발간을 계기로 오늘날 조계종을 있게 한 공헌자로서 지암 스님이 새롭게 재조명되기를 바란다. 친일이냐 위장 친일이냐 하는 소모적인 논쟁은 여기서 끝내야 한다. 또한 조계종단을 세우고 지켜온 수호신장으로, 한국불교를 위해 평생 헌신한 종도宗徒로서 그분을 기억하고 업적을 계승하기를 간절히 염원한다. 이는 소납小衲이 스님의 문손門孫이라는 개인적 인연에 따른 편애가 아니라 한국불교의 무궁한

조계종의 산파 지암 이종욱

발전을 염원하는 조계종도로서, 일제강점기의 진실이 밝혀지기를 바라는 민족적 견지에서 드리는 고언苦言들이다.

지금 조계종단은 통합종단 출범 50년을 맞아 정화, 개혁을 넘어 부처님 가르침대로 살고 실천하자는, 나로부터의 자성과 쇄신을 한국불교의 최대 화두로 삼고 있다. 사실, 우리가 그토록 중요하게 여긴 지암 스님의 행적은 껍데기에 불과하다. 오직 간직하고 기억해야 할 것은 지암 스님이 추구한 불제자로서의 수행력이다. 껍데기는 버리고 진면목만 볼 수 있기를 바라며, 다시 한 번 책 출간의 기쁨을 모든 이들과 함께 나누고자 한다.

한국사에 숨은 지암, 재조명하다

· **김광식**(동국대 연구교수)

한국 근대불교사에서 결코 간과할 수 없는 큰스님이 바로 지암 이종욱 스님이다.

지암 스님은 일제에게 빼앗긴 나라를 되찾기 위해 풍찬노숙의 마음으로 국내외 독립운동의 현장에서 고투하였다. 삼보정재를 지키기 위해 헌신하였으며 오늘날의 조계사와 조계종단을 만든 최일선에서 노력하였다. 그러나 지암 스님 행적의 일면에는 '친일'이라는 멍에가 씌워져 있다. 엄혹한 일제의 시공간에서 활동했기에 불가피하게 일제와의 관련을 배제할 수 없었다. 그래서 지암의 행적에는 '항일'과 '친일'의 그림자가 교차한다. 지금껏 지암 연구가 광대가 줄 타는 모습처럼 미묘한 까닭도 이 때문이다.

그럼에도 불구하고 지암에 대한 총체적, 집중적인 연구는 부재하였다. 물론 그간 관련 연구자들의 몇 편의 논고가 있었지만 지암이라는 인물을 이해하기에는 미진하였다. 이런 시기에 지암에 대한 관심을 10년 넘게 기울여 온 박희승 선생의 고투에 찬 연구 성과물이 상재되었다. 더욱이 전문학자도 아니면서, 이런 방대한 연구 성과물을 내놓은 것에 이 분야 연구 말석에 있는 당사자로서 당혹감을 감출 수 없다.

박 선생은 그동안 한국불교에 대한 애정으로 조계종단의 종무행정직에 종사해왔다. 그러면서 틈틈이 시간을 내 지암과 관련된 자료를 세심하게 수집하고, 관련 스님들의 인터뷰를 진행하였다. 연구하는 종무행정의 모범을 보여 준 박 선생님의 헌신에 경의를 표한다.

이 책은 다음과 같은 측면에서 학술적 의의를 갖는다. 첫째, 항일과 친일의 연구 지평을 확대시켰다. 둘째, 근대기 조계종단사의 시야를 새롭게 하였다. 셋째, 종단의 핵심 주역인 총무원장의 연구를 추동하였다. 넷째, 한암 및 탄허로 대변된 월정사 근대연구의 지평을 넓혔다. 다섯째, 근대 고승에 대한 새로운 연구를 촉발시켰다.

다만 아쉬운 것은 연구를 수행하면서 관련 스님들에게서 채록한 구술 인터뷰 자료가 적극적으로 활용되지 못한 것이다. 과거에는 구술

자료를 소홀하게 다루었으나, 최근에는 구술 자료를 적극 활용하는 추세를 고려할 때 조금 아쉬웠다. 추후 이 자료에 대한 의미를 고려하여 자료집으로의 확대 출간해 주시기를 소망한다.

다시 한 번, 책의 출간을 반기면서 이 분야에 관심 있는 학자와 스님, 신도 등 제방 불자님들에게 일독을 권한다.

2011년 11월

조계종의 산파 지암 이종욱

조계종의 산파 지암 이종욱

조계사와 조계종은 현대 한국불교의 상징이다.

일제강점기에 조계사와 조계종을 재건한 주역이 바로 지암 이종욱 (1884~1969) 스님이다. 그런데 조계종에도 지암을 아는 이가 드물다. 아는 사람도 지암을 '불교계의 대표적인 친일파' 정도로만 알고 있다.

나 역시 지암 이종욱을 '친일파'로 알고 있었다. 그런데 1997년에 우연히 지암과 인연이 닿았다. 조계종 불학연구소 연구과장으로 재직할 당시에 국가보훈처에서 "독립운동 공적으로 국가훈장을 받은 이종욱 스님이 친일파로 비판 받는데 이에 대한 종단의 의견이 무엇이냐?" 고 물어왔다. 종단으로선 책임있는 답을 해야 했다. 연구소는 지암 이종욱 스님에 관한 정확한 조사를 해야 했다. 이 일이 나에게 맡겨졌다.

지암에 관한 자료를 수집 분석하면서 겉으로 알려진 친일행적과 달리 지암은 일제강점기에 총본산 조계사 건립과 조계종 재건과정에서 31본산 주지 대표로 일제에 협력할 수밖에 없었을 상황과 항일에 대한 고민을 볼 수 있었다. 이런 사실을 종합하여 지암을 친일파로만 보는 것은 옳지 않다는 종단 의견을 정리하여 국가보훈처에 보내니 당시 정부는 지암의 친일 심사를 보류하였다.

그렇지만 나는 지암에 대하여 더 많은 연구가 필요하다는 판단을 하였다. 왜냐하면, 조사할수록 지암에 대해 알려지지 않은 자료가 계속 나왔고, 친일의 이면에는 일제강점기 종단의 합법적인 재건이라는 조선불교도들의 여망이 있었다. 더 깊은 연구를 통해 사실을 밝혀주지 않는다면 지암이 너무나 억울하겠다는 생각이 들었다.

그리하여 나는 조계종의 재건자인 지암 스님의 종합적인 행적을 연구하여 진실을 밝혀보자는 개인적인 서원을 세웠다. 그렇게 하기를 10여 년, 그 사이 많은 자료도 찾았고, 지암 관련 석사학위와 여러 편의 논문도 썼으며, 당시 상황을 알 수 있는 분들과 많은 인터뷰도 하여 이 책을 완성하게 되었다.

지암은 친일파이기 이전에 파고다공원의 3·1 만세운동에 직접 참가하였고, 한성임시정부 수립에 불교계 대표로 참여한 뒤 중국으로 건너가 상해임시정부 내무부 참사, 국내특파원으로 연통제 국내조직 총책, 임시정부 의정원 의원, 대동단과 김가진 이강공 상해망명사건 주도, 청년외교단 애국부인회 대한적십자사 조직, 대한불교 독립선언서 대한의용군승단 주도, 불교계의 상해임시정부 지원을 위해 스님들을 조직적으로 연계하여 항일운동에 참여케 하다가 3년간 옥살이를 하였다. 출소 뒤에 폐사 직전의 월정사를 구하여 주지에 취임하고 전국 31본산 주지 대표로 총본산 건립운동을 주도하여 조계사를 창건하였고, 조선조 이래 처음으로 종단을 합법적으로 재건하였다. 이 과정에서 지암은 일제에 협력하였다. 하지만 일제강점 말기인 1944년 항일무장투쟁을 도모했다는 여러 증언도 있다.

광복 이후 지암은 유일하게 종교계 대표직에서 스스로 물러났다. 그러나 미군정과 이승만 정권이 기독교 편향정책을 펼치고 1949년 무지한 토지개혁으로 전국 사찰의 토지가 완전히 유실될 위기에 처하자 국회에 진출하고 다시 총무원장에 취임하여 사찰 토지를 되찾고 동국대학을 종합대학으로 승격시켜 오늘날 조계종단의 기틀을 만들었다.

나는 연구 초기에 지암의 항일과 친일의 자료만으로는 이해할 수 없는 것이 너무도 많았다. 지암은 이미 갔으니 물어 볼 수도 없었다. 그래서 당시를 증언해 줄 수 있는 분들을 수소문하여 인터뷰를 했다. 지금은 대부분 입적하셨지만, 조계종의 원로 큰스님들이신 석주, 고송, 관응, 범룡, 천운 스님 등 약 20여 분을 직접 뵙고 지암에 대하여 상세한 인터뷰를 하였다. 이분들은 모두 다 한결같이 지암은 친일파가 아니라 일제에 협력하는 척하면서 속으로는 항일운동을 했던 애국자였다는 것이다.

불교 근현대사에서 지암에 대한 자료가 앞으로도 나올 것이 분명하지만, 지금까지 찾을 수 있는 모든 자료를 기초로 이 책은 완성되었다.

지금 불교계에 조선조의 억불정책과 식민지 유산으로 자기 비하의 역사인식이 있다. 조계사와 조계종의 재건자인 지암을 통하여 한국불교 근현대사를 균형잡힌 시각으로 보길 바란다. 이 시대에 지암과 불교계 인사들은 상해임시정부를 조직적으로 참가 지원하였으며, 수백 년 만의 종단 재건을 성사시켜 민족의 전통 사상과 문화를 계승 발전시켜 나갈 초석을 놓았다. 이러한 사실에 대하여 공정한 재평가가 있기를 바란다.

이 책이 나오기까지 너무나 많은 분들의 도움이 있었다. 지면 관계

조계종의 산파 지암 이종욱

상 몇 분만 기록한다면 필자의 발원에 후원해 주신 (재)지암불교문화재단과 대흥사, 그리고 입적하신 천운 큰스님께 깊이 감사드린다. 더불어 축사와 추천의 글을 기꺼이 써 주신 보선 스님과 김광식 박사님께 특별히 감사드린다.

이 책을 조선불교조계종 재건 70주년이 되는 해에 펴내게 되어 무한히 기쁘다. 민족의 수난기에 오욕을 감수하면서 한국불교의 총본산 조계사와 조계종 재건을 성취하신 지암 스님을 비롯한 사부대중께 바친다.

불기 2555(2011)년 가을

중효 박희승 합장

목차

조계종의 산파 지암 이종욱

5_ 다시 월정사를 구하다 ··· 101

5장

부록

1장

1
지암의 탄생과 출가 인연

> "자비하신 할머님, 생후 14일이 된 이놈을 칠 세가 되도록 눈물을 흘리시며 애지중지하여 양육해 주신 은덕이 아닌들 어찌 금일 위대하고도 대자대비하신 불문佛門에 들어 무상대법을 득문得聞하오리까. 회고하건대 무량억겁을 왕래하면서 신명을 버리어서 은혜를 보답하여도 백분지일에도 미흡하다고 생각되나이다."
>
> · 지암이 76세에 고향을 방문, 부모님과 할머님께 올린 제문 중에서

지암 이종욱 스님은 1884년 1월 13일 강원도 양양군 현북면 상광정리에서 부친 전주이씨 덕흥대원군 12대손 영록永祿과 모친 경주김씨 사이에 차남으로 태어났다. 어릴 때 이름은 학순學順이고 커서는 윤응潤應이라 하였다. 출가 후 법명은 종욱鐘郁이고, 지암智庵은 법호다. 오대산인五臺山人이라 자호하기도 했다.

지암이 태어난 강원도 양양군 현북면 상광정리는 태백산맥의 수려한 설악산과 웅장한 오대산 사이의 크고 작은 산들로 둘러싸인 산골이었다.

지암이 태어난 서기 1884년은 갑신정변이 일어난 운명적인 해였다. 19세기 말 조선왕조의 통치력은 한계를 노정하고 있었다. 이 시기에

청나라와 일본 등 주변 강대국은 조선에 대한 영향력을 행사하기 위해 치열한 외교전을 펼치고 있었는데, 조선에서는 개화당을 중심으로 한 개화파와 민씨 가문을 중심으로 한 수구파들이 일본과 청나라에 줄을 대어 대립 갈등하는 시기였다.

기울어 가는 조선의 근대적인 개혁을 도모한 개화당은 독실한 불자였던 유대치, 오경석의 지도 아래 불교를 신행하던 김옥균, 박영효, 서광범 등 청년관료들이 중심이었다. 『조선불교통사』에는 당시 상황을 이렇게 기록한다.

> 유대치 거사는 선禪을 담론하기를 좋아하여 김옥균, 서광범, 박영효, 이종원, 이종환, 박제경, 오경석 등의 거사가 도를 묻고 좇아 경성에 일시 선풍禪風이 성행하였다. 김옥균, 서광범 등은 귀한 신분으로 육식하는 세속인이나 선도禪道를 물어 일을 깊이 생각하고 동쪽 일본으로 가서 정세를 파악하고 혁신을 결의하니 갑신정변甲申政變은 그 결과이다. 대체로 불교의 이치를 배워 곧바로 세간법에 응용하고자 하였다. (이때 혁신파에 속하는 두 스님이 있었다. 한 분은 범어사의 이동인 스님으로 일본에 가서 사원에 살면서 김옥균 등을 만났는데 이로 인해 그에 속하게 되었다. 또 한 스님은 백담사의 탁몽성卓夢聖, 법명은 각지覺遲, 속명은 정식庭植으로 본래 강사이다. 화계사에서 김옥균을 만나 알게 되어 참가를 결심하였다. 그를 따라 일본에 가서 동경에서 죽었다. 지금의 불영사의 이설운李雪耘 및 백담사의 장대우가 모두 그의 법제자들이다.)
>
> — 이능화, 『조선불교통사』 하권.

조계종의 산파 지암 이종욱

이 기록에 의하면 개화당을 만든 김옥균, 서광범, 박영효 등이 유대치 거사의 지도로 선禪을 좋아하였으며, 이 선풍禪風에 근거하여 조선 정세의 혁신을 결의하여 갑신정변이 일어났다는 것이다.[1] 그러나 불행하게도 이 갑신정변은 3일천하로 끝났고, 개화당의 핵심들은 일본으로 망명하거나 죽임을 당했다.

참으로 안타까운 일이다. 농경문화에서 산업문화로 문명의 대전환이 일어난 시기, 왕정에서 근대 민주주의로 사회정치제도의 변화가 시작되는 시대에 불교사상으로 사회개혁을 추진한 젊은 선각자들이 무리한 정변으로 큰 희생을 자초한 것이다. 돌아보면 조선왕조시대에 불교는 숭유억불정책으로 세계종교사상 유래가 드물게 모진 핍박을 받았다. 삼국시대를 거쳐 통일신라와 고려대에 이르기까지 근 1천여 년 동안 국교의 지위에 있었던 불교가 유교사상을 국시로 표방한 조선왕조가 개국하면서 탄압을 받아 교단이 강제 해제되고 승려의 지위는 8천민으로 격하되어 서울 도성출입이 금지된 상황이었다. 이러한 시대에 국가 운영의 중추적인 역할을 담당하던 신진 관료들이 불교사상을 믿고 사회변화의 사상으로 받아들여 나라의 혁신을 도모하려 했던 것은 불교에 획기적인 전환이 기대되는 상황이었다.

그러나 그 소중한 불씨는 무모한 정변으로 화롯불에 눈 녹듯이 찰나간에 사라져 버렸다.

---

1) 개화기 개화당 결사를 비롯한 불교근세사에 관해서는 필자의 『이제 승려의 입성을 허함이 어떻는지요』(들녘, 1999) 참조.

　다만, 여기에서 특기할 것은 개화당에 참여한 두 스님 중 한 분인 백담사 탁몽성 스님의 법맥法脈이 지암 이종욱 스님에게 이어졌다는 것이다. 즉, 탁몽성 스님의 제자가 불영사의 이설운 스님인데, 설운 스님의 법이 바로 지암 스님으로 이어졌다. 그러므로 개화당은 하루아침에 사라졌지만, 그 정신은 지암에게도 인연이 되었다. 이 일은 뒤에 다시 기록하겠다.

　이처럼 지암은 민족사적으로나 불교계로서도 매우 불행한 시대에 태어났다. 지암 개인으로도 탄생은 비극을 잉태하고 있었다. 태어난 지 며칠 만에 생모가 갑작스레 죽고 말았다. 돌볼 사람도 없는 갓난아기는 바람 앞에 등불처럼 생명이 위태로웠다. 그러나 생모가 죽은 지 며칠이 지나도 아기는 생명을 부지하고 있었다.

　이때 이웃 마을의 자손이 없는 집에서 이 소식을 듣고 아기를 데려다 키우겠다고 청하였다. 아무것도 모르던 갓난아기 지암은 그렇게 하여 이웃 하광정리 강릉김씨 집안의 양자로 가서 자라게 되었다. 늦도록 자식이 없어 큰 걱정을 하던 집안에 귀한 아기가 왔으니 새 부모님의 사랑이 각별하였다. 지암은 천진난만하게 보낸 어린 시절이 전 생애에서 가장 행복한 때였다고 회상하였다.

　그러나 여기서도 지암에게 또 다른 불행이 다가오고 있었다. 여섯 살이 되었을 때 다시 양어머니의 갑작스러운 죽음을 맞게 되었다. 그 다음 일곱 살이 되던 해 정월에 양아버지마저 세상을 떠나셨다. 연이은 어머니, 아버지의 죽음에 어린 지암은 맑은 하늘에서 벼락이 떨어지는 큰 충격을 받았다. 더구나 아들 내외를 잇달아 잃은 할머니마저 그 충격으로 두 달 만에 돌아가시고 말았다. 죽음은 아무도 피할 수 없다 하지만, 양부모님과 양조모님을 모두 사별하니 그 충격과 괴로움은 이루 말로 표현할 수가 없었다. 이렇게 하여 일곱 살에 지암은 다시 생가로 돌아가 아버지와 계모 슬하에서 어린 시절을 보내게 된다.

지암은 다시 생가로 돌아왔지만, 세상을 떠난 친어머니와 양어머니, 그리고 각별히 보살펴 주던 양할머니에 대한 그리움과 사별에 대한 슬픔은 세상을 가득 채우고 있었다. 아직 어린 나이지만, 가족의 갑작스런 죽음은 인생에 대한 무상함을 더하였다. 지암의 고뇌는 멈출 수 없었다. 온 산과 들을 헤매고 다녀도 거기에 대한 답을 찾을 길이 없었다.

더구나 세상도 혼란했다. 열한 살이 되던 1894년 부패한 관리들의 핍박을 견디지 못한 동학교도들이 조정의 개혁과 반외세를 기치로 전국적으로 봉기하여 관아를 접수하자 관군과 청나라, 일본 군대까지 출동하여 전쟁이 터졌다. 청나라와 일본 군대는 동학군의 봉기가 실패로 끝난 이후에도 귀국하지 않더니 결국 이 땅에서 전쟁을 일으켰다. 1894년 8월에 일본군은 평양에서 청나라 군대 2만 명을 전멸시켰으며, 신의주 앞바다에서 벌어진 해전에서도 일본 해군은 청나라 군함 4척을 격파하고 7척을 대파하여 청일전쟁에서 이기고 이 땅에서 군사적인 주도권을 잡았다.

그러나 일본이 조선의 종주국이었던 청나라와의 전쟁에서 이겼으나, 러시아와 영국, 프랑스, 미국 등의 간섭으로 조선에 대한 통제권을 확보하지는 못했다. 이에 고종과 민비는 러시아와 미국의 힘을 빌려 일본을 견제하려 했지만, 일본은 대원군을 앞세워 경복궁으로 침입하여 민비를 시해하고 친일파로 내각을 장악하였다. 하지만 고종은 러시아 대사관으로 피신하는 아관파천을 단행하여 일본의 손아귀에서 벗어나고자 하는 등 정국은 한 치 앞을 내다볼 수 없는 혼란을 거듭하고 있었다.

전국의 민심도 흉흉했다. 일본의 지원을 받고 출범한 김홍집 내각은 '갑오경장'이라는 대대적인 국정쇄신을 단행하였으나 조정 대신 중심의 상층개혁으로는 한계가 컸다. 지방 관리들은 여전히 백성들을 억압하고 부정부패에 빠져 있었다. 여기에 국모 민비가 시해되자 자존심마저 크게 상했다. 이때 김홍집 내각이 갑작스레 단발령을 시행하자 백성들의 불만은 폭발했다. 순검들이 거리를 다니며 행인들을 잡아다 강제적으로 상투를 잘랐다. 이에 강원도 춘천을 시작으로 전국 각지에서 단발령에 반대하고 국모의 원수를 갚자는 의병이 일어났다. 하지만 대포와 총을 앞세운 관군과 일본군 앞에 죽창과 구식 화승총의 의병들은 상대가 되지 않았다.

어느덧 12세가 되어 세상에도 눈을 뜰 나이가 된 지암은 세상 어디에도 의지할 데가 없었다. 단지 고향에서 가까워 자주 들렀던 명주사의 고즈넉한 분위기와 은은한 종소리만이 지암의 마음을 편안하게 해 주었다. 그리하여 지암은 부처님의 가르침을 배우려는 열망으로 13세에 출가를 단행한다.

조계종의 산파 지암 이종욱

2
구도 수행기

1896년 11월에 13세의 지암은 가까운 명주사明珠寺로 출가하였다.
은사는 백월당白月堂 병조炳肇 스님이었다. 법명은 종욱鍾郁이라 받았다
(지암은 법호다).

지암은 명주사로 출가하자마자 병조 스님의 스승이 되는 대은大隱 큰
스님의 뜻으로 오대산 월정사에 가서 해천 월운海天月雲 스님을 시봉하
는 것으로 본격적인 행자생활이 시작되었다. 지암은 출가하여 머리를
깎자마자 바로 적멸보궁 노전(爐殿, 전각의 기도 불공 담당 소임) 월운 스님
을 시봉하였다.

당시 명주사와 오대산 월정사는 같은 문중 스님들이 운영하고 있었

다. 지암이 시봉을 맡은 월운 큰스님은 봉은사 주지를 지낸 나청호 스님의 은사였다. 월운 스님은 성품이 강직하여 일제의 침략에 맞선 의병운동을 은밀히 지원하다가 쫓기는 몸이 되자 나중에 월정사를 떠나 속인 행세를 하고 전국을 누비며 법화경과 화엄경을 강의하다가 서울 삼청동의 한 토굴에서 최후를 마쳤다고 한다.

지암은 월정사에서 행자생활을 한 지 2년 만인 1898년 11월에 명주사에서 보룡葡龍 스님을 계사로 사미계를 수지하였다. 이때 지암은 열다섯 살이었다.

그러나 지암은 출가 때부터 부처님의 가르침을 배우려는 열망에 불탔으나 적멸보궁의 노전 시자로 지내는 2년 동안 글을 전혀 배우지 못하고 일만 하고 있었다. 새벽에 일어나 도량석과 예불을 드리고, 아침 공양을 짓고, 사시예불과 공양을 하고, 다시 저녁 공양과 예불을 모셨다. 그 사이에 틈나는 대로 빨래와 도량 청소에 땔감까지 준비해야 하는 고단한 노동의 연속이었다.

사미계를 수지하면 공부를 본격적으로 할 줄 알았으나 근 1년이 되어도 행자생활과 별 차이가 없었다. 3년이 넘게 오대산 적멸보궁에서 일만 하던 지암은 출가한 지 3년이 되는 1899년 10월, 16세에 불교 공부를 위한 강렬한 열망으로 월정사를 몰래 떠났다.

한편, 1899년 지암이 본격적인 공부를 위해 월정사를 떠날 무렵 불교계에도 큰 변화가 일어나고 있었다.

1899년의 경허선사와 백범 김구

　조선왕조가 수백 년 동안 시행하여 온 억불정책은 개화기를 맞으면서 큰 전환을 맞고 있었다. 조선조 억불정책의 상징은 승려의 도성출입금지였다. 이로 인하여 스님들은 수백 년 동안 도성 안을 들어가 보지 못한 문외한門外漢들이었다.

　그러나 1894년 갑오경장을 추진한 김홍집 총리와 박영효 내부대신은 고종의 허락을 받아 대대적인 국정개혁을 단행하면서 승려의 도성출입금지 조치를 해제하였다. 이것은 수백 년간 문외한으로 밀려났던 불교계에 새로운 변화의 바람을 불어넣었다.

　19세기 말 조선 종교계에는 이미 백 년 전에 들어왔던 가톨릭이 있었고, 개항기에 유입된 개신교 선교사들이 근대적인 병원과 학교를 세우는 등 적극적인 선교활동을 하였으며, 더불어 일본불교의 여러 종파들이 부산과 목포 등 개항지를 중심으로 포교소를 설치하여 적극적인 포교활동을 하고 있었다. 까닭에 조선왕조는 조선불교계만 억압할 수는 없었던 것이다.

　한편, 승려의 도성출입이 허용되자 불교계는 새 시대를 맞게 되었다. 이제 8천민의 신분적 억압에서 벗어나 포교활동의 자유를 누릴 수 있게 된 것이다.

　이런 새 시대를 맞이하자, 대부분의 스님들은 평생 꿈이었던 서울 도성 구경을 하게 되었다며 기뻐하였는데[2] 경허선사와 같은 안목있는 선지식은 오히려 20여 년 동안 은거하던 충남 예산의 덕숭산을 떠나

가야산 해인사로 가서 선원을 재건하고 참선 수행결사를 제창하니 이 것이 1899년 해인사 수선결사이다.

후일 한암 스님이 지은 「경허행장」에 보면, 누가 경허선사에게 말하기를 "스님은 인물도 좋고 목청도 우렁차서 이제 도성출입이 가능하니 서울로 가서 포교를 하면 좋겠다"고 하자 "내 평생 소원이 경성 땅을 밟지 않는 것이오" 하고 답했다는 기록이 있는바 선사는 누구보다 명확한 사회 역사의식을 가진 분이었다. 경허선사는 이후 1912년 함경도 갑산에서 입적할 때까지 영남과 호남, 그리고 금강산 일대를 다니며 사찰에 선원 재건을 주도하고 수선납자를 키우는 데 마지막 혼을 불태웠다.

그 결과 20세기 전반기에 일제강점이라는 엄혹한 상황에서도 그 후예들인 범어사의 성월 스님, 부산 선암사의 혜월 스님, 수덕사의 만공, 만주의 수월 스님, 월정사의 한암 스님, 해인사(직지사)의 제산 스님 등 등이 전국 선원에서 오로지 본분사인 참선 정진에 몰두하면서 부처님의 정법과 한국불교의 전통을 수호하는 중추적인 역할을 하게 된다.

---

2) 1899년 2월 18일자 〈독립신문〉에 경상도 문경에 사는 신광 스님이라는 분이 승려의 도성출입과 관련하여 내부대신에게 청원한 글이 소개되어 있다.
 "중이 서울 문 안에 들지 못한 지 200년 가까운지라. 산골에 … 탄식하여 가로되, 새와 짐승은 미물이로되 오히려 어느 산으로 가는 것을 금치 않고, 풀과 나무는 무정하되 오히려 우리 지택을 고르게 적시는데 무릇 우리 중들은 도리어 새와 짐승과 풀과 나무만도 못하고 또는 소와 말과 닭과 개와 노예와 걸인들과 각국 종자 다른 사람들도 다 각기 자유지권으로 서울 문 안에 임의로 출입을 하는데, 우리 중들은 모두 대한 500년 휴양한 인민이요 대황제 폐하의 일시지적자어늘 영위 성문 밖으로 쫓아내어 버린 물건같이 본즉 중은 무슨 큰 죄가 있어서 그리들 하나이까." — 『이제 승려의 입성을 허함이 어떨는지요』 참조.

조계종의 산파 지암 이종욱

이 시기에 백범 김구 선생도 마곡사로 출가하여 원종圓宗이라는 법명을 받고 스님생활을 하고 있었다. 백범은 동학에 입문하여 한 때 수천의 교도를 이끈 지도자가 되었으나 갑오년 봉기 때 실패하여 쫓기는 몸이 되자 1898년 공주 마곡사로 출가하였다. 다음 해인 1899년 백범은 금강산으로 가서 경전을 공부하겠다는 뜻을 세우고 서울을 지나다 당시 승려의 입성금지령으로 서울을 보지 못했다고 한다. 백범은 그 뒤에 고향인 해주를 지나다 부모님을 만나 환속하고 말았다.

13년간의 강원 공부와 비구계 수지

1899년 10월에 열여섯 살의 나이로 예천 용문사 강원으로 가기 위해 월정사를 나선 지암은 도중에 강원도 횡성 봉복사에서 겨울을 지냈다.

이듬해인 1900년 봄, 지암은 용문사 강원으로 가려던 생각을 접고 경기도 안성 칠장사 명적암으로 갔다. 명적암에는 당시 유명한 김경순金慶淳 강백이 한문을 가르치고 있었다.

17세가 된 지암은 칠장사 명적암에서 경순 강백에게 『자치통감資治通鑑』을 배웠다. 『자치통감』은 '세상을 다스림에 역대 위정자의 거울이 된다'는 뜻으로 비록 속서俗書이나 중국 주나라 때부터 1천4백 년 동안 왕과 신하의 관계를 중심으로 역사적 사실을 기술한 책이다. 지암은 뒤에 이렇게 회상하였다.

"그때 나는 비로소 문자를 알게 되었고 역사에 대한 눈을 뜰 수 있었다. 학문의 기초를 다진 것이다.”

이 무렵 지암은 일화를 하나 남겼다. 어떤 사람이 고향의 부친 묘 뒤에 암장을 하였는데, 파내라고 하여도 말을 듣지 않자 지암은 사미승 신분으로 대삿갓을 쓰고 양양군수를 찾아 가서 동헌 마당에서 이 사실을 시정해 줄 것을 탄원하였다. 군수가 가상하게 여기면서도 어린 사미승인 지암을 떠보려고 이렇게 말했다.

사문은 국가와 부모 형제와 처자를 버리고 출가 입산하여 수도나 하다가 죽어 극락세계로 가는 것이 목적이거늘, 부모 산소 뒤에 누가 암장을 좀 하였기로서니 어찌 관청에까지 들어와서 시끄럽게 구느냐?

이에 17세의 사미승 지암은 이렇게 답했다고 한다.

그것은 사또께서 하나만 알고 둘은 모르는 말씀이올시다. 사또의 말씀은 수도성불을 하자면 세상 생각과 부모은정에 끄달리지 말라는 말씀이지, 나라를 저버리고 부모를 망각하는 것만이 불도가 아닌 것을 아셔야 합니다. 사또님의 말씀 같다면, 임진왜란에 서산대사와 사명당 같은 이가 무엇이 답답하여 승의병을 일으켜서 왜적을 물리쳤으며, 진묵대사와 같은 도승이 무엇 때문에 모상을 당하여 뼈저린 제문을 지어 낭독하여 여러 사람의 눈물을 흘리게 하고 그 어머니의 산소를 모시되 자손이 없더라도 천년만년을 내려가며 향화가 끊어지지

조계종의 산파 지암 이종욱

아니할 김제 만경 땅에 명당을 택하여 어미 시체를 모시었겠습니까. 사문 석자라는 것은 열세 출가가 아니고 구세救世 출가라 수도 기간에만 세간을 떠나가는 것이요 공부 성취를 하면 다시 세상에 내려와서 중생을 건지는 것이 목적입니다.

군수는 이 말을 듣고 감탄한 듯이 머리를 끄덕거리고 암장 자를 힐책하여 암장 시체를 파내게 하고 "종욱은 장차 큰중이 될 사람이니 아무쪼록 공부를 잘 하여 서산대사와 사명당의 뒤를 따르라"고 격려하고 명주사 스님이라면 더욱 관대하게 접대하였다고 한다.[3]

안성 칠장사에서 『자치통감』을 배운 지암은 1901년에 열여덟 살이 되었다. 이제는 문자를 배웠고, 역사에 대한 안목도 갖춰 제법 성숙한 청년 승려로 성장하였다.

하지만 불교 공부는 이제부터가 시작이었다. 지암은 그 해 11월, 한때 경허선사가 강사를 지낸 유명한 강원이 있는 공주의 계룡산 동학사로 갔다. 동학사 강원에서 지암은 3년간 벽우碧宇 강사에게 『초발심자경문初發心自警文』, 김만우金萬愚 강사에게 『고문진보古文眞寶』, 『팔가백선八家百選』, 『치문경훈緇門警訓』과 『사집四集』을 공부하였다.

『초발심자경문』은 우리나라 출가 수행자라면 누구나 가장 먼저 배우는 스님들의 교과서이다. 고려시대 보조국사의 「계초심학인문」과

---

3) 김대은, 「고 이종욱 대종사의 5주기를 당하여」, 『불교』 1974. 10. 1, 33쪽.

신라 원효 스님의 「발심수행장」, 그리고 고려시대 야운 스님의 「자경문」을 하나로 엮어 만든 책이다. 이 책은 수행자가 처음 불교에 입문하여 행하는 마음가짐과 예법에서 발심하여 수행하는 길을 자상하게 명문장으로 안내한다.

지암은 이제 불법을 제대로 배우기 시작했다. 이때의 감동이 얼마나 컸던지 지암은 해방 이후 우리나라에서 처음으로 『초발심자경문』을 한글로 번역하여 출판하였다.

이듬해에 지암은 김만우 스님에게 2년 동안 『고문진보古文眞寶』와 『팔가백선八家百選』으로 한문 문장법을 더 공부한 뒤에, 『치문경훈緇門警訓』과 『사집四集』을 배웠다. 『치문경훈』은 출가 수행자의 지침서로 중국과 한국 고승들의 가르침을 모은 책이며, 『사집』은 참선 수행에 지침서가 될 고승들의 어록 4권을 일컫는 것이다.

1904년 지암은 스물한 살이 되어 전라도 승주 선암사로 가서 남암에서 장금봉 스님에게 『치문』을 북암에서 방홍파 스님에게 『고문진보』를 한 번 더 배웠다.

그리고 다음 해인 1905년 4월에 지암은 22세에 정식 승려가 되기 위해 송광사에서 열린 비구계 수계식에 참가하여 비구계를 받았다. 이때 계사는 이회광李晦光 스님이었다. 지암은 훗날 계율에 대하여 이런 말을 남겼다.

세상에 계를 잘 지키는 불자가 많을 때 그 사회는 안정되고 자유롭고 '너다, 나다' 하는 차별이 없는 평등사회가 이룩될 터이다. 하지

조계종의 산파 지암 이종욱

만 그렇지 않고 계를 파하여 더럽히는 불자가 많아지면 많아질수록 난세로 치달을 수밖에 없다. 어찌 앉아서 방관하겠는가.

비구계를 수지하여 당당한 출가사문이 된 지암은 그 해(1905) 9월에 다시 계룡산 동학사로 돌아가 김만우 스님에게 『법화경』을 공부하였다.

한국불교계의 첫 근대학교인 명진학교 입학

한편, 이 무렵 서울에서는 또 다른 변화가 있었다. 1901년 고종황제는 동대문 밖에 원흥사라는 사찰을 세우고 전국 사찰과 승려를 관리하라는 지시를 하였다. 비록 도성 밖이었지만, 판서의 저택을 절로 개조하였는데, 20만 냥의 거금이 소요되었고, 전국 사찰에 동원령을 내려 스님들과 재목을 징발하여 수백 칸의 당우를 세우게 하였는데 규모가 상당하였다. 당시 이 불사의 경리 책임을 맡은 스님이 지암의 사미계 계사였던 월정사 보룡 스님인 까닭에 지암도 원흥사 창건의 사정을 잘 알고 있었다.[4]

1902년 1월에 원흥사가 완공되자 조정은 사찰관리서를 설치하고 '국내사찰 현행세칙'이라는 규정을 제정하여 국가 차원에서 사찰과 승려의 관리방안을 추진하였다. 이 세칙에 따라 사찰관리는 대법산―중

---

4) 이종욱, 「동국60년 - 명진학교에서 중앙학림에 이르기까지」, 〈동대신문〉 1966. 6. 6.

1906년 동대문 밖에 건립된 원흥사 전경

법산−사찰의 체계를 갖추게 되었다. 즉, 원흥사를 대법산으로 하고 전국 16개 주요 사찰을 중법산으로 하여 나머지 지역별로 사찰을 관리하였다. 아울러 스님들을 관리하기 위하여 도첩度牒제도를 다시 부활시켜 국가가 승적 관리를 시행하고자 하였다. 이와 같이 원흥사를 대법산으로 전국 사찰과 승려 관리를 국가제도화한 것은 억불정책에서 전환하는 것으로 받아들여져 당시 스님들은 대대적인 환영을 하였다.

그러나 이 제도는 시행한 지 2년도 되지 않은 1904년 1월에 조정은 갑자기 관리서와 대법산제도를 폐지하고, 관리서 업무를 내부 지방국으로 이관시켰다. 폐지 이유는 관리서가 사찰과 승려관리를 제대로 못했기 때문이었다. 당시 대한제국은 통치력이 너무나 약화되어 제도가 만들어져도 지방에까지 시행되지 않던 시대였다.

조계종의 산파 지암 이종욱

그런데 관리서는 폐지되었지만, 원흥사는 비록 대법산의 위상은 사라졌으나 사찰은 그대로 유지되고 있었다. 이에 1906년 전국 사찰 대표들이 모여 '불교연구회'를 조직하고 원흥사를 본사로 근대적인 불교학교 설립을 추진하여 정부의 인가를 받았다. 이것이 바로 1906년 5월 8일 설립된 '명진학교(지금의 동국대학교)'이다.

명진학교는 개원 준비를 하면서 전국 주요 사찰에 통문을 돌려 한 사찰당 2명의 학승을 모집한다고 안내하였다. 이때 지암도 월정사의 추천을 받아 명진학교에 입학하게 된다. 월정사 홍월초 스님을 비롯한 큰스님들의 후원으로 지암은 서울에 올라와 명진학교에 갔으나 여러 가지 어수선한 상황으로 수업이 제대로 되지 못하였다.

1905년 일제는 을사보호조약을 강압적으로 체결하여 전국 각지에서 의병운동이 들불처럼 일어나 나라가 극도로 혼란스러웠다. 더구나 명진학교가 세워진 원흥사도 국가 소유지여서 정부에서 사찰을 철거하려 하여 학교의 존립 자체가 위태로웠다. 다행히 황실과 특별한 인연을 맺고 있던 월초 스님[5]이 영향력을 발휘하여 1907년에 원흥사 부

---

5) 월초 스님(1858~1934)은 근대 불교계를 대표하였던 봉선사 스님이다. 1892년 남한산성 승군총대장인 팔도도총섭에 임명되었고, 1902년에는 원흥사 내산섭리가 되었다. 1899년에 황태자가 병이 나 백약이 소용없자 도력 높은 분으로 알려진 월초 스님께 기도 청을 하였다. 스님은 다른 두 스님과 기도도량으로 유명한 운문사 사리암으로 가서 백일기도를 시작했다. 80여일 만에 태자가 병에서 회복되었다. 황제는 너무 기뻐서 기도한 스님들을 불러 소원이 있으면 들어 주겠노라 했다. 다른 두 스님은 고향 고을 원님이 소원이라 하였는데, 월초 스님은 "본래 출가 수행자이니 다른 소원은 없고 서울 근처에 절을 지어 주면 평생 나라와 황태자를 위해 기도하겠다"고 말했다. 고종은 스님의 소원에 감동되어 서오릉 근처에 수국사를 지어 시주하였다. 이런 인연으로 스님은 황제의 신임을 돈독히 받고 있었다.

지는 희사를 받게 되었다. 그러나 여전히 학교는 재정 문제 등 여러 사정으로 정상적으로 운영되지 못하였다.

이에 지암은 기대했던 명진학교에 실망을 하고 1907년에 범어사 청련암으로 가서 금파錦坡 강백에게 『능엄경』을 공부하였다. 다음 해에 금파 강백이 통도사 취운암으로 거처를 옮기자 따라가서 계속 강의를 들었다.

개화당에 참가한 몽성 스님의 법을 잇다

1908년 9월, 지암은 25세가 되어 강원도 설악산 백담사 오세암으로 가서 무불몽성 스님의 법을 이은 설운봉인雪耘奉忍 선사의 법맥을 이어 지암智庵이라는 법호를 받고 건당하였다. 건당建幢이란 출가할 때에 모시는 스승인 은사恩師와 달리 법의 스승인 법사法師를 찾아 그 법맥을 이은 제자가 되어 법을 펴는 자격을 부여받는 것을 말한다.

설운 스님의 법사가 되는 몽성(夢聖, 1851~1884) 스님은 속가 이름이 탁정식이다. 명문가의 외아들로 태어났으나 어려서 병약해 부모들이 절에 맡기면 생명을 연장할 수 있다는 말을 듣고 많은 재산을 붙여 백담사로 출가시켰다. 출가하여 강원에서 학인을 가르치는 강사를 했다. 1880년 무렵 화계사에 머물고 있을 때 이동인 스님과 유대치, 오경석, 김옥균, 박영효와 같은 개화당 인사들과 인연이 되어 개화활동에 참가하였다.

개화승으로 백담사의 탁몽성 스님이 있었다. 서울 수유리 화계사에서 김옥균과 자주 만나 '決心交하고 從遊日本' 하였으며, 일련의 개화불교 그룹인 大痴 → 東仁 → 夢聖이 개화 청년 그룹인 古愚(김옥균) → 春皐(박영효) → 葦山(서광범)과 종횡으로 활약, 인조 원년 이래 3排佛정책으로 베풀어진 승니입성금족령을 푸는 데 크게 이바지하였던 것이다.[6]

몽성 스님은 개화당 활동 차원에서 일본에 건너가 활동을 하였다. 1881년 일본 정부가 동경에 외국어학교를 세우고 조선어학과의 초청교사를 조선에 파견해 달라고 요청하였는데, 이때 몽성 스님이 파견되었던 것이다. 당시 일본인 제자는 몽성 스님을 이렇게 회고한다.[7]

당시 초청교관으로 조선인 중에 탁정식이라는 위인이 있었다. 그는 조선 금강산의 고승으로 학덕을 겸비하였고 기상이 웅대하였으며, 특히 시세를 아는 대인물로 김옥균이나 홍영식 등 진취적인 인물로부터 추천을 받아 온 사람이었으나, 풍부한 급여를 받기 때문인 것 같지만 학교에서 주는 월액 200여 원의 지급을 일신상의 속박을 면하려 한다 하고 사양하여 받지 않을 정도로 고결한 인물이었다.

---

6) 「開化百景(16) 僧尼」, 〈조선일보〉 1968. 5. 23.
7) 이광린, 「탁정식론」, 『개화기연구』, 일조각, 1998, 80쪽.

이와 같이 몽성 스님은 수행자답게 명리에 초연하였고, 인품과 학식이 뛰어나 일본 학생들의 존경을 받을 정도로 훌륭한 스님이었다. 그러나 34세의 아까운 나이에 일본에서 병을 얻어 입적하고 말았다.

몽성 스님의 법제자로 불영사의 설운 스님과 백담사의 대우 스님이 있었다. 설운 스님은 1899년에 울진 불영사 주지를 맡았는데, 법사 몽성으로부터 강릉과 양양 일대에 많은 토지를 물려받아 이를 불영사 중창과 선원 재건에 시주하였으며, 백담사 오세암과 상원사 선원 운영도 상당한 후원을 하고 선학원 발기인으로 참여하는 등 영동지방에서는 상당히 유명한 스님이었다. 한암 스님이 지은 '불영사사적기'에 설운 스님의 공적이 자세히 기록되어 있다.

지암은 바로 이 설운 스님의 법맥法脈을 이었는데, 태고보우(太古普愚, 1301~1382) 국사로부터 22대손이었다. 태고 국사는 고려 후기에 간화선 수행으로 깨친 뒤에 원나라로 가서 석옥청공 선사로부터 직접 깨달음을 인가 받아 와서 이 땅에 간화선의 법통을 바로 세운 대선지식인으로 공민왕이 국사로 추대하였다. 태고 국사의 법맥은 환암혼수 → 구곡각운 → 벽계정심 → 벽송지엄 → 부용영관 → 청허휴정으로 이어져 지금까지 연결이 되는데 설운 스님은 태고로부터 21대이고 지암은 22대이다.

설운 스님의 법제자는 지암 외에 오랫동안 지암을 도와 월정사 살림을 맡았고, 정화 이후 조계종 총무원장과 동국대 이사장을 역임한 영암(映嵒, 1907~1987) 스님이 있다. 영암 스님은 지암의 사제가 된다.

지암이 설운 스님의 법을 이어 건당을 한 것은 25세로 1908년이다. 지암은 출가한 지 12년, 월정사를 도망쳐 나와 불법을 배운 지 10년이 되었으나 아직 공부가 부족하다고 느꼈다. 오세암에서 건당을 한 다음 해인 1909년에 지암은 강원도 금강산 건봉사 강원에서 나청호羅晴湖 스님에게 『대승기신론』과 이학암李鶴庵 스님에게 『반야경』을 공부한다.

1910년 일제가 조선의 국권을 강탈한 해로 나라가 극도로 혼란스러웠다. 그러나 지암은 출가 수행자로서 부처님의 가르침을 바르게 공부하는 것이 우선이라 생각했다. 그해에 다시 문경 대승사 강원으로 가서 월하月河 스님에게 『십지경十地經』을 수학하고, 다시 법주사 장석상張石霜 스님에게 『원각경』 강의를 들었다. 그리고 1911년 법주사에서 진하 강백에게 『화엄경』의 「삼현三賢」과 「현담玄談」을 공부하였다.

이것으로 조선불교의 전통강원 수의 과정 12년을 모두 마쳤다. 당시 조선불교의 승가교육은 강원의 기본 과정 이외에 강사 양성을 위해 수의과 과정도 있었다. 이 과정은 모두 12년이 소요되었다. 지암은 학문에 뜻이 있었고 월정사에 강원이 없었던 까닭에 강사가 되어 월정사에 강원을 개설할 원력을 세우고 수의과 과정까지 모두 공부하였던 것이다.

지암은 강원 공부를 하는 12년 동안 모진 고생을 했다. 당시 강원은 학승들이 자비량自備糧이라 하여 자기가 먹고 입을 것은 스스로 마련해야 했는데 본사 어른들에게 고하지도 않고 나온 까닭에 학비 후원을 부탁하지도 못했다. 강원에서 공부하는 틈틈이 탁발을 나가 양식을 마련하거나 산에서 약초를 캐어 시장에다 팔아 학비를 대야 했다. 하지만 이런 과정 모두가 공부라고 생각하였기 때문에 지암은 기꺼이 이 과정을 마칠 수가 있었다.

이리하여 1899년 16세의 나이로 월정사를 떠나 제방 강원과 이름난 강백을 찾아다니며 12년 동안 부처님의 가르침인 일대시교—代時敎를 마치고 1912년 9월에 월정사로 돌아왔다. 그런데 당시 월정사에는 큰 문제가 일어나고 있었다.

2장

3
월정사 수호와 교육 활동

> "계축(1913)년 봄에 월정사 아래 10리 들에 총독부에서 견취도로 측량을 하는바 이 토지가 민유民有로 판결되면 오대산 산림과 토지가 전체 국유화 되고 사유寺有 판결이 나면 임야도 사유寺有로 되게…"
>
> · 지암의 미공개 자필 회고 중에서

1912년 지암은 29세로 강원 공부를 모두 마치고 학식을 갖춘 건장한 청년이 되어 월정사로 돌아 왔다.

당시 조선불교계는 일제의 식민정책 아래 편입되고 있었다. 1910년 8월 29일, 일제는 대한제국 친일파내각을 회유하고 협박하여 '한국 전체에 대한 일체의 통치권을 완전히 그리고 영구히 일본에 넘겨준다'는 한일합방조약을 조인하였다. 이로써 조선왕조는 500여 년 만에 망하고 우리나라는 국권을 잃고 일제의 식민지로 전락하였다.

일제는 조선총독부를 설치하여 총독이 모든 통치권을 행사하였다. 불교계에 대해서는 1911년 6월, '사찰령寺刹令'을 제정하여 통제의 근거를 만들었다. '사찰령'에 의하면 조선의 모든 사찰의 주지 인사권, 재산처분권, 포교권 등을 총독이 장악케 되었다. 전국 사찰은 30개의 본산을 정하고 그 외 사찰은 말사로 부속시켜 관리하였는데, 월정사도 해인사, 통도사, 송광사와 같이 30본산의 하나로 지정되었다.

1912년 일제 식민통치하에 지암이 강원 설립의 꿈을 가지고 돌아온 월정사는 30본산의 하나가 되었지만, 대대로 전해오던 토지를 대부분 잃게 되는 위기에 처해 있었다.

오대산 월정사는 삼국시대에 자장율사가 창건한 천년고찰로 중국에 유학한 자장율사는 귀국 길에 부처님의 정골頂骨 진신사리를 모셔와 오대산 가운데 산봉우리에 봉안하고 보궁寶宮을 조성하였다. 또한, 오대산은 문수보살이 상주한다는 문수신앙이 깃든 불교성지이기도 하다.

조선조에 월정사는 세조가 오랜 지병을 앓던 중 상원사에 와서 기도하여 치유되는 영험을 입자 이에 보은으로 상원사를 기점으로 사방 10리를 하사하였고, 또한 순조 대에 이르러 오대산 영감사에 조선왕조의 족보를 보관하는 선원보각璿源寶閣과 조선왕조실록을 보관하는 사고를 설치하고 사방 1백 리를 하사하여 그 면적이 수십 만 정보가 되었다.

일제는 조선을 식민지화하면서 수탈체제를 강화하고자 전국의 토지조사 사업을 추진하였다. 토지조사는 1912년 '토지조사령' 발포를 계기로 시행되었는데, 토지측량을 통한 등기와 지번제도로 토지세 수입을 증대시키는 식민통치의 조세 수입체제를 확립하기 위한 것이었다. 일제는 이 사업을 추진하면서 토지소유자가 신고하도록 하였는데, 소

조계종의 산파 지암 이종욱

유자가 신고하지 않은 토지는 국유지로 편입시켰고, 서로 소유권을 주장하는 분쟁도 심각하였다. 결국 일제는 토지조사 분쟁을 무마하기 위하여 1918년 분쟁지 조사 종료 때까지 연인원 10만여 명을 동원하였을 정도로 광범한 분쟁이 일어났다.[8]

월정사도 이러한 문제로 마을 주민들과 심각한 갈등이 벌어졌다. 토지조사 당시 월정사 스님들은 대부분이 임야인 수십 만 정보의 토지를 다 소유한다면 관리도 문제고 세금도 감당하기 어렵다고 판단하여 사찰에서 가까운 5천여 정보만을 소유하고 나머지는 포기해 버렸다.

당시 월정사 소유 임야에 마을 사람들이 한두 집 이주하여 화전으로 개간하여 소작료를 월정사에 내어 왔는데, 총독부 관리들이 토지조사를 한 이후 이 토지에 세금을 부과하자, 마을 소작인들은 이를 계기로 "조선시대에는 사패지賜牌地였지만, 지금은 총독부에서 직접 우리에게 세금을 징수하니 월정사는 토지에 대하여 하등의 권리가 없다"고 이장을 앞세워 자신들의 소유로 만들려고 집단행동에 돌입하였다.[9] 마을 사람들 중에는 "오대산 전체가 국유이지 월정사 소유라 할 수 없다"라고 하면서 땔나무를 구할 때도 월정사 산에 가서 함부로 나무를 베어 갔다. 마을 사람들은 일본인 헌병분대장과 평창군 일본인 재무주임栗山龍浩 등을 매수하여 소작인편을 들도록 작업한 뒤 칠십여 호 수백 명의 주민들이 집단행동을 하며 월정사를 압박하고 있었다.

---

8) 신용하, 「日帝下의 '朝鮮土地調査事業'에 대한 一考察」, 『한국사연구』 15, 1977, 128쪽.
9) 洪德裕, 「李鍾郁」, 조동걸 외, 『太白의 人物』, 강원일보사, 1973, 255쪽.

월정사 스님들은 수십 만 정보를 포기하고 5천여 정보만 소유하려 했는데, 그중에서도 분쟁이 나니 잘못 대처하면 수백 년간 전해온 삼보정재三寶淨財를 모두 잃을지도 모른다는 위기감이 닥쳤다. 이에 1913년 1월 당시 월정사 주지 혜명慧溟 스님은 산중회의를 소집하여 "이 일에 월정사의 흥망성쇠가 달렸으니 늙고 병든 주지는 이 사건을 해결할 능력이 없다. 누구든지 주지를 대신해서 이 일을 해결할 사람은 손을 들라"고 요청하였으나 대중은 묵묵부답이었다.

이 회의에 참석한 지암은 너무나 절박한 상황에서 아무도 나서는 이가 없자 자기라도 월정사 재산을 지켜야겠다고 해결사를 자임하였다. 그리하여 월정사 스님들은 30세의 청년승려 지암에게 본산 주지 소임을 맡기려 했으나, 총독부에서 본산 주지는 40세 이상이어야 한다고 하여 지암은 보월 스님을 주지로 모시고, 자신은 토지 분쟁을 해결하는 주지 대리를 맡았다.[10]

지암은 마을 사람들이 장작을 들고 나와 생화장을 시키겠다는 위협에도 굴하지 않고 오로지 월정사 삼보정재를 조금이라도 지켜야 한다는 생각으로 헌신하여 3년 만인 1916년에 평창군 일본인樋口小神呂 서무 주임의 협조와 재판관인 군수 이우경李愚暻의 공정한 심판으로 승소하여 분쟁지 30여 정보는 물론 월정사 임야 전부가 월정사 소유로 확정되었다.[11]

---

10) 지암의 자필 회고록.
11) 洪德裕,「李鍾郁」, 조동걸 외,『太白의 人物』, 강원일보사, 1973, 256쪽.

조계종의 산파 지암 이종욱

지암은 월정사 토지를 지키는 과정에서 나라 잃은 아픔을 뼈저리게 느꼈다. 부처님의 정골사리를 모신 불교성지이자 천년고찰인 월정사의 토지 수십 만 정보를 총독부에 빼앗기고, 사하촌 주민들과 토지 문제로 극심한 갈등을 빚게 된 것도, 결국 일본에 국권을 빼앗겼기 때문이라는 자각이 일어났다.

더구나 월정사 스님들이 세상의 변화를 몰라서 대대손손 월정사가 지켜온 수십 만 정보의 사패지를 빼앗겼을 뿐만 아니라 그 상황에서도 누구도 해결을 위해 나서지 못한 스님들의 현실을 반성하지 않을 수 없었다.

이에 지암은 부처님의 가르침을 대를 이어 계승하고 월정사의 삼보정재를 수호하기 위해서라도 스님의 교육을 통한 의식 전환이 시급하다는 확신을 더하게 되었다. 그리하여 지암은 월정사에 강원 설립을 추진하였다.

1915년 5월, 32세의 지암은 오대산 산중 어른들을 설득하여 월정사에 불교전문강원을 설립하였다. 월정사 말사에 통문을 보내어 각 사찰에 학승 1인씩을 받아 강원을 열었다. 월정사 강원은 불교 공부를 하는 내전內典 뿐만 아니라 일반인들이 공부하는 외전外典 교육도 병행하였는데, 당시로서는 매우 진취적인 강원이었다. 지암은 스스로 내전內

---

12) 智庵門徒會, 『智庵和尙評傳』, 三藏苑, 1991, 120쪽.
　　지암은 이때 강의안을 기초로 해방 후 최초로 『普照國師法語』와 『初發心自警文』을 우리말로 번역하여 펴냈다.

典 강사講師가 되어 부처님의 일대시교를 강의하였다.[12] 지암의 월정사 강원 설립과 후학에 대한 교육 열의는 이후 월정사에서 상당한 인재를 배출하는 기반을 마련하였다.

당시 월정사 주지는 보룡 스님으로 지암의 사미계 수계사이자 명주사 문중 스님이어서 강원 운영과 사중 활동에 힘이 되어 주었을 뿐만 아니라 지암이 상해임시정부 등 독립운동을 할 때도 든든한 후견인이었다. 1917년에 보룡 스님이 주지에 재임되자 감무로 있던 지암은 월간지 『조선불교총보』에 이렇게 기고하였다.

> 본산 월정사 주지 홍보룡 스님이 재임 인가를 얻어 6월 6일 진산식을 거행하면서 본산 일반 승려들이 1기 주지 공적을 기리기 위해 본사 스님들의 자원금을 모연하여 2십 원가의 은제기념 다완과 감사장을 진정함.[13]

이때 지암은 강원 강사講師와 월정사 감무(監務, 지금의 총무) 소임을 겸직하면서 많은 일을 하고 있었다.

이렇듯 지암은 불교 공부를 하겠다는 일념으로 월정사를 나서서 전국의 이름난 강백을 찾아다니며 12년 동안 강원 공부를 한 뒤에 월정사로 돌아와 월정사의 토지 분쟁을 해결하면서 항일민족의식을 자각

---

13) 『朝鮮佛教叢報』 제6호, 65쪽.

조계종의 산파 지암 이종욱

하였으며, 이후 월정사에 강원을 개원하여 인재양성을 도모하다가 1919년 3·1 운동을 맞이하게 된다.

3·1 운동을 계기로 지암은 인생의 새로운 전환을 맞게 된다.

4

3·1 운동 참여와 상해임시정부 운동

불교계의 3·1 독립만세운동

지암이 독립운동에 참여할 무렵 불교계 상황을 보자.

1919년 1월 고종황제가 승하했다. 백성들은 망국의 한을 안고 떠난 황제의 죽음을 슬퍼하였고, 온 나라는 슬픔의 바다에 빠졌다. 이러한 때 천도교와 개신교가 중심이 되어 은밀하게 독립만세운동이 준비되어 불교계와 유교 쪽으로도 이어졌다.

불교계를 대표하여 참여한 이는 만해와 용성 스님이다. 만해는 3·1 운동 전반에 핵심적인 역할을 맡아 불교계의 참여를 조직하였다. 그는

1919년 2월 28일 중앙학림 학승 신상
완, 김법린, 백성욱 등 10여 명을 유심
사唯心社로 불러 전국 각지의 승려와 신
도를 총동원하여 독립만세운동을 지시
하였다.[14]

만해의 지시를 받은 신상완, 김법린,
백성욱 등은 1919년 2월 28일 밤 인사
동 범어사 중앙포교당(지금의 대각사)으로
가서 '전국불교도독립운동총참모본부'
를 결성하고 신상완을 총참모로 선출,
각 부서를 정하고 밤새도록 계획을 논의
하였다.[15]

3월 1일 독립운동불교도본부는 승려,
학생 등 1백 명이 파고다공원에 집결하

원각사 10층석탑(국보2호, 파고
다공원). 지암 스님은 1919년 독
립만세를 외치면서 이곳에서 독
립운동 대열에 합류했다.

여 만세운동을 전개하고 시가행진을 선도하였으며, 전국 각 사찰로 지
방 대표를 파견하여 만세운동의 전국적인 확산을 꾀하였다.

○ 범어사 방면 : 김법린 등이 파견되어 범어사 명정학교 학생들과 결
　　사대를 조직하고 3월 17일, 동래읍 장날을 이용하여 만세시위와

---

14) 金法麟, 「韓國佛教抗日鬪爭回顧」, 〈大韓佛教〉 1964. 9. 6.
15) 金尙昊, 〈大韓佛教〉 1964. 8. 23.

경찰서를 습격하다가 헌병의 진압으로 체포 32명이 투옥되었다.[16]

○해인사 방면 : 김봉신 등이 파견되어 해인사 지방학림 학생들을 조직하여 대구까지 왕래하면서 독립선언서 1만 매를 인쇄한 다음, 여러 지역을 나누어 활동케 하였다.[17]

第1대 : 강재호, 기상섭 등 – 경주, 양산, 부산, 김해 방면

第2대 : 송복만, 최범술 등 – 합천, 초계, 의령, 진주, 사천, 곤양, 하동 방면

第3대 : 박달준, 김장윤 등 – 거창, 함양, 안의, 산청, 남원 방면

○우경조(마곡사 스님) : 공주 일대의 사찰을 중심으로 활약

○박윤성(법주사) 김경환(도리사) : 선산, 상주 방면

○김도운(청암사) : 김천, 성주 방면

○신철휴(고령) : 고령, 영천 방면

○권청학(동화사) : 대구 달성, 영천 방면

○박근섭 : 쌍계, 화엄, 송광, 선암사 …

○홍태현(신광사) : 해주, 황주, 사리원 방면

○통도사 방면 : 오택언이 파견되어 통도사 스님들과 합세하여 신평장터에 거사하였다.

○경북지방 : 김대용이 특파되어 동화사, 은해사를 중심으로 의성, 안동 등에서 활약하였다.

---

16) 金法麟,「韓國佛敎抗日鬪爭回顧 - 東萊邑 己未萬歲事件」,〈大韓佛敎〉1964. 9. 6.
17) 崔凡述,「三 · 一運動과 海印寺」①~③,〈大韓佛敎〉1969. 2. 16; 2. 23; 3. 9 참조.

○호남 방면에 정병헌 등 기타 방면에도 중앙학림 학생 중 적임자를
선정하여 파견하였다.[18]

이외에도 경기도 양주의 봉선사 스님 김성숙, 이순재, 강완수 등은
4월 2일 양주 광천시장에서 시위운동을 주도하다가 일경에 체포되어
징역형을 받았다. 김성숙은 석방 후 독립운동에 헌신하고자 1922년 5
명의 청년승려와 함께 북경행을 감행하여 이후 해방 때까지 불퇴전의
독립운동에 헌신하게 된다.[19]

이처럼 불교계에서도 3·1 독립만세운동에 조직적으로 참여하였으
며, 이 과정에서 적지 않은 승려들이 체포 투옥되기도 하였다. 조선주
차헌병대사령부가 작성한 「3·1 운동 피검자 조사표」 중에서 종교 관
계 직업별 피검자는 승려 120명, 목사 54명, 천도교 교구장 26명으로
지도급 종교인 중 승려의 체포자가 가장 많았다는 점은 주목할 만한

---

18) 金尙昊, 〈大韓佛敎〉 1964. 8. 23.
19) 김산·님 웨일즈, 조우화 옮김, 『아리랑』, 동녘, 2000, 123쪽.
　　『아리랑』이란 책으로 소개된 조선인 혁명가 '김산'이 가장 큰 영향을 받았다고 회고한 지도자
　　金忠昌은 운암 김성숙의 가명이다. 김성숙은 16살에 기독교 신자가 되었으나 회의를 품고 출
　　가하여 금강산 유점사로 출가하여 불교와 현대철학을 공부하였다. 그는 1919년 불교독립당에
　　가입하였는데, 약 300명의 당원이 참가하였고 조선독립에 관한 선언을 공표하였다. 김성숙은
　　3·1 운동 때 가사를 하고 마을에 내려가 선전활동을 하다가 일경에 체포되어 1년간 옥살이를
　　하기도 하였다. 그 후 김성숙은 5명의 승려와 북경으로 가서 본격적으로 독립운동에 투신하
　　였는데, 그를 비롯한 3명은 공산주의자가 되었고, 3명은 혁명이란 도무지 잠꼬대 같은 소리라
　　며 금강산으로 되돌아갔다고 한다. 김성숙은 해방 이후 귀국하여 봉선사를 기반으로 국내 정
　　치에도 참여하였다.

사실이다(독립운동사편찬위원회, 『독립운동사 – 3·1 운동사(하)』, 889쪽).

지암의 3·1 운동과 27결사대 참여

지암도 월정사의 용창은 스님과 함께 3월 1일 오후 1시에 서울 파고다공원에서 시작된 독립만세운동에 참가하였다. 지암은 〈동아일보〉(1958년 3월 1일자)에 게재된 「三一運動의 회고」에서 이렇게 회상하였다.

해마다 三一節을 맞이할 때면 내 腦裏에서 사라지지 않는 몇 가지가 있다. 당시 三十六歲였던 내가 龍昌恩[20] 等 中央佛敎專門學校(現 東國大學校 前身) 학생들과 함께 파고다공원에서 식을 마치고 萬歲를 부르며 大漢門으로 행진하였던 그 光景은 지금도 눈앞에 선하다.

지암은 만세운동에 참여한 직후 좀더 적극적이고 조직적인 운동이 필요하다는 판단으로 '27결사대'에 참여하였다.[21] '27결사대'는 독립

---

20) 독립운동사편찬위원회, 『독립운동사자료집』 제9집, 1975, 420쪽. 「고경 제34301호 청년외교단원 검거에 관한 건(대정 8년 12월 3일자)」에 '본적 강원도 강릉군 월정사, 현주소 미상, 미체포 단원 승려 용상헌(龍商憲) 25세' 가 나온다. 張錫興, 「大韓民國靑年外交團硏究」, 독립기념관 독립운동사연구소, 『한국독립운동사연구』 제2집(1988), 278쪽, 주61에 의하면 '판결문'과 기타 자료를 분석하여 단원들의 인적사항을 명시하였는데 '龍昌殷, 25, 불교 승려, 강원도 강릉군 월정사'라 하였다. 용창은은 후에 일본에 유학하여 와세다대학을 졸업하고 강릉포교당에서 포교사를 보좌하여 활동을 하였다.
21) 독립운동사편찬위, 『독립운동사』 7, 1979, 265쪽에 '大韓民國 獨立運動功勳史' 이탁조에 27

운동가 이탁李鐸이 이완용 등 매국 오적을 암살하기 위해 조직한 27명의 결사대이다.

이들은 1919년 3월 3일 고종황제 국장날에 장례 행렬이 통과하는 망우리 고개에 매복하여 역적의 암살을 노렸으나 실패하고, 3월 20일 경에는 오적에 대한 성토문과 경고문 등을 독립문과 종각 등 여러 곳에 부착하면서 암살을 계속 노리다가, 5월 일경日警에 일부가 체포되었다.[22] 이때 체포를 모면한 대원들은 대부분 피신하다가 중국으로 탈출하여 이탁 지휘 하에 본격적인 무장독립투쟁을 전개하여 상당한 전과를 올렸다.

지암은 27결사대에 참여하여 활동하는 한편, 불교계의 항일운동을 조직적으로 도모하기 위하여 중앙학림의 학승들이 주축인 독립운동불교도본부 핵심들과도 연계하고 있었다. 본부의 신상완, 김법린, 백성욱 등은 모두 학승들로 이십대였지만, 지암은 삼십대 후반이고, 월정사에서 강사로 있었고, 주지대리를 할 정도로 경륜을 가졌기에 이 학승들 사이에서는 자연스레 중심이 되었다.

지암은 본부의 학승들을 연고 있는 전국 주요 사찰로 보내 만세운동을 조직하는 한편, 3월 중순 독립운동가들이 모여들고 있던 상해로 월정사 송세호 스님을 파견하여 정세를 알아보게 하고 자신은 서울에서 개신교 유림들과 함께 임시정부 수립에 참여하였다.

명의 명단이 실려 있는데, 李鍾郁은 네 번째에 있다.
22) 독립운동사편찬위, 『독립운동사』 7, 1979, 269쪽.

4. 3·1운동 참여와 상해임시정부 운동

지암, 불교계 대표로 한성임시정부 수립 참여

3·1 운동을 주도하여 성공시킨 종교계에는 여세를 몰아 임시정부 수립까지 추진하였다. 그러나 임시정부 구성을 놓고 종교계 안에 미묘한 갈등이 생겨났다. 천도교는 '독립선언서'를 주도적으로 만들고 나아가 '만세운동이 성공하면' 천도교 주도로 손병희를 대통령으로 하는 정부기구를 발족시킬 계획을 갖고 있었다.[23] 반면에 3·1 운동에 역시 조직적으로 참여한 개신교 인사들도 이 문제를 준비하지 않을 수 없었고, 불교계와 유교계에서도 임시정부 논의에 빠질 수가 없었다.

한성임시정부는 바로 이러한 종교계의 미묘한 흐름 속에서 기독교계와 불교계, 그리고 유교측이 연합하면서 수립한 임시정부이다.[24] 1919년 4월 2일 인천 만국공원에서 처음으로 회합한 이규갑(감리교 대표), 장붕(장로교 대표), 박용희(〃), 김규(유림 대표), 이종욱(불교계 대표), 홍면희(변호사) 등은 임시정부의 조직과 국민대회를 열어 정부 수립을 내외에 선포하는 절차 등에 대하여 합의하였다. 그리고 4월 16일 지암을 비롯한 13도 대표자들이 서울에서 비밀회의를 갖고 국민대표 25명

---

23) 韓國思想硏究會, 이현희 역, 「默菴 李鐘一 先生 備忘錄(5)」, 『韓國思想』 제20집(1985), 151쪽.

24) 한성임시정부 수립에 기독교측이 주도적인 역할을 하였다는 분석은 高珽烋, 「世稱 漢城政府의 組織主體와 宣布經緯에 대한 檢討」, 한국사연구회, 『한국사연구』 97, 1997. 6, 167~201쪽 참조. 반면에 이 운동을 주도한 李奎甲은 「漢城臨時政府 樹立의 顚末」(『新東亞』 통권 56호, 176쪽)에서 유림에서 먼저 제안하였다고 증언하고 있다. 그런데 분명한 것은 국민대회를 통해 구성 한성임시정부의 요직에는 이승만을 비롯한 기독교계 국외 망명인사들로 구성되었고, 국내 천도교 인사들은 완전 배제되었다. 이승만, 이동휘, 박용만, 이동녕, 이시영, 김규식, 안창호 등은 독실한 기독교계 인사들이다. 韓圭茂, 「尙洞靑年會에 대한 연구, 1897-1914」, 『歷史學報』 126(1990), 84~85쪽.

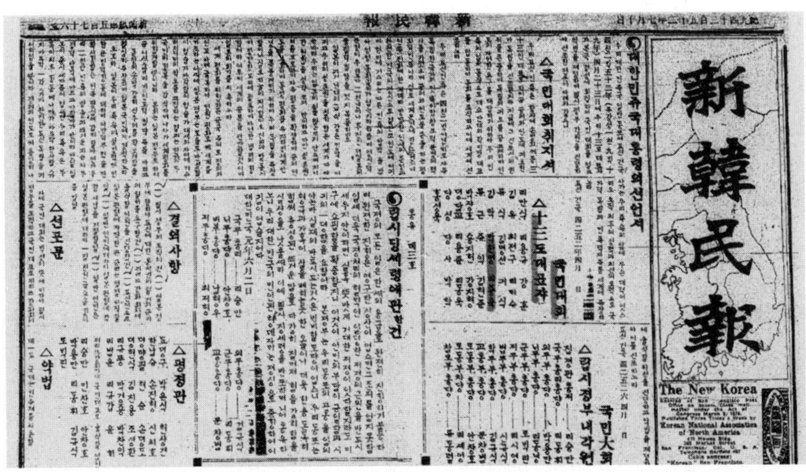

한성임시정부 소식을 알리는 1919년 〈신한민보〉 기사

과 임시정부 책임자를 확정하였다. 4월 23일 13도 대표 25명이 참가한 국민대회 이름으로 임시정부 기구와 명단이 발표되었는데, 집정관 총재 이승만, 국무총리 이동휘, 재무부 총장 이시영 등이었고, 이외에 '임시정부 조직의 일, 일본 정부에 향하여 조선의 통치권 철거와 군비 철퇴를 요구할 일' 등 6개 사항을 결의하였다.

그러나 한성정부 수립 주도자들은 4월 23일 국민대회 개최와 함께 13도 대표 중 이용규, 최전구, 이내수 등이 종로서에 체포 구속되는 등 즉각적인 탄압을 받았다. 이에 주도자들도 대부분 상해로 탈출하여 한성정부는 국민대회를 통해 구성되었다는 명분과 선출된 각원 명단[25]

---

25) 당시 미국에 있던 이승만은 한성임시정부 구성에서 자신이 '執政官 總裁'로 선출된 것을 기화로 '프레지던트(President)'를 자칭하기 시작하였다. 이에 대하여 상해임시정부의 안창호 국무총리 대리는 8월 25일 전문을 보내 대통령이라는 명칭 사용을 중지해 달라고 요청하기도

4. 3·1운동 참여와 상해임시정부 운동

만 남게 되었다.

한편, 한성정부 수립에 지암은 내장사 박한영 스님과 함께 불교계 대표로 참여하였다. 한영 스님보다 젊은 지암은 불교계 대표로 실무에도 적극 결합하였다. 하지만 기독교와 유림측이 인적, 물적 기반을 갖고 참여하여 국민대회와 정부 구성을 주도하였음에 비하여 부분적인 역량만이 참여한 불교계로선 큰 역할을 기대하기가 어려웠다. 그러나 일제로부터 빼앗긴 국권을 되찾기 위해 임시정부를 수립해야 한다는 대의명분은 종교를 초월하여 적극 공감하고 동참하였다.

1919년 4월, 지암은 서울에서 국민대회에 참가하여 임시정부 조직을 결의하였으나 일제의 탄압으로 더 이상 국내에서 활동이 어려워지자 좀더 적극적인 독립운동을 위하여 상해로 건너갔다.

상해임시정부 참여와 눈부신 활동

당시 상해에는 1천여 명의 조선 독립운동가들이 운집하여 항일독립 투쟁의 지속을 도모하고 있었다. 상해의 독립운동가들은 제1회 임시 의정원 회의를 개최하여 대한민국 임시헌장을 제정하고 4월 13일 대한민국 임시정부 수립을 선언하였다.[26]

하였다. 국사편찬위원회, 『韓國獨立運動史』 제3권, 1967, 24쪽.
26) 국사편찬위원회, 『韓國獨立運動史』 제3권, 1967, 18쪽.
27) 국사편찬위원회, 『韓國獨立運動史』 제3권, 1967, 16~17쪽.

조계종의 산파 지암 이종욱

4월 말 임시정부 내무총장에 선임된 안창호가 도착하여 임시정청臨時
政廳을 설치하고 본격적인 집행에 착수하였으나, 여러 개의 임시정부를
하나로 통합할 필요성을 느끼고 노령과 한성 임시정부 관계자와 협상
을 통해 법통法統을 한성정부로 잇되 본부는 상해로 하는 통합 임시정부
구성에 합의하게 되었다. 이리하여 1919년 11월 이동휘 국무총리, 이
동녕 내무총장 등이 임시정부에 취임하여 새로운 출발을 하였다.

한편, 상해임시정부가 출범할 무렵 불교계에서는 지암이 보낸 송세
호 스님이 강원도 대표 의정원 의원과 재무위원으로 참여한 것이 유일
하였다.[27] 1919년 5월경 상해로 간 지암은 송세호 스님을 통하여 상해
임시정부에 참여하였다. 후일 일제가 임시정부 문서를 입수하여 1932
년에 펴낸 『조선민족운동년감』에 지암의 임시정부 활동 기록은 다음
과 같다.

【 상해임시정부 문서의 지암 이종욱 기록 】

연월일	기록내용	문서명
大韓民國 元年. 7. 16.	상해임정 내무부, 조선 각지에 파견 특파원으로 함남지역에 李鍾郁 선전 및 시위 사명으로 특파	
大韓民國 元年. 9. 3.	李鍾郁, 함경도 특파원 이○○은 임무를 果(이루고) 본일 귀원하다.	
大韓民國 元年. 9. 8.	李鍾郁, 경기지역 특파원	
大韓民國 元年. 10. 29.	경성 특파원 李鍾郁은 유력가 金嘉鎭과 同伴하여 上海로 歸還하다.	
大韓民國 元年. 12. 29.	상해임정 내무부 參事 임명	〈내무부직원명부〉
大韓民國 二年. 3. 26.	상해임정, '全鮮 / 李鍾郁 / 전선에 연통제실시를 위하여'	〈내무부특파원명부〉

4. 3·1 운동 참여와 상해임시정부 운동

임시정부 문서에 의하면 지암 이종욱은 1919년 7월 16일자로 내무부 특파원에 임명되어 함남지역의 선전 및 시위 사명으로 국내에 파견되었고, 9월 3일에 임무를 마치고 복귀하였다가, 9월 8일자로 경기지역 특파원으로 제2차 독립운동대 조직 임무로 국내에 들어왔다. 그 후 10월 29일에 "경성 특파원 이종욱은 유력가 김가진과 동반하여 상해로 귀환하다"고 기록되어 있다.

또한 12월 29일에는 임시정부의 내무부 참사參事라는 직책을 임명받았다. 또 다음 해인 1920년 3월 26일자로 지암 이종욱을 "전조선의 연통제 실시를 위하여" 특파했다는 기록이 적혀 있다(이 문서에는 용주사 신상완 스님도 7월 26일자로 강원지역에 특파되었다는 기록이 있는데, 신상완은 당시 스물아홉 살의 학승으로 3·1 만세운동을 주도하다가 상해로 와서 지암과 더불어 임정에 참여하여 독립운동을 한 스님이다).

청년외교단 및 애국부인회, 대한적십자사를 조직하다

1919년 3·1 운동 직후 국내외에는 우후죽순같이 항일독립운동단체들이 조직되었는데, 그중 국내에서 대중적 기반을 갖고 국제외교 활동을 통해 독립운동을 추진한 단체가 '대한민국 청년외교단'이다.

지암은 나라가 일제의 강점에서 해방되려면 외교적인 노력도 중요하다는 인식으로 청년독립운동가들과 청년외교단을 조직하여 파리강화회의에 조선을 대표하여 외교사절을 파견하자는 안을 추진하였다.

애국부인회사건 신문 보도기사
(〈동아일보〉 1920년 4월 24일자).

그 경위를 〈동아일보〉(1958년 3월 1일자)에서 지암은 이렇게 회고했다.

그해 八月경에는 趙鏞周, 李丙哲, 安在鴻, 宋世浩, 延秉浩 등 여러 동지와 같이 靑年外交團을 조직하고 外交代表者로 趙素昻을 파리 강화회의에 派遣하여 우리 독립운동사상을 세계에 발표케 하였고 한편으로 愛國婦人會라는 姉妹團體를 조직하여 비밀리에 활동하다가 그만 大邱에서 발각되어 청년외교단원 및 애국부인회원 男女 五十여 명이 日警의 毒牙에서 무수한 拷問을 당한 끝에 대량 投獄되었었다.

청년외교단은 1919년 5월초 서울에서 나라의 패망이 외교력 부재에 있다고 보고 국제외교 역량을 키우기 위해 결성된 조직이었다.[28] 외교

28) 張錫興, 「大韓民國靑年外交團 研究」, 독립운동사연구소, 『한국독립운동사연구』 제2집, 1988, 291쪽.

단의 핵심은 상해로부터 국내로 들어온 조용주, 연병호, 송세호, 안재홍, 이병철 등이었다. 조용주는 조소앙의 동생으로 이 단체 설립의 주역이었는데, 조소앙의 국제무대에서 외교활동을 통한 독립운동을 적극 지원하기 위한 동기도 작용하였다. 청년외교단은 결성 후 서울에 중앙부를 설치하고 국내와 상해에 지부를 두고 조직을 확산해 나갔는데, 지암은 외교특파원, 송세호 스님은 해외지부 담당으로 참여하였다.[29]

청년외교단의 규모는 『조선민족운동년감』에는 단원이 600명으로 기록되어 있을 정도로 큰 조직이었다. 단원들은 지암과 조소앙 외에는 20대 청년들이었으며, 안재홍, 이병철 등은 중앙기독교청년회 활동을 한 기독교계 운동가들이었다.

청년외교단은 국내에서 독립정신의 보급과 선전을 위하여 기관지 『외교시보外交時報』를 발행하여 내외 정세를 알리는 한편, 「국치기념경고문」과 같은 선전물을 인쇄 배포하여 독립운동의 분위기를 고조시키는 선전활동도 활발히 전개하였다.

한편, 청년외교단은 임정에 보낸 「건의서」에서 조직을 전문적으로 지도해 줄 요원 파견을 요청하였는데, 이에 임정이 파견한 특파원이 바로 지암 이종욱이었다. 지암은 청년외교단을 통하여 임정 지원 활동을 조직하였다. 외교단 조직원들은 「독립운동참가단체조사표」, 「피해의사조사표」, 「일본반항행위조사표」 등을 작성하고 현금 550원과 함께 지암을 통하여 임정에 보냈고, 상해임정은 지암에게 각종 문서와

---

29) 張錫興, 「大韓民國靑年外交團 硏究」, 275쪽.

영수증을 가지고 왔다. 대한민국애국부인회와 함께 독립운동 자금 모집에도 힘을 쏟았다.

나아가 청년외교단은 여성조직을 지도하고 있었다. 대한민국애국부인회는 1919년 4월에 청년외교단의 지도로 대조선독립애국부인회와 혈성단애국부인회가 통합하여 결성된 여성독립운동단체이다.[30] 애국부인회는 부산, 평양, 대구, 진주, 밀양, 거창, 울산, 회령, 광주, 여수 등 전국 각처에 방대한 지부를 조직하였으며, 회 자금 중 약 6천 원을 독립운동 자금으로 지암을 통하여 상해임시정부에 제공하였다.[31]

한편, 지암은 적십자 활동을 국내에 조직하였다. 적십자회의 본래 목적은 전시 및 천재지변에서 병자의 구호이나, 이때 대한적십자회의 설립은 독립전쟁을 준비하기 위한 것이다. 대한적십자사는 1905년에 창설되었다가 일제의 강점으로 해산하였는데, 1919년 7월에 상해에서 재건되었다. 일제의 고등경찰이 「청년외교단원 검거에 관한 건」이라는 보고에 따르면 이렇게 기록되어 있다.[32]

> (가) 이종욱은 대한적십자사의 주모자이다.
>
> (나) 이병철은 이종욱의 권유에 의하여, 8월 상순 가정부원 안창호 외 수십 명이 발기한 대한적십자사의 명예회원에 임명된 이래,

---

30) 張錫興, 「大韓民國靑年外交團 硏究」, 276~277쪽.
31) 독립운동사편찬위원회, 「제34497호, 대한민국애국부인회 검거의 건(경상북도지사 보고)」, 『독립운동사자료집』 제9집, 1975, 426~430쪽.
32) 『독립운동사자료집』 제9집, 425쪽.

송세호와 협의하여 동 회의선언서 약 6백 매를 이종욱으로부터 수령하여 그의 일부를 반포하고, 대부분은 현재 송세호가 은닉하고 있다고 한다.

지암은 상해임정의 연통제 국내 총책으로 활약하면서 송세호 스님을 통하여 청년외교단에 적십자사 조직을 도모하고 있음을 확인할 수가 있다. 지암은 대한적십자사의 명예회원 겸 간사로도 활동하였다.[33]

이러한 사실은 1919년 11월 말 청년외교단과 애국부인회가 일제에 발각될 때 대한적십자회 대한총지부도 같이 드러나면서 확인되었다. 부인회의 본부 회원 중 반수가 적십자와 관계가 깊은 간호원이었다고 한다.

한편, 1919년 중반 지암은 서울에서 연통제 국내 본부를 조직하면서 대동단, 청년외교단 등과 접촉할 때 상해임정과 다양한 연락선을 활용하였는데 그중 하나가 철도기관사 전진원全鎭源이었다. 전진원은 만주로부터 경의선 철도기관차를 직접 운전하던 역무원으로 청년외교단원인 동시에 비밀교통국의 연락원이었다. 그는 1919년 중반 임정의 교통국이 설치된 만주 이륭양행에 도착한 임정의 각종 비밀문서, 자료, 물품 등을 서울 만리동에 살고 있던 지암에게 전달하였다. 전진원이 경의철도 기관차를 직접 몰고 서울에 들어온 뒤 예정된 시간에 서

---

33) 독립운동사편찬위, 「대정 8년 12월 3일자 청년외교단원 검거에 관한 건」, 『독립운동사 자료집』 제9집, 1975, 420~426쪽; 張錫興, 「大韓民國靑年外交團 硏究」, 독립운동사연구소, 『한국독립운동사연구』 제2집, 1988, 290쪽.

조계종의 산파 지암 이종욱

강이나 마포 철도변을 통과하면서 서류뭉치를 던지면 그 가족이 주워 지암 등 청년외교단원에게 전달하였다는 것이다.

이 사실은 지암이 작고하기 전에 동지였던 전진원의 자제 전병각에게 친필로 증언하였다. 그 후 지암이 체포되어 마포형무소에 수감되었을 때 전진원이 형무소로 면회를 가서 눈물로만 신호하고 해후했다고 한다. 지암은 모진 고초를 겪으면서도 전진원에게 문서를 전달받았다는 사실을 말하지 않았기에 전진원은 무사하였다. [34]

대동단 총재 김가진과 의친왕 이강 탈출사건

상해임시정부 내무부는 연통제를 통하여 독립운동을 활발히 전개하면서 조선 황실이나 고위 관료의 상해임정 참여를 유도하였다. 이 임무가 상해임정의 내무총장 안창호를 통하여 지암에게 맡겨졌다. 지암은 〈동아일보〉(1958년 3월 1일자)에 게재한 회고에서 당시 상황을 이렇게 말했다.

당시 日人들은 세계 각국에 惡宣傳하기를 "朝鮮의 獨立運動은 王族과 貴族은 참가하지 않고 賤民階級들만이 떠들어 댄다"고 하였으므로 우리는 이 국제적인 비난을 모면하기 위하여 大同團圓 全協,

---

34) 전병옥과의 인터뷰(1987. 5. 20) 이종욱 스님의 서신 참조. 이현희, 「대한민국 임시정부의 법통성 인식」, 신용하 외, 『일제강점기하의 사회와 사상』, 신원문화사, 1991, 124쪽.

鄭男用 등 同志와 연락하여 王族인 義親王(義和君＝이강 공)과 貴族인 金嘉鎭 翁을 상해로 탈출케 하여 "王族, 貴族이 모두 獨立運動에 參加하여 全國民이 上下가 一致團結된 것을 外國에 宣傳할 계획을 수립한" 후 己未年 十月 中旬傾 김가진 옹은 내가 상해로 안내하고 의화군은 전협, 정남용 동지가 모시고 국외로 탈출하다가 安東顯驛에서 日警에게 발각되어 완전히 성공도 못하고 전협, 정남용 兩同志는 애석하게도 獄中에서 不歸의 客이 되고 말았다.

의친왕 이강(23세)

지암은 고종황제의 아들인 의친왕 이강李堈과 구한말 대신 출신으로 대동단 총재인 김가진金嘉鎭의 망명을 도모키로 하였다. 지암은 송세호 스님과 금강산 건봉사 스님으로 대동단 총무로 핵심적인 활동을 하고 있던 정남용을 통해 대동단 단장 전협에게 이강과 총재 김가진의 상해망명을 타진하였다. [35] 이에 대동단 전협 단장은 이강과 김가진의 동시 탈출은 쉽

---

35) 신복룡, 전게서, 83쪽. 정남용은 건봉사 스님으로 대동단 총무로 활동하다가 체포되어 1921년 4월 18일 서대문 감옥에서 폐결핵으로 27세에 옥사하였다. 건봉사 주지를 비롯한 스님들이 올라와서 신촌 봉원사에서 화장하였으며, 영결식에는 서울 불교청년회원들이 동참하여 스님의 마지막 가는 길을 위로했다고 한다.

지 않다고 보고 먼저 김가진 총재의 탈출을 지암에게 요청하였다.

지암은 1919년 10월 10일 김가진과 그의 아들 김의한을 데리고 일산역에서 경의선을 타고 신의주와 중국 단동역을 거쳐 10월 29일에 상해임시정부에 도착하는 데 성공하였다.[36] 김가진의 상해임정으로의 망명은 일제 총독부를 경악시켰다. 전직 대신으로 한일합방 직후 일제가 '남작'이라는 지위를 부여했던 75세의 노인이 서울을 탈출하여 임시정부에 참여하였다는 사실은 임정의 국제적인 위상을 크게 높였고, 조선인들의 상해임정에 대한 신뢰를 높였다.[37]

일제는 곧바로 김가진을 회유 협박하여 귀국시키기 위해 첩자를 상해로 밀파하였다. 이때 김가진의 탈출을 안내하여 성공시켰던 지암은 얼마 간 김가진 일행과 동거하였는데, 당시 내무총장 안창호의 일기에는 이렇게 기록되어 있다.

(1920) 1. 29(목) 구름, 이종욱 군이 래방하야 김가진 군과 분거할 일 및 생활곤란함을 말하고 또 김가진 군 처소에 정병조 선우전 등 적탐이 래왕한다 하다.[38]

이로 보아 대동단 총재 김가진이 10월 말에 상해로 온 이후 지암은 이듬해 1월 말까지 동거하면서 생활을 돌보아 주었던 것 같다. 그런데

---

36) 신복룡, 전게서, 83~84쪽. 『朝鮮民族運動年鑑』, 1932, 34쪽.
37) 신복룡, 전게서, 84쪽.
38) 도산기념사업회, 『安島山全書』 中, 범양사출판부, 1990, 232쪽.

지암이 안창호에게 일제가 파견한 첩자들이 왕래하는 상황을 보고하였는데, 당시 임정 경무국장이었던 백범은 김가진을 철저히 보호해 주었다.[39]

김가진의 망명을 성공시킨 임정은 다시 지암을 국내로 파견하여 조선의 왕자 의친왕 이강의 탈출을 추진한다. 이강은 고종황제의 아들로 용모가 준수하고 두뇌가 명석하여 촉망받는 왕자였으나 경술국치 이후 망국의 한을 달래며 한량으로 지내고 있었다. 김가진은 의친왕 이강과 사돈 관계로 돈독한 사이였다. 지암은 서울로 잠입하여 의친왕의 측근을 만난 결과 의친왕이 '탈출을 위해선 20만 원의 자금이 필요하다'는 생각을 하고 있다는 말을 듣게 된다. 이에 지암은 대동단 전협에게 의친왕의 탈출 계획을 설명하고 도움을 청했다. 전협은 대동단이 그 임무를 맡겠다며 의친왕을 접촉하여 승낙을 얻었다. 지암은 대동단과 망명경로와 일정을 확정하고 먼저 상해로 출발하였다.

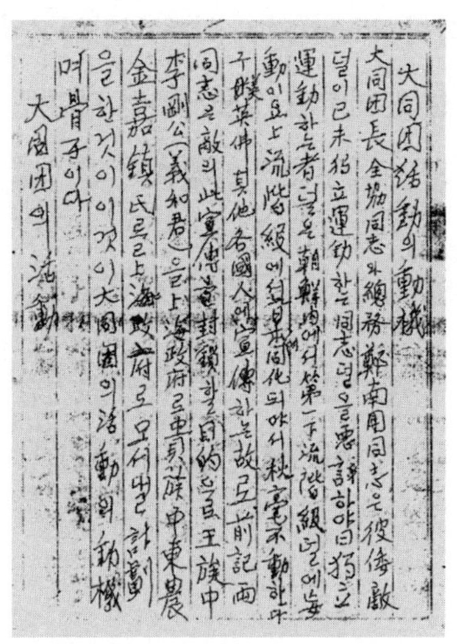

지암의 자필 회고 대동단 활동의 동기

---

39) 백범은 정필화, 선우갑 등을 체포하여 조사한 결과 일제의 파견 사실을 자백하여 정필화는 처단되고, 선우갑은 국내로 도주하였다. 김구, 『白凡逸志』, 193쪽. 김가진은 1922년 7월에 77세로 상해에서 세상을 떠났다. 그의 장례식에는 임시정부의 요인들과 독립운동가들이 참여했으며, 서울에서는 유림이 주축이 되어 7월 23일 각황사에서 추도회를 가졌다.

조계종의 산파 지암 이종욱

이리하여 1919년 11월 10일 의친왕은 대동단 요원의 안내로 변장을
하고 수색역에서 중국 단동행 열차를 탔다. 그러나 이때 의친왕의 행
방을 쫓던 일경이 국경지대에 비상령을 내렸다. 의친왕은 불행하게도
안동역에서 일경에 발각되어 체포되고 말았다.

이 사건 역시 일제를 경악시켰다. 식민지 조선국의 왕자가 상해로
망명하여 임시정부에 가담하였다면 국내외에 임정의 위상은 엄청나게
달라졌을 것이기 때문이다. 그리하여 일제는 이 사건을 주도한 대동단
을 철저히 수사하여 거의 와해시켰다. 대동단 연구의 권위자인 신복룡
교수에 의하면 "대동단 연루자로서 일제에 체포되지 않은 사람은 오직
세 사람"으로 지암이 그 중 하나였다. 지암은 "승려로 본시 대동단원
이 아니고 상해임시정부의 연통제 요원으로 임정과 국내 독립운동단
체의 연락을 책임지고 있었던 인물로 의친왕 탈출사건 직전 상해로 탈
출하는 데 성공하여 체포를 모면했다"는 것이다.[40]

상해임시정부의 연통제 조직 책임자가 되다

당시 상해의 임시정부에서 가장 시급한 과제는 국내와 만주, 상해
등의 독립운동세력과 연락망을 구축하는 것과 재정 문제였다. 임시정
부는 연통제聯通制를 실시하여 국내외 한민족의 연락체계를 세우고 의

---

40) 신복룡, 『大同團實記』, 養英閣, 1982, 119쪽.

연금, 인두세, 임시공채로 재정을 마련하는 데 주력한다.[41] 임시정부가 이 연통제를 철저한 비밀조직으로 운영하여 그 형태와 규모는 잘 알려지지 않았다.

연통제는 1919년 7월, 임정 국무원령 제1호로 시행된바 내무총장 안창호가 국내 행정기관으로 통신연락과 군자금 모집을 목적으로 하였다. 연통제는 그 성과가 커 1919년 11월, 서울에 임시총판부臨時總辦部를 설치하고 각 도에 총판總辦, 부府에 부장, 군郡에 군감郡監, 면面에 면감面監을 두는 전국적인 조직을 도모하였다.

이 조직은 설치 후 1922년까지 국내외를 연결하되 임정의 공문 전달, 독립운동의 지시 감독, 군인과 군자금 모집, 독립신문의 배포, 국내 정보 수집 등 그 성과가 매우 컸다. 함경도와 황해도를 제외한 국내 전 지역이 비밀리에 조직 운영되고 있었고, 요원 중에는 교사, 학생, 승려, 전도사 등이 참여하고 있었다. 연통제에 관련되어 일제에 투옥된 인사는 100여 명에 이른다.

이와 같이 상해에 있던 임정의 연통제 조직은 국내외 독립운동에 영향이 컸음을 확인할 수 있다. 상해임시정부 연구의 권위자인 이현희 교수는 "연통제를 운영한 3년여 동안 임정이 국내를 통치하였다"고 말한다.[42]

상해임시정부에게 연통제는 중추적인 조직이었고, 지암은 이 연통

---

41) 국사편찬위원회, 『韓國獨立運動史』 제3권, 1967, 41쪽.
42) 이현희, 「대한민국 임시정부의 법통성 인식」, 신용하 외, 『일제강점기하의 사회와 사상』, 신원문화사, 1991, 125쪽.

조계종의 산파 지암 이종욱

제에 핵심적인 역할을 하였다. 지암이 1958년 3월 1일 삼일절을 맞아 〈동아일보〉에 '연통제' 와 관련하여 이렇게 회고하였다.

그 이듬해 庚申年 三月에는 國內에 聯通制를 실시하기 위하여 나는 上海臨時政府에서 內務部 參應하여 行動統一을 기할 수 있었던 組織이었다. 그 事職을 辭하고 歸國하여 上海臨時政府의 指令으로 함경남 북도와 황해도 三道를 제외한 十道에 明濟世, 尹和秀, 劉鎭世, 申尙玩 등 여러 同志를 派遺하여 道에 總辦을 두고 郡에는 郡監을 두어 聯通制를 실시하였는데 이 聯通制라는 것은 秘密行政機關으로서 上海臨時政府와의 긴밀한 聯絡網을 가지고 있어서 上海臨時政府와 國內가 呼러므로 이 聯通制를 통하여 金相玉 義士가 종로서에 던진 폭탄도 반입될 수 있었고 나도 이에 관련되어 마침내 日警에게 잡혀 三年間이란 獄中生活을 당하게 되어 서울刑務所에서 함흥監獄으로 轉轉受難한 바 있었지만 이 聯通制로 말미암아 會寧에서는 五十餘人의 愛國志士들이 체포되어 서울로 압송된 大事件도 일어났었다.

지암은 상해임정의 국내 비밀행정기관으로 연통제를 조직하였는데, 1920년 3월에 이 연통제를 위하여 내무부 참사를 사직하고 귀국하여 여러 동지들을 각 지역에 파견하여 군 단위까지 조직하였고, 그 과정에서 지암 자신도 체포되어 3년간 감옥생활을 하였던 것이다.

한편, 지암에게 연통제 조직을 지시하였던 당시 임시정부의 안창호 내무총장은 이렇게 회고한다.

> 나중에 할 말이어니와, 이 연통제만은 수령들의 흥미를 끌어서 많
> 이 진전되었으니, 李鍾郁師 같은 이는 국내에 잠입하여 경기 이남에
> 연통제를 실시하다가 중형을 받은 공로자였다.[43]

안창호의 증언과 같이 지암 이종욱은 이 상해임시정부의 연통제에
서 핵심이었다.

당시 상해임시정부에 안창호를 도와 〈독립신문〉 편집을 맡고 있던
춘원 이광수도 광복 이후 쓴 참회의 글에서 지암과 관련하여 이렇게
회고하였다.

> 印札紙 수백 매로 된 獨立運動方略을 작성하여, 1920년 새해 첫
> 國務會議에 제출되어, 축조로 심의한 결과로 국무회의를 통과하였
> 다. 그래서 오대산 월정사 중 李鍾郁 등이 聯通制 실시의 사명을 띠
> 고, 본국으로 파견되어서, 꽤 넓은 지역에 郡監까지도 선정되어, 독
> 립신문 배달, 기타 임시정부의 정령이 전달되게 되었다(이종욱은 그 일
> 로 잡혀서 5년이나 징역을 졌다).[44]

지암은 말년(1962년)에 주문진 동명사에서 위국선열을 추모하는 백

---

43) 「島山 安昌浩」, 『李光洙全集』 제13권, 三中堂, 1962, 67쪽.
44) 이광수, 「나의 고백」, 『이광수전집』 13, 삼중당, 1964, 243쪽.

중 천도재를 지내면서 「초혼문」을 지어 독립운동가들을 추모하였는데, 안창호가 자신에게 연통제를 부탁하던 광경을 이렇게 적고 있다.

> 島山 선생님이시여, 선생님께서 庚申年 三月 중에 국내에 聯通制를 실시할 것을 나에게 부탁하시려고 李光洙를 데리고 上海 永安公社 삼층에서 小衲에게 靑料理를 주시면서 국내에 전동포가 敵日本놈들에 서리 찬 총칼 밑에서 신음하며 다수한 애국동지가 감옥에서 고통 받는데 우리가 안전지대인 상해에만 있을 수가 없는데 汝가 가는 것은 심히 애처러우면서도 고마운 일이다. 我도 장차 들어가겠다 하시다가 불행히도 왜경에게 체포되어 옥에서 세상을 떠났으니 어찌 애통치 않으리오. [45]

이 초혼문의 기록으로 보아 상해임정의 내무총장 안창호는 이광수를 대동하고 지암을 만나 중국요리를 사주면서 연통제의 비장한 임무를 맡기는 상황을 생생하게 알 수가 있다.

한편, 지암과 함께 항일운동에 뛰어들어 상해임정의 의정원 의원이 된 월정사 송세호 스님은 1919년 10월에 귀국하여 대동단 조직과 이강 공 망명을 추진하다 중국 단동역에서 체포되어 재판을 받았는데, 그 재판기록[46]에는 이렇게 나와 있다.

---

45) 박희승, 「자료 발굴-이종욱의 '초혼문' 과 '대동단 활동의 동기'」, 『불교평론』 2001년 봄호 참조.
46) 申福龍, 「대동단 예심결정서」, 『大同團實記』 부록, 151쪽.

4. 3·1 운동 참여와 상해임시정부 운동

이강 공 납치사건 기사(《매일신보》 1919년 10월).

피고 송세호는 1919년 3월 하순 이종욱에게 초청되어 경성에 와서 동인의 명에 의하여 상해에 재한 조선독립운동의 상황을 시찰하려 특파되었다가 동년 4월 하순 경성에 귀하여 그 후 동년 10월 상순 재차 경성에서 이종욱과 회견하고 동인으로부터 조선독립운동에 당하여는 상해에 재한 가정부와 조선 내에 재한 각종의 조선독립을 목적 삼는 비밀 단체와 상호 기맥을 토하고 또 경성에 중앙부를 두고 각 지방에 지부를 설하여 호상 연락하여 상하의 의사를 소통하고 또 상해로부터 재도하는 불온 문서의 수수 및 배포의 임에 당하기 위하여 연통제라는 것을 시행치 아니치 못하겠으므로 먼저 경성에 연통본부를 설치할 필요가 있다는 권설을 수하고 크게 이에 찬동하여 …

조계종의 산파 지암 이종욱

이처럼 지암은 당시 서울에서 상해임시정부와 지방정부 조직, 그리고 전국의 독립운동단체를 연결하는 연통제 조직에 착수하였다.

1919년 10월 서울 연건동에 있는 지암의 임시처소에서 송세호, 나창헌, 윤종석, 전필순, 신현구 등과 여러 차례 협의한 결과 연통제 활동을 서약하고 전필순은 본부에 회계사무를 담당하고, 송세호, 윤종석, 나창헌은 각 도 감독부의 임무를 맡기로 하였다. 또한 지암은 윤종석에게 상해 방면으로부터 독립운동에 내왕하는 동지의 비밀문서의 접수 장소 설치 및 기관의 선정을 부탁하였고, 윤종석은 친우 민강[47]과 남창우의 가게를 이용하여 상해에 파견된 연락원들의 접선 장소로 활용한다. 「대동단공소심판결문」에는 지암이 이렇게 말한 것으로 기록하고 있다.

이종욱으로부터 조선독립의 목적을 달성하기 위하여 상해임시정부와 조선 내에서 독립운동을 목적으로 하는 각종의 비밀단체를 연합하여 경성에 본부, 지방에 지부를 설립하고 서로 연락을 취함으로써 상해로부터 송치되어 온 통신문서 교환 등의 임무를 수행하기 위하여 연통제라는 것을 실행하고자, 먼저 경성에 연통본부를 설치할 필요가 있다. …… 또 이종욱으로부터 상해 방면에서 독립운동을 위하여 내왕하는 동지의 절충, 문서의 접수를 하기 위한 장소의 설치,

---

47) 민강은 '활명수'로 유명한 동화약방을 경영하면서 대동단의 자금을 대고 있었는데, 그가 운영하는 공성운송점은 지암의 요청으로 상해임시정부의 연락거점으로 활용되었다. 申福龍, 전게서, 118쪽.

기관의 선정을 부탁 받아[48]

지암은 이 연통제본부를 통해 서울의 각 독립운동단체와 연대하여 1919년 10월 31일 천장절天長節 축일을 기하여 제2의 3·1 운동을 추진키로 하고 상해임정에서 박은식 외 29명 명의로 선언서 인쇄물을 수령하는 등 준비에 착수하였다.

지암은 이 만세운동을 대규모로 조직하기 위해 나창헌 스님과 함께 대동단 총재 김가진과 총무 전협을 만나 협조를 구한바 그 취지에는 찬성하였으나 선언서는 조선 내 거주자의 명의가 아니면 그 효과가 약하므로 다시 선언서를 작성하는 것이 좋겠다 하여 나창헌이 그 준비를 하여 정리하니 의친왕 이강, 김가진, 전협, 백초월 등 33인의 지도급 인사의 동의를 받아 선언서를 준비하게 되었다.[49] 여기에 33인의 대표 중에 백초월 스님이 참여한 것이 특이한데 이것은 지암과 송세호 스님이 준비과정에서 불교계 대표를 배려한 것이었다.

한편, 만세운동의 행동대는 선언문의 민족대표 선정과 대중 동원의 준비로 거듭 연기하다가 1919년 11월 28일에 안국동 일대에서 선언서를 뿌리며 태극기를 들고 만세운동을 시도하다가 일제 경찰에게 바로 체포되어 큰 파문을 일으키지 못하고 끝나버렸다.

---

48) 申福龍, 「대동단공소심판결문」, 『大同團實記』 부록, 212쪽.
49) 申福龍, 「大同團 豫審決定書」, 전게서, 115, 151쪽.

불교계의 상해임시정부 지원활동

대한승려연합회 불교선언서와 임시의용승군헌제 및 기밀부 조직 추진

3·1 독립운동 이후 불교계에서 가장 주목할 사건 중 하나가 대한승려연합회大韓僧侶聯合會 12인 대표 명의로 1919년 11월 15일자로 발표된 '불교선언서'다. 이 선언서는 국문, 한문, 영문으로 인쇄되어 파리 국제평화회의에서 각국 대표단에게 배포되어[50] 한국인들의 독립의지를 국제사회에 알렸으며, 국내 주요 사찰의 스님들에게도 전달되어 불교도의 항일의지를 고취하였다. 그동안 국내에는 잊혀졌다가 1969년 국사편찬위원회가 프랑스에서 입수하여 그해 2월 〈동아일보〉(1969년 2월 20일자)에 보도되어 다시 알려지게 되었다. 그러나 이 '선언서'는 임시정부의 기관지 〈독립신문〉(1920년 3월 1일자)에 '불교선언서'라는 제목으로 전문이 대표자 이름과 함께 게재되어 있었다.

불교선언서는 "평등과 자비는 불법佛法의 종지이며 이를 위반하는 자는 불법의 적이라"고 규정하고 일본이 바로 침략주의에 탐착하여 전쟁을 일으켜 인류의 평화를 교란하였으므로 대한의 수천 승려는 방관할 수 없어 궐기한다고 선언하였다. 특히 대한불교의 승려들은 임진왜란 때 많은 불교도들이 헌신하여 국가를 옹호하였음을 상기하면서 지금도 일본의 침략에 맞서 나라를 지키기 위해 과감히 떨쳐 일어나 혈전을 벌일 것을 강조하고 있다.

---

50) 林英正, 「대한승려연합회 독립선언서 원문 발견의 의의」, 〈대한불교〉 1970. 3. 15.

승려연합회의 선언서는 1919년 11월 15일자로 선포되었는데, 대한 승려연합회 대표자로 서명한 오만광, 이법인, 김취산, 강풍담, 지경산 등은 당시 범어사 주지 오성월, 해인사 주지 이회광, 통도사 주지 김구하, 용주사 주지 강대련, 범어사 원로 김경산의 법호 또는 가명이라는 것이 불교계의 통설이다.[51] 일제하 범어사, 통도사, 해인사는 한국불교를 대표하는 사찰이었기에 이러한 사찰의 주지 또는 원로가 이 불교 선언서에 대표자로 참가하였다는 것은 그만큼 불교계 스님들이 일제 침략에 대한 민족의식과 상해임시정부에 대한 지지 의사가 광범했다는 것을 알 수가 있다.

이 중에서 특이한 것은 그동안 불교계에서 이회광과 강대련은 일제하 대표적인 친일승려로 평가(임혜봉, 「친일불교론」)되어 온 인물들이나 3·1 독립운동 직후에 불교선언서에 가명으로나마 동참하였다는 것은 주목할 만한 사건이 아닐 수 없다. 이법인이 이회광, 강풍담이 강대련이라는 확실한 근거는 아직 드러난 것이 부족하지만 당시 일제의 정보 보고서에서 확인되는 바로는 이회광, 강대련 같은 친일승려로 알려진 이들도 항일운동 승려들과 접촉하고 있었다. 일제의 고등경찰이 1920년 5월에 작성한 「항일운동의 승려 白性郁 등 檢擧 狀況報告의 件」에 의하면, 3·1 운동 당시 만해의 지시로 불교중앙학림 학생을 이끌고 참여하였던 신상완이 "신변의 위험을 느끼고 상해로 망명할 때 용주사 주지 강대련으로부터 여비 1백 원을 얻어 갔다"[52]고 한다. 또한 1920

년 4월에 신상완이 석왕사 승려 이석윤에게 용주사 주지 강대련을 방문하여 대한승려연합회 독립선언서를 보여 주고 독립자금의 협조를 부탁하라고 지시하였다[53]는 사실로 보아 3·1 독립운동 직후 불교계 항일운동 승려들과 강대련은 어느 정도 관계가 있었던 것으로 보인다.

아울러 이회광의 경우 1919년 7월경 이종욱, 김법윤, 김상헌, 백성욱 등이 상해에서 회합하여 승려단체를 조직하기로 하고 "국내의 유력한 승려 중 해인사 주지 이회광을 탈출시켜 대표로 옹립하기 위해 백성욱을 파견하였으나 소식이 없어 8월 중순에 신상완은 안창호로부터 이회광에 대한 권유장을 얻어 국내에 들어와 이회광을 접촉하였으나 이회광은 태도를 애매하게 하고 거취를 결정하지 못하였다"[54]고 한다. 비록 이회광이 애매한 입장을 보여 주었으나 당시 불교계의 항일운동 지도부가 이회광을 상해로 탈출시켜 승려단체의 대표자로 추대하려 했을 만큼 이회광과도 어느 정도 관계가 있었던 것으로 보인다.

그러므로 이회광, 강대련 등은 당시 지암과 신상완 등 임정에 참여하고 있던 항일운동 승려들의 권유에 의해 불교선언서에 동참하였던 것이다.

1920년 5월까지 국내와 상해에서 항일독립운동에 적극 참여하고 있었던 인물은 지암 이종욱(월정사)과 송세호(월정사) 이외에도 신상완(용주

---

52) 金正明, 「二一七 抗日運動の僧侶白性郁等檢擧の狀況報告の件」, 『朝鮮獨立運動 Ⅰ 分冊 - 民族主義運動篇』, 原書房, 昭和42년, 399쪽.
53) 독립운동사편찬위, 「관결문」, 『독립운동사자료집』 제9집, 1975, 1025쪽.
54) 金正明, 「二一七 抗日運動の僧侶白性郁等檢擧の狀況報告の件」, 『朝鮮獨立運動 Ⅰ 分冊 - 民族主義運動篇』, 原書房, 昭和42年, 399쪽.

사), 백성욱(봉국사), 김상헌(범어사), 김법윤(범어사), 백초월(해인사), 김상호(범어사), 김봉신(해인사), 박민오(통도사), 이석윤(석왕사), 김대용(고운사) 등으로 상당히 늘어났다. 이들은 불교계에서 3·1 운동을 주도하였던 중앙학림 출신으로 임시정부 수립을 전후하여 국내와 상해를 오가며 독립운동을 맹렬하게 전개한 주역들이다.

이 중에서 지암은 가장 핵심적인 역할을 하고 있었다. 지암은 임시정부에서도 내무부 특파원과 참사, 그리고 의정원 강원도 의원의 직책을 맡으면서 연통제 국내본부 총책으로 대동단 김가진 총재의 상해망명과 이강 공 탈출사건 등을 주모하였고, 청년외교단 애국부인회 대한적십자사 대한독립애국단(일명 철원애국단) 등의 임정 연계 활동을 지도하여 마침내 국내 독립운동단체의 연합 시위를 주모하는 등 눈부신 활약을 보여 주고 있었다.

당시 임정에 참여하고 있던 용주사 신상완은 1920년 4월에 범어사 김상헌 스님과 함께 석왕사를 방문하여 중앙학림 동창이었던 김태흡과 주지 강청월 스님을 만나 독립운동 상황에 대하여 설명하면서 지암 이종욱에 대하여 이렇게 말하고 있었다.

> 상해에서는 군인을 양성하고 있고, 또 평안도 황해도 방면의 인심은 모두 계몽되어 자금을 모집하고 있으며, 李鍾郁은 승려의 대표자로서 운동을 하고 있다. [55]

---

55) 독립운동사편찬위, 「판결문」, 『독립운동사 자료집』 제9집, 1975, 1025쪽.

신상완이 말한 것과 같이 이종욱은 상해임정에서 승려의 대표로 활동하고 있었다. 지암은 상해임정의 간부로서 불교계 독립운동을 이끌고 있었던 것이다.

용주사 스님 신상완이 체포되어 조사 받은 기록에 의하면, 1919년 3·1 운동 직후 상해로 가서 안창호 이종욱 등을 만나 조선독립 사업에 종사하였다[56]고 한다.

일제의 정보보고서[57]에도 1919년 3월에 상해로 망명한 신상완과 백성욱은 상해에 승려의 세력이 미미하므로 운동자금을 거두어 불교도의 세력을 확장시키고자 4월 중순에 국내로 들어와 이종욱, 김상헌 등을 만나 자금 조달에 노력할 것을 결의하고, 7월 중순에 다시 상해에서 이종욱과 회합하여 상해에서 승려단체를 조직하기로 하고, 나아가

> 1920년 1월경 이종욱, 백성욱 등과 협의하여 승려의 단결을 도모하기 위하여 선언서 및 임시의용승군헌제臨時義勇僧軍憲制를 만들기로 하고 유력 승려의 국내 탈출과 국내 주요 사찰에 기밀부機密部를 설치하여 승려 간의 기밀교통기관을 두어 점차 승림僧林의 단결을 확고히 할 필요성을 절감하고 안창호의 동의를 얻어 1920년 2월에 국내로 들어와 활동을 시작하였다.

---

56) 독립운동사편찬위, 「판결문」, 『독립운동사 자료집』 제9집, 1975, 1023쪽.
57) 金正明, 「二一七 抗日運動の僧侶白性郁等檢擧の狀況報告の件」, 『朝鮮獨立運動 Ⅰ 分册 - 民族主義運動篇』, 原書房, 昭和42년, 399쪽.

이때 지암은 신상완, 김상헌 등에게 '대한승려연합회선언서'를 주어 주요 사찰 주지를 방문하여 독립운동의 동참과 자금 협조를 요청하였다. 신상완은 1920년 4월 상순, 임정의 지암이 보내온[58] '대한승려연합회선언서' 수 매를 받아 범어사 김상헌과 함께 석왕사를 직접 방문하여 주지 강청월을 만나 독립운동 상황을 설명하고 자금 협조를 구하였다.

또한 신상완은 같은 시기 석왕사 이석윤 스님에게 역시 지암에게 받은 '대한승려연합회선언서'와 편지를 주어 건봉사 주지와 용주사 주지에게 보여 주고 독립운동 자금을 요구하게 하였다. 신상완이 준 편지에 의하면, "독립운동에 대하여 희생적으로 공헌하였으나 불교도의 진력이 부족하므로 이번 대한승려연합회 명의로서 선언한 것이므로 이 일에 대하여 노력하지 않으면 아니 된다. 그러므로 동정과 의무를 다하라"[59]고 적혀 있었다.

지암의 지시로 석왕사 주지를 만난 신상완과 김상헌은 이런 말을 들었다고 나중에 재판 판결문은 기록하고 있다.

석왕사에서 강청월 등에게 조선에 기밀부機密部를 설치하여 해외와 서로 호응하여 활동할 것을 설명하였으나, 이는 상해에서 임시정부의 참사인 이종욱으로부터 그 취지를 들어 알고 있으므로 더욱 이종

---

58) 독립운동사편찬위, 「판결문」, 『독립운동사 자료집』 제9집, 1975, 1000~1010쪽.
　　大同出版協會, 『朝鮮倂合十年史 - 朝鮮獨立問題의 眞相』, 大同出版協會, 1924, 491~492.
59) 독립운동사편찬위, 「판결문」, 『독립운동사 자료집』 제9집, 1975, 1028쪽.

욱은 위의 기밀부 설치를 말하였을 때 동부는 통도사, 해인사, 범어
사, 석왕사의 4개소에 설치하고자 한다고 말하였다.

– 독립운동사편찬위원회 「판결문」, 『독립운동사 자료집』 1025쪽.

상해임시정부 내무부의 참사 지암은 독립운동 기밀부 설치를 추진
하면서 국내의 주요 사찰을 그 거점으로 만들 계획을 추진하였다.

임정의 연통제 국내본부 총책 지암은 다른 방면에서도 이 기밀부 조
직을 추진하였다. 1919년 12월 강원도지사의 보고에 의하면, 강원도
춘천에서 예수교도 등이 문서를 반포하고 독립운동을 단행하려던 이
들을 검거하고 그 사실을 보고하였는데, "양력 10월 이종욱 등이 연락
의 비밀을 지키기 위하여 수명으로 기밀부를 조직하고, 이 기밀부를
통하여 독립선언서의 제작, 운동비 마련, 후원자 연락 등의 책임을 맡
도록 하고 기밀부원은 준비 완성 후에 비밀히 전부 상해로 건너가게
한다"[60]는 계획이었다.

이런 자료로 지암의 활약을 정리해 보면, 지암 이종욱, 송세호, 신
상완, 김상헌, 백성욱, 김법린, 김상호 등은 긴밀한 연락을 유지하고
있었고, 국내 중앙학림의 백초월 등과 범어사, 통도사, 해인사, 석왕
사 등 전국 사찰에 상당한 연락 체계를 갖추고 있었다.

이 과정에서 핵심은 지암 이종욱이었다. 그는 30대 중반으로 가장

---

60) 독립운동사편찬위, 「대정 8년 12월 23일자 불령선인 검거의 건(강원도 지사 보고)」, 『독립운
　　동사 자료집』 제9집, 1975, 468쪽.

연장자였고, 교구본사의 강사講師와 감무監務 경력을 가진 중진이었고, 신상완, 김상호, 백성욱, 김법린, 송세호, 이석윤 등은 중앙학림 출신의 청년학생들이거나 지암과 연계된 승려들로 주로 행동대의 역할을 맡고 있었다. 이들이 체포되어 일제가 파악한 정보보고서와 판결문에 따르면 신상완, 송세호, 백성욱 등은 모두 상해와 국내에서 지암을 만나 상의하였고, 지암을 승려 대표자로 증언하고 있다.

이처럼 항일운동에 참여한 승려들은 상해와 국내를 오가며 불교계의 독립운동 참여가 미약한 것을 반성하여 항일운동 승려의 단결을 도모하고 독립운동을 적극적으로 전개하기 위하여 '대한승려연합회'라는 단체와 '의용승군'을 조직할 것을 결의하고, 그 활동의 방편으로 '불교선언서'와 독립자금의 모금, '의용승군' 및 '기밀부' 조직의 설치 등을 추진하였던 것이다.

이 과정에서 '대한승려연합회'와 '불교선언서', '기밀부' 등은 지암이 담당하고 '의용승군' 조직 문제는 신상완이 맡았다. '대한승려연합회'와 '의용승군'은 직접적으로 연결된 조직인데, '임시의용승군헌제' 규정[61]에 의하면 "대한승려연합회장을 총령부의 총장"으로 하였고, "총령부는 임시정부와 승군의 연락기관"이라 명시하고, "임시정부작전계획에 부응, 협의 실행한다"고 밝히고 있다. 그러므로 상해임시정부와 대한승려연합회, 그리고 의용승군은 별개의 조직이 아니

---

61) 金正明, 「二一七 抗日運動の僧侶白性郁等檢擧の狀況報告の件」, 『朝鮮獨立運動 Ⅰ 分册 - 民族主義運動篇』, 原書房, 昭和42年, 401쪽.

조계종의 산파 지암 이종욱

라 상호 긴밀히 연관된 조직이다.

당시 임정의 안창호의 1920년 일기에 의하면,

1. 21(수) 맑음. '이종욱 군이 내방하여 ….' '신상완 군이 내방하야 국내에 재한 승려로 하여금 군대를 편제하자 하며 또 승려 백성기로 하여금 정부의 직원이 되게 하자는 고로 모다 동의를 표하다.'

1. 24(토) 맑음. 신상완 군이 내방하야 승려의용대 편제안을 示하고 가부를 문하기로 동의를 표한 후에 군무부에 가서 이를 비준하라고 권하다. [62]

이처럼 안창호의 일기에서 확인되는 바와 같이 신상완은 승려의용대 조직[63]에 관하여 임정의 내무총장 안창호를 만나 구체적으로 협의

---

62) 도산기념사업회, 『安島山全書』中, 범양사출판부, 1990, 224~228쪽.
63) 이종욱, 신상완, 김봉신, 백성욱, 김법윤 등이 도모한 '임시의용승군헌제'는 1920년 5월에 신상완, 김상헌 등이 체포되었을 때 일제에 노출되었다. 일제의 정보보고서에 실린 '임시의용승군헌제'의 전문을 옮겨 보면 다음과 같다.

〈臨時義勇僧軍憲制〉

總領部
一. 總領部는 大韓僧侶聯合會長을 總長으로 하는 僧軍의 最高本部이다.
二. 總領部는 臨時政府와 僧軍의 聯絡機關이다.
三. 總領部는 臨時政府作戰計劃에 副應, 協議實行한다.
四. 總領部는 大韓僧侶聯合會 名譽顧問으로서 本部顧問을 삼는다.
五. 總領部는 아래의 五國으로써 組織한다.
　一) 秘書局　二) 參謀局　三) 軍務局　四) 軍需局　五) 司令局
六. 總領部는 軍務를 分掌한 各局에 아래와 같은 職을 둔다.
　一) 局長 一人　二) 參謀 若干人　三) 執事 若干人　四) 掌書 若干人

하였으며 임정의 군무부와도 상의하였다. 물론 이것은 혼자 만든 것이
아니라 지암과 사전에 협의한 계획이다. 신상완이 안창호와 빈번히 접
촉할 무렵 지암은 임정의 내무부 참사로 의정원 의원직을 수행하면서
안창호를 만나 독립운동의 대소사를 상의하였다. [64] 당시 지암 등 불교
계 항일운동가들은 상해임시정부에서 안창호 내무총장을 깊이 신뢰하

七. 秘書局은 아래와 같은 事項을 掌理한다.
　一) 機密에 關한 事項　二) 文書 및 通信의 受發謄錄編存에 관한 사항
　三) 統計報告에 關한 事項　四) 印章保管에 關한 事項
　五) 豫算決算會計에 關한 事項　六) 僧軍身分의 調査에 關한 事項
八. 參謀局은 用兵에 關한 一體의 計劃을 掌理한다.
九. 軍務局은 아래와 같이 軍政을 掌理한다.
　一) 團隊配置 · 軍紀 · 軍規 · 儀式에 關한 事項　二) 賞功褒獎에 關한 事項
　三) 軍職任免 및 補充에 關한 事項　四) 軍事審判 및 僧軍會議에 關한 事項
　五) 軍籍考査에 關한 事項
十. 軍需局은 아래의 事務를 掌理한다.
　一) 兵器 및 그 材料에 關한 事項　二) 糧食 · 馬 · 物品에 關한 事項
　三) 軍資運用과 經理에 關한 事項
十一. 司令局은 아래의 事務를 掌理한다.
　一) 通信에 關한 事項　二) 宣傳에 關한 事項
　三) 探偵 · 調査에 關한 事項　四) 戰鬪에 關한 事項
十二. 司令局은 全國에 散在한 僧軍을 指揮하기 위해 各道君에 아래의 機關을 둔다.
　一) 道隊　二) 郡隊　三) 山隊
十三. 司令局은 各道 · 郡 · 山 機關에 事務를 分掌하기 위해 아래의 職을 둔다.
　一) 道隊　가. 道隊長　나. 道參謀　다. 道執事　라. 道掌書
　二) 郡隊　가. 郡隊長　나. 郡參謀　다. 郡執事　라. 郡掌書
　三) 山隊　가. 山隊長　나. 山參謀　다. 山執事　라. 山掌書
十四. 部局隊의 職分限界는 아래와 같다.
　一) 總長은 各局을 監督한다.
　二) 顧問은 總長의 立案을 評議한다.
　三) 局長은 總長을 補佐하여 當務에 服務한다.
　四) 參議는 當屬의 職을 補佐하여 一體計劃을 立案한다.
　五) 掌書는 所務의 文簿保存과 抄案淨書 등에 關한 事務에 服從한다.
十五. 本隊의 隊員인 者는 아래의 信條를 지킨다.
　一) 當務에 對하여 機密을 絶對로 遵守한다.

조계종의 산파 지암 이종욱

고 있었고, 안창호 역시 그러하여 신상완이 불교청년회 고문에 안창호를 추대하자 이를 허락하고 회장에게 친서를 써 주었다.[65]

아무튼 1919년 3·1 독립운동 직후 상해와 국내의 불교계 항일운동 중심은 임시정부의 안창호 내무총장과 돈독한 관계를 유지한 지암을 핵심으로 신상완, 정남용, 백성욱, 김상헌, 김법린, 송세호, 김상호,

---

二) 生命을 犧牲하는 境遇에도 當務의 秘密을 漏泄하지 않을 것.

三) 每月 義務金 圓을 바친다.

十六. 本隊는 光復期成 後에 解隊한다.

十七. 詳細한 條規는 事의 進行에 따라서 必要하다고 認定할 때 追加 或은 訂正한다.

金正明, 「二一七 抗日運動の僧侶白性郁等檢擧の狀況報告の件」, 『朝鮮獨立運動 Ⅰ 分冊 - 民族主義運動篇』, 原書房, 昭和42年, 401~402; 국사편찬위원회, 『한민족독립운동사』 제9권, 1991, 521~523 참조.

64) 도산기념사업회, 『안도산전서』 중, 범양사출판부, 1990, 224~277쪽에 기록된 1920년 1월 21일부터 3월 26일까지의 안창호일기에 의하면, 안창호는 이종욱 신상완을 면담한 기록은 이렇게 적고 있다.

1. 21(수) 맑음, "李鍾郁 군이 내방하여 서세충 군이 래함에 대하여 정부에서 여하할 의사를 대하였는가 문함에 차사를 국무원에서 비밀을 약속한 고로 세언치 못하겠다하다." "申尙玩 군이 내방하야 국내에 재한 승려로 하여금 군대를 편제하자 하며 또 승려 백성기로 하여금 정부의 직원이 되게 하자는 고로 모다 동의를 표하다."

1. 22(목) 맑음, "이종욱 군이 래방하야 서세충 건의사건에 대하야 그 조처여하를 문함에 해건의 안은 접수만하고 종속하야 상당한 인원을 본국에 파유하여 다시 타협하기로 하였다 답하다."

1. 29(목) 구름, "이종욱 군이 래방하야 김가진 군과 분거할 사와 및 생활곤란함을 진하고 또 김가진 군 처소에 鄭丙朝鮮干銓 등 적탐이 래왕한다 하다." "신상완 군이 본국에서 신도한 朴老永, 吳晩善, 吳彌泳, 任彌淳 등을 소개하므로 면회하고 왈 차지에 래하야 일반관찰을 비관치 말고 낙관하라 하다."

2. 1(일) 비, "이종욱 군이 래방하야 왈 내부총장께서 자기더러 본국에 왕환하라 함은 확정이 무하노라고 하다."

2. 20(금) 구름, "이종욱·金弘植 양군이 래방하다."

2. 28(토) 맑음, "이종욱 군이 래방왈 내부사명을 대하고 조속히 입국코져 하니 주의될 바를 생각하였다가 지시하기를 망하노라 하다."

3. 23(화) 구름, "이종욱 군이 래방 왈 조속히 입국할 터이니 주의할 바를 교시하라 하므로 여 일 총판부주장하는 인물을 시하야 진정한 의사자들이면 그대로 시행케 하고 불연즉 통신하라 하다. 또 정부의 계획을 문함으로 계획 중에 일망을 거하야 언하다."

65) 도산기념사업회, 『安島山全書』 中, 범양사출판부, 1990, 252쪽.

김봉신, 박민오, 백초월, 이석윤 등의 스님들과 긴밀히 협력하며 국내외에서 광범한 활동을 전개하며 임시정부의 연락 업무와 의승군 조직, 독립운동 자금 모금, 선전 활동 등을 지원하여 나갔던 것이다.

불교계의 임시정부 독립자금 모금운동 전개

상해임시정부에게 가장 곤란한 것은 재정 문제였다. 결성 당시부터 은연 중 조성된 기호파, 서북파 등의 파벌 의식과 잦은 의견 충돌은 신뢰를 떨어뜨려 재정 모금을 더욱 어렵게 하였다. 한 때는 프랑스 파리에 있는 외교총리에게 보내야 할 전보도 비용이 없어 곤란할 정도였다고 한다. 그런데 안창호가 내무총장을 맡으면서 임정에 대한 신뢰도 높아졌고, 연통제와 교통국제도를 시행하여 재정 기반을 강화하여 사정이 나아졌다.

그러나 임정의 재정은 근본적으로 국내외 한민족의 후원에 전적으로 의존할 수밖에 없어 형편은 계속 어려울 수밖에 없었다. 이에 상해임정에 참여하였던 지암과 송세호, 신상완, 김상호 등의 스님들은 임정의 재정난을 타개하는 데 도움을 주고자 전국 사찰 스님들을 설득하여 모금운동을 조직적으로 전개하였다.

1920년 3월 지암의 지시를 받은 신상완 스님은 임정의 강원도 특파원으로 임명 받아 '대한승려연합회선언서'를 받아 강원도 일대의 주요 사찰에 독립정신을 선전하고 운동자금을 모금하기 위하여 김상헌 스

님과 함께 석왕사를 방문하고 주지스님을 만나 독립운동 자금 협조를
요구하여 석왕사는 1천 원을 제공하였다고 한다.[66] 신상완은 석왕사
가 준 자금으로 승군 활동을 위해 5만분의 1 지도 약 6백 매를 구입하
여 상해로 보내고 나머지는 상해로 가져가기 위해 1백 원 지폐로 교환
하였다. 또한 같은 시기에 석왕사 이석윤 스님에게 부탁하여 금강산
건봉사를 방문하여 주지를 면담하고 '대한승려연합회선언서'와 주지
앞으로 편지를 교부하고 독립운동 자금을 요구하도록 하였으나 거절
당하였다.[67]

그 후 3월 8일 신상완은 자금 모집을 위해 경북 영천 은해사 주지를
만났고, 3월 24일 동래 범어사로 가서 동지 김상호 스님과 협의하여
범어사의 재정지원을 추진하였다. 또한 신상완과 김상헌은 '임시의용
승군헌제'와 '선언서'를 석왕사, 해인사, 통도사 등에 보내어 승림의
단결을 꾀하여 30본산 중 15개소에 기밀부를 설치하여 상해임시정부
와 연락을 하도록 계획을 추진하다가 체포당하여 이 의승군과 기밀부
조직은 중단되고 말았다.

한편, 불교계의 상해임지정부 지원 활동에는 백초월 스님의 활약도
중요했다. 백초월 스님은 국내에서 예수교도와 천도교도는 독립운동
에 원조를 하고 있으나 다만 불교도만은 이에 무관심하고 있음을 유감
으로 생각하고, 1919년 4월 서울에 와서 한국민단부 본부를 불교중앙

---

66) 大同出版協會, 『朝鮮倂合十年史 - 朝鮮獨立問題의 眞相』, 大同出版協會, 1924, 491쪽.
　　독립운동사편찬위, 『독립운동사 자료집』 제9집, 1975, 1026쪽.
67) 독립운동사편찬위, 「판결문」, 『독립운동사자료집』 제9집, 1975, 1028쪽.

학림 안에 조직하고 스스로 민단부장이 되어 자금 모집활동을 하였다. 7월에는 김재운, 박윤 등과 함께 『혁신공보』라는 비밀 출판물을 간행하고 국내의 청년들에게 독립군 및 임시정부에 참여시키는 계획 아래 자금을 구하기 위하여 지리산 천은사 주지 하용하 5백 원, 화엄사 총무 이인월 5백 원 등 2천 원을 모아 신상완에게 주어 임정 안창호 내무총장에게 헌납하게 하였다.[68]

또한 백초월은 길림성 독립군에 11명, 상해임시정부에 6명의 청년을 여비를 주어 보냈다고 한다. 통도사 김구하 스님에 의하면 『혁신공보』 사장 백초월에게 2천 원을 지원하였다[69]는 기록도 있다. 이외에 백초월은 임정 특파원인 신상완과 민단부원인 정병헌, 백성욱 등과 임정 자금을 마련하기 위해 임시정부의 채권발행을 추진하였으나 1919년 11월초에 백초월 등 6명의 스님들이 일제에 체포 또는 수배되어 무산되고 말았다.[70]

백초월 스님을 중심으로 한 민단본부 요원들의 이러한 활동은 불교계에서 임정과 연계되어 독립운동 자금을 조직적으로 모금하였다는 사실을 확인할 수 있다. 이러한 백초월과 민단본부의 활동 이면에는 신상완을 거쳐 지암에게 연결되었던 것이다.[71] 지암이 주모한 1919년

---

68) 金正明, 「二一七 抗日運動の僧侶白性郁等檢擧の狀況報告の件」, 『朝鮮獨立運動 I 分册 - 民族主義運動篇』, 原書房, 昭和42년, 399쪽.

69) 鄭珖鎬, 「通度寺會議錄綴」, 『韓國佛教最近百年史編年』, 仁荷大出版部, 1999, 242쪽.

70) 金正明, 「一二三 獨立運動資金募集者檢擧の件」, 『朝鮮獨立運動 II - 民族主義運動篇』, 原書房, 昭和42년, 219쪽.
독립운동사편찬위, 「대정 8년 12월 5일자 독립운동 자금 모집자 검거의 건(경성 본정 경찰서장 보고)」, 『독립운동사 자료집』 제9집, 1975, 430~433쪽.

11월의 제2독립만세운동에 사용하고자 준비하였던 의친왕 등 33인의 선언에 승려 대표로서 백초월이 참여한 것으로 보아 이의 관계도 알 수가 있다.[72]

또한 범어사 김상호 스님은 만년의 회고[73]에서 수차례 상해를 다녀온 신상완을 통해 임정의 빈곤상을 뼈저리게 느껴 군자금 모금운동에 나서 일차로 범어사 원로 이심해, 오성월, 김경산, 오이산 등과 밀의한 끝에 거액의 자금을 변재하여 김상호가 직접 상해로 가서 헌납하였다고 한다. 이에 임정에서는 이심해, 오성월, 김경산 세 원로를 임정 고문으로 추대하였다. 그 후 김상호는 전국적인 자금 모금활동에 나섰다가 김상헌, 신상완이 체포되어 5년형을 선고받아 계획은 좌절되었다고 한다.

지암 또한 불교계 주요 인사로부터 임정의 재정 지원을 받았다. 일제하 통도사 주지 김구하 스님은 인편으로 "지암에게 3천 원을 지원했다"고 통도사 회의자료[74]에 기록한 것이 광복 이후에 발견되었다. 당시 통도사 주지 김구하의 기록에 의하면, 통도사에서 상해 또는 독립운동 자금으로 지원한 금액이 1만3천 원이었다고 한다. 김구하 스님은 이로 인해 일제에 의해 사상범으로 몰려 고초를 겪었다.

---

71) 金正明, 「二一七 抗日運動の僧侶白性郁等檢擧の狀況報告の件」, 『朝鮮獨立運動 Ⅰ 分册 - 民族主義運動篇』, 原書房, 昭和42년, 397~402쪽 참조.

72) 〈獨立新聞〉 大韓民國 二年 一月 一日, 「義親王 以下 三十三人의 宣言」 참조.

73) 金尙昊, 「韓國佛敎抗日鬪爭回顧 - 3·1 運動에서 8·15 光復까지 숨어 있던 이야기」, 〈大韓佛敎〉 1964. 8. 23.

74) 鄭珖鎬, 「通度寺會議錄綴」, 『韓國佛敎最近百年史編年』, 仁荷大出版部, 1999, 242쪽.

이처럼 1919년 3·1 운동 직후 불교계가 상해임시정부에 대한 재정 지원 활동이 활발하게 추진된 배경에는 스님들의 민족 자주의식의 자각이 주된 요인이지만, 임시정부에 불교계 대표로 참여하여 맹렬한 활동을 전개하였던 지암, 신상완, 송세호 스님들의 적극적인 활동이 있었기 때문에 가능하였다.

지암의 체포와 함흥형무소에서 3년 옥고

상해임시정부의 내무부 연통제 조직에서 핵심적인 활동을 하면서 눈부신 활약을 하던 지암에게도 일제의 수사망이 점점 좁혀 오고 있었다.

1919년 12월 일본경찰은 대한독립청년외교단과 애국부인회가 전국적인 조직으로 비밀리에 움직이고 있다는 정보를 입수하고 서울 본부를 급습하여 핵심 조직원 20여 명을 체포하였다. 이때 상해임정의 특파원 지암은 신출귀몰하게 도주하여 체포를 면했으나 궐석재판에서 3년형을 선고받게 된다(당시 지암 이종욱에 대한 3년형 「판결문」이 있다).

이후 체포령이 내려진 상태에서 상해와 국내를 오가며 많은 활동을 하던 지암은 마침내 1923년 1월에 의외의 사건으로 체포되고 말았다.

1923년 1월 12일 밤 8시경 종로경찰서(지금의 종로 제일은행 본점 자리)에 폭탄이 터져 서울시내를 발칵 뒤집어 놓는 사건이 일어났다. 일제는 경찰에 총동원령을 내려 모든 독립운동 관련자를 체포하여 조사하였다. 이렇게 하여 이 사건은 의열단원 김상옥이 거행한 일이란 것이 밝혀졌고, 김상옥은 후암동 어느 집에 숨어 있다가 발각되나 일경을 사살하고 도주하여 남산에서 은신하다가 다시 일경의 포위 속에 혈전을 치르다 자결하였다.

그런데 일제가 수사한 바에 따르면 김상옥이 던진 폭탄과 소지한 권총을 반입한 사람이 독립운동가 김한이었다. 이에 관하여 지암은 자필 회고록에서 다음과 같이 회고하였다.

어느 때인가 김한 동지가 폭탄을 반입하려 하니 상해로 소개하여 달라 하거늘 "나는 승려의 신분으로 사람을 살해하지 아니하여" 거절하였더니 김한이 말하기를 "그렇다면 선전문을 들여올테니 소개하여 달라" 하기에 내용은 무기를 들여오면서 표면은 선전문이라 약속하고 상해정부 재무부 총장 이시영 씨에게 소개하여 주었다. 그랬더니 그 길로 폭탄 3개를 수입하여 …… 나도 이 사건에 김한 동지의 구초口招로 피체被逮되어 무수한 고문을 당하여 죽을 뻔하다가 명이 붙어 살아났다.

김상옥 의사가 종로서에 던진 폭탄을 반입한 김한이 체포되어 혹독한 고문으로 지암이 상해임정과 연결을 주선해 주었다는 것을 실토한 것이다. 이에 지암도 일제의 종로경찰서에 체포되어 가혹한 고문을 당해 거의 죽음에 이르렀다. 지암은 죽음을 눈앞에 둔 고문에도 굴하지 않고 자신의 결백을 주장하였다. 일경은 십여 일이 넘게 혹독한 고문

을 가해도 지암이 입을 열지 않자 "김한이 모든 걸 자백했는데 왜 모른
다고 거짓말을 하느냐?"고 닦달하였다. 그러자 지암은 한 순간 지혜를
내어 "김한을 직접 만나게 해 달라. 그러면 진실이 밝혀질 것이다"라
며 김한과 대질을 요청하였다. 이렇게 하여 일경이 지켜보는 가운데
김한과 대면한 지암은 김한을 보자마자 큰 소리로 "자네가 나에게 선
전물을 가져오겠다 했지 언제 폭탄을 가져온다고 했는가? 왜 사람을
속이는가?" 하고 다짜고짜 야단을 쳤다. 어떨결에 지암의 야단을 맞은
김한은 "네, 잘못했습니다. 제가 고문에 못 이겨 선생님을 끌어들였습
니다. 선생님은 아무 상관이 없습니다. 죄송합니다"라고 하면서 지암
의 무관함을 확인해 주었다.

이렇게 하여 지암은 사지에서도 지혜를 발휘하여 김상옥 의사의 폭
탄 반입 연루 혐의를 벗어날 수 있었다. 비록 동지 김한은 징역 5년형
이라는 중형을 받았지만, 지암은 일제 검찰에서 증거불충분으로 불기
소되었다고 당시 〈동아일보〉(1923년 3월 16일자)에 보도되었다.

김상옥사건 연루자로 불기소된 십일명
증거불충분으로 불기소된 사람 십이명 중 김상옥은 공소권 소멸
號外로 상세히 보도한 김상옥사건의 연루자로 경기도 경찰부나 종
로경찰서에 체포되었다가 경성지방법원 검사국으로 넘어간 피고 중
起訴된 8명 이외에 …… 열한명은 증거불충분으로 不起訴가 되었는
데 그들의 성명은 아래와 같다더라.
본적 강원도 양양군 현북면 광정리

주소 경성부 林町 142 無職 不起訴

이종욱(40) 大正 八年 制令 第七號 위반

이렇게 하여 지암은 기지를 발휘하여 증거불충분으로 혐의를 벗어
났다.

그러나 지암은 이미 1919년 대한독립청년외교단 사건으로 대구지
방법원에서 궐석재판으로 3년형을 선고 받은 상태였기 때문에 서울형
무소와 함흥감옥에서 3년 동안 감옥생활을 하게 되었다.

이와 관련하여 지암은 이렇게 회고한다(〈동아일보〉 1958년 3월 1일자).

이 연통제를 통하여 김상옥 의사가 종로서에 던진 폭탄도 반입될
수 있었고 나도 이와 관련되어 마침내 일경에게 잡혀 삼년간이란 옥
중생활을 당하게 되어 서울형무소에서 함흥감옥으로 轉轉受難한 바
있었지만 …

지암은 3년간 감옥생활을 하고 1925년 2월 5일에 함흥감옥에서 출
옥하였다.

지암은 1919년 36세에 3·1 운동에 참가한 이래 스님의 신분으로 불
교계 대표로 한성임시정부 참여와 상해임시정부 참여, 상해임시정부
의 국내 특파원으로 연통제 총책임자로서 전국적인 연통제 조직을 만
들었고, 대동단과 연계하여 김가진과 이강 공 상해망명과 청년외교단
과 애국부인회, 그리고 대한적십자사 조직, 대한승려연합회 독립선언

서, 의용군승제와 기밀부 조직, 상해임정의 불교계 독립자금 모금 활동 등 눈부신 활동을 신출귀몰하게 보여 주다가 마침내 일제에 체포되어 모진 고문을 받고 3년 동안의 옥고를 치르게 되었다.[75]

1925년 3년 동안 함흥교도소에서 혹독한 감옥생활을 하다 나온 지암은 이제 만41세였다. 그런 지암에게 식민지 조국 월정사에는 전혀 예기치 못한 큰일이 기다리고 있었다.

---

75) 지암의 항일운동과 관련하여 주목되는 인물이 1920년 10월 5일자 〈매일신보〉 3면 머리기사 「이대정 就捕內幕 - 이강 전하를 모셔가려던 이대정의 계획 사실의 내막」 제하의 보도로 알려진 월정사 이대정 스님이다.

이대정(李大鼎, 法號 彌山) 스님은 1920년 8월 중순 독립운동으로 체포되었다. 스님은 충남 공주 출신으로 월정사 주지 홍보룡의 제자인데 일찍이 항일사상을 가지고 1920년 4월에 상해로 가서 대동단 총재 김가진을 만나 '상해임시정부 의원참모사' 사령을 받아 항일사상 선전에 노력하였는데 김가진과 협의하여 임시정부의 신뢰를 높이기 위하여 박영효를 통해 이강공을 상해로 모셔 가려고 꾀하다가 청진경찰서 일본인 형사 2명에게 1920년 8월 16일 체포되어 1920년 10월 18일 일제 총독부 함흥지법 청진지청에서 징역 1년형을 받았으나 1921년 1월 13일 총독부 고등법원에서 2년형이 확정되었다.

월정사 승려 이대정은 이 재판 과정에서 매우 당당한 입장을 밝히고 있는데 "본인의 행위는 조선민족으로서의 正義人道에 근거한 意思發動으로 범죄가 아니다. 그런데도 1심, 2심에서 받은 유죄판결은 부당한 것으로 복종할 수 없다"고 하였다. 그는 또한 "1심, 2심 모두 병으로 인하여 능숙하게 변명할 수 없어 유죄판결을 받았다. 1심에서 1년, 2심에서 2년의 징벌에 처해졌다. 어찌 통한이 아니겠는가? 일찍이 옛말과 같이 형벌이 적중하지 않는다면 국민들의 원망이 멈추지 않을 것이다. 국민들의 원성이 그치지 않은데 나라를 다스린다는 그런 것은 아직 들은 적이 없다. 사정을 두루 굽어 살펴 무죄판결이 있어 山門으로 석방될 것을 원하는 바이다"고 하여 독립운동은 정당한 의사발동임으로 무죄이고 석방된다면 사찰로 돌아갈 것임을 분명하게 밝히고 있다.

지금까지 일제강점기 월정사 승려로서 大鼎이란 법명과 법호가 彌山이란 이는 현재 월정사 소임자들과 당시를 회고할 수 있는 노스님들 모두에게 물어 보아도 알 수 없는 인물이다. 더구나 독립운동사료에서도 승려 이대정은 '판결문'과 〈매일신보〉 기사에서 처음 발견된 기록이다. 당시 이대정 사건은 〈매일신보〉와 같은 내용으로 〈동아일보〉(1920년 9월 13일)에도 2단 기사로 보도되었는데, 보도 통제로 이름은 밝히지 못하고 있다. 「이대정 경성복심법원 형사 판결문」 「이대정 고등법원 형사부 판결문」 참조.

5

다시 월정사를 구하다

> "일경에 체포되어 함흥감옥에서 3년의 옥고를 치르고 나니 종사의 41歲時이었다. 그 후 월정사에 주석하면서 대가람이 부채관계로 거의 폐허廢墟에 이름을 보고 기연히 복구할 뜻을 발發하였다."
>
> · 탄허 스님이 지은 지암의 비문 중에서

지암의 감옥생활 중 교계 상황

지암이 함흥교도소에 갇혀 있을 무렵 불교계 사정은 3·1 만세운동으로 3년형을 받고 갇혀 있던 만해와 용성 스님이 출옥하였고, 송세호, 신상완, 김상헌, 정남용, 백초월 등이 일경에 체포되어 감옥생활을 하고 있었다.

일제의 탄압으로 활동이 위축된 불교청년들은 활동 방향을 불교 내부 문제로 선회하여 각황사에서 불교청년회를 창립하였다. 이들은 당대 지식인들을 초청하여 계몽 강연회를 주요 도시에서 개최하는 등 한국인의 자각을 촉구하는 활발한 활동을 전개하였으나 일제의 탄압으로 충돌이 잦았다.

그리하여 1921년 12월 불교청년회의 주요 인사들이 보다 혁신적인 불교유신청년회를 조직하였다. 유신회는 '정교분리와 사찰자치'를 위한 사찰령 폐지 건의서를 작성하고 서명운동을 전개하여 2천7백 명의 서명을 받아 총독부에 건의하는 등 합법적인 항일운동을 전개하였다. 청년회는 당시 대표적인 친일승으로 비판받던 용주사 주지 강대련을 강제로 북을 지게 하여 종로 거리를 걷게 하는 '명고축출' 사건을 일으켰다.[76]

그러나 이러한 활동조차 일제의 탄압으로 점점 위축되어 갔다.

오대산 월정사에 닥친 또 다른 위기

지암이 감옥생활을 할 때 오대산 월정사는 또다시 큰 위기를 맞고 있었다.

한일합방 이후 월정사는 지암이 강원을 개설하고 인재양성을 하면서 똑똑한 학승들을 뽑아 장학금을 주고 일본에 유학을 보냈다. 이들은 돌아와 "불교를 현대화 대중화해야 한다", "이제 생산불교를 해야 한다"고 주장하며, 강릉에 포교당과 유치원을 세우고 사중 재산으로

---

76) 〈동아일보〉 1922. 3. 27.

관동권업주식회사關東勸業株式會社를 설립하여 사업을 추진했다. 당시 이
소식이 〈동아일보〉(1925년 3월 9일자)에 이렇게 보도되었다.

권업회사勸業會社 창립

강원도 대본사인 월정사에서는 작년 4월경에 수만의 거액을 투하
여 강릉금수에 포교소를 설치하고 교육 및 제반 사업을 함은 일반이
주지하는 바이거니와 금반 특히 강릉을 중심으로 관동關東 제군에 대
하여 산업진흥을 목적하고 관동권업주식회사를 창립하였는바 월정
사 본말사의 각 유력한 승려들이 금 오만 원의 자본을 판출하고 기타
각 유지인사의 주금株金 오만 원을 모집하여 자본금 십만 원의 완전한
회사를 성립하여 목하 용창은 씨 집무로 착착 진행중이라고. (강릉)

1924년 4월에 월정사는 사중 장학금으로 일본에 유학하고 온 스님
들이 중심이 되어 강릉에 포교당을 세우고 교육사업을 추진하여 이듬
해에는 자본금 10만 원의 '관동권업주식회사'를 설립하여 사업에 착수
하였다. 이때 이 사업을 담당한 용창은 스님은 바로 지암이 파고다공
원에서 열린 3·1 만세운동에 참가할 때 동행한 이다. 용창은은 이후
월정사로 돌아와 사중 장학금으로 일본 와세다대학에 유학하고 돌아
와 생산불교를 주장하며 사업을 벌였던 것이다.

그러나 출가 수행자가 벌인 사업은 쉽지가 않았다. 의욕만 앞섰지
세상 물정에 어두웠던 스님들은 곧 자본금을 탕진하고 식산은행에 사
찰 토지를 담보로 3만 원의 빚을 지게 되었다.

이에 당시 월정사 스님들은 이 부채를 갚기 위해 월정사 산림을 팔 았는데, 그 계약이 잘못되어 큰 문제가 생겼다. 즉, 월정사는 일본인 상인과 소달구지의 수레바퀴를 만드는 데 필요한 박달나무 매매계약 을 하면서 나무 수로 하지 않고, 수레바퀴 완제품 개수로 계약을 하였 다. 게다가 만약, 제품 수가 부족하면 당시 시장의 최고가로 손해배상 을 해 준다는 조항도 있었다. 세상 물정에 어두웠던 스님들이 일본 상 인의 농간에 넘어가 매우 부당한 계약을 했던 것이다. 이 계약에 근거 하여 일본인 상인은 박달나무 수레바퀴가 계약한 개수만큼 되지 않자 월정사에 손해배상을 요구하였다. 1925년 12월 23일자 〈동아일보〉에 이와 관련한 소송 기사가 났다.

팔만 원 배상금 청구

오대산 월정사 檀木사건으로 일본인 秋谷에게 소송을 당해

인천에 사는 秋谷이라는 일본인은 강원도 오대산에 있는 월정사를 걸어 팔만 원의 손해배상금 청구소송을 경성지방법원 민사부에 제출 하였는데 소송의 내용인즉, 檀木사건에 관련된 것으로 재작년에 전기 원고인 추곡주부는 월정사 단목산림을 十二만 원의 현금을 주고 사서 그 일부를 채벌하여 왔으나 산림의 내용이 계약할 때와 매우 틀려 금 전 손해가 많으므로 그 가치 八萬원 청구소송을 제출한 것이라는데…

월정사 스님들은 빚을 해결하려다 빚을 더 만들게 되는 뜻밖의 일이 벌어진 것이다. 일본 상인 秋谷은 월정사를 상대로 소송을 하여 결국

월정사는 패소하여 소송비용까지 떠안고 말았다. 그리하여 일제 법원은 월정사의 법당과 불상, 토지 등 모든 재산을 차압하고 경매해서 채무 변제 결정을 내렸다. 이때 월정사 채무금액은 모두 12만 원이 넘었다.

이리하여 천년고찰이자 불교성지 오대산 월정사는 본사의 법당과 부처님은 물론 상원사와 적멸보궁까지 법원의 경매 처분 딱지가 붙게 되는 전대미문의 폐사 위기에 직면하게 되었다.

지암의 출소와 귀사

1925년 봄, 만41세의 지암은 함흥감옥에서 혹독한 수형생활을 마치고 출소하였다.[77] 그는 감옥에서 쇠약해진 건강을 회복하기 위해 독립운동 당시 물심양면으로 지원을 아끼지 않아 양어머님으로 모신 서울의 신도 금련화錦蓮華 보살님의 집에 얼마간 머물며 요양을 하였다. 금련화 보살은 상해임정을 오가며 위험한 항일운동을 하던 스님을 몰래 숨겨주고 활동비를 대어주던 분이었다.

지암은 잠시 몸을 회복한 뒤에 스승인 설운 스님이 계신 울진 불영사로 출옥 인사와 세배를 겸하여 찾아갔다. 그런데 도중에 독감에 걸

---

77) 지암의 함흥감옥 출소 시기는 혼란이 있다. 자필회고록에서도 '갑자년 2월 중 출옥'과 '을축년 2월 5일 출옥' 두 기록이 보인다. 필자는 여러 상황으로 보아 을축(1925)년 2월 5일 출옥이 타당하다고 보았다. 지암은 '1924년 2월 ~ 1925년 2월' 사이에 함흥감옥에서 출옥한 것은 확실하다.

려 불영사에 도착하자마자 몸져눕게 되었다. 이때 마침 출가의 뜻을 품고 절에 와서 거주하던 한 젊은이가 읍내에 가서 약을 지어와 정성껏 달여 주는 등 간호를 받게 되었다. 이 청년은 지암이 독립운동을 하다가 감옥살이를 하고 갓 출옥한 스님이란 것을 알고 있었지만, 며칠 동안 약 시봉을 하면서 보니 행동거지가 바르고 인품이 훌륭해 보여 은연 중 존경하는 마음이 생겨나 은사로 모시고 싶다며 출가의 뜻을 밝혔다.

그러자 지암은 법사스님께 여쭤보고 결정하자고 미루었다. 며칠 만에 쾌차한 지암은 법사스님께 문안 인사를 드리고 상좌 문제를 의논하여 승낙을 받아 그 청년을 제자로 받아들였다. 불영사에서 첫 상면을 하여 이렇게 지암의 첫 제자(상좌)가 된 이가 바로 대운상준戴雲尙埈 스님이다.

이 무렵 지암은 불영사에서 또 하나의 귀중한 인연을 만나니 그가 바로 영암 스님이다. 영암 스님은 처음 통도사로 출가했으나 이러저러한 인연으로 설운 스님의 법제자가 되었다. 까닭에 영암은 지암의 사제가 된 것이다. 그 이후 영암은 사형 지암을 존경하였으며, 지암이 월정사 주지를 맡게 되자 월정사로 가서 총무를 맡아 살림을 살았다. 이후 정화운동이 일어나 서로 입장이 달라졌고, 영암 스님은 뒤에 총무원장 소임을 맡은 뒤에도 사형 지암을 각별히 배려하는 등 끝까지 사형사제의 정리를 지켰다.

지암은 울진 불영사에서 요양하며 본사인 월정사 소식을 간간이 들었다. 월정사가 빚더미에 앉게 되었다는 것이다. 지암은 어느 정도 몸을 추스린 뒤 월정사로 갔다. 1925년 봄이 지난 때였다. 당시 월정사 주지는 이우영李愚榮 스님이 맡고 있었다. 지암이 돌아오자 월정사 스님들은 환영하였으나 형색이 말이 아니었다. 그때 마침 막대한 부채 문제로 산중회의가 열려 그 자리에 지암도 참석하게 되었다.

그러나 월정사 대중들은 스스로 사단을 벌여 불교성지이자 천년고찰을 잃게 될 지경에 이르게 한 당사자들이니 뾰쪽한 대책이 있을 수가 없었다. 단지, 이제 감옥에서 나온 지암에게 실낱같은 기대를 표했다. 지암은 이미 한일합방 직후 월정사 토지 문제를 해결한 경험이 있고, 서울과 상해를 오가며 항일운동을 한 거물이라는 것을 익히 알고 있었다. 이러한 거물이 위기에 처한 월정사를 구원해 줄 것이라는 막연한 기대가 있었다. 월정사 대중스님들은 지암에게 주지를 맡겨 부채 문제의 해결을 맡기려 했다.

하지만 지암은 이제 막 감옥에서 나온 전과자로 요시찰 대상이었다. 그런 인물을 일제가 주지로 임명해 줄 턱이 없었다. 그리하여 월정사 스님들은 산중회의에서 지암을 사채정리위원으로 선출하여 사실상 월정사 부채 해결의 전권을 맡기는 결의를 하였다.

독립운동보다 월정사를 지키는 원력을 세우다

지암은 독립운동보다 폐사 직전의 월정사부터 살려야 했다. 더구나 부처님의 정골 진신사리를 모신 이 나라 최고의 성지를 이렇게 잃을

수는 없었다. 만약 경매에서 일본인이 낙찰을 받아서 일본인에게 월정
사가 넘어간다면 이 무슨 수치인가. 일제에 나라 빼앗긴 것만도 부끄
러운 일인데, 조선 최고의 불교성지를 일본인에 넘겨 줄 수는 없는 일
아닌가!

지암은 오대산 월정사를 일본인들로부터 지켜야 한다는 확고한 원
력을 세웠다. 이것 또한 침략자 일본으로부터 우리 민족의 정신문화를
지키는 항일운동이 아닌가! 이것이 비록 나라를 바로 되찾는 광복운동
은 아닐지라도 민족의 전통문화를 수호하는 운동이라는 확신을 했다.

그렇다면 어떤 방법으로 월정사를 지킬 것인가? 기도? 기도만으로
해결될 일이 아니지 않는가? 이해관계에서 부딪히고 있으니 해결 대
안을 만들고 교섭을 해서 절을 지켜야 한다.

지암은 오대산 월정사를 어떻게 지킬 것인지 생각해 보았다. 혼자
힘으로는 힘들 것이다. 지혜와 능력도 턱없이 부족하다. 더구나 일제
의 탄압으로 공민권도 제한받고 있고 요시찰 대상이니 운신도 자유롭
지 못하다. 더 능력 있는 사람이 필요하다. 수행을 많이 하여 지혜와
복을 갖춘 큰스님이 있어야 될 일이다. 지암은 여기까지 생각이 닿자,
어느 분을 모실 것인가를 생각했다.

그때 마침 강남 봉은사에 머물고 계신 한암 스님이 떠올랐다. 지암
은 월정사 대중들에게 한암 스님을 월정사 조실로 모셔오자고 제안하
였다. 이미 한암 스님은 전국에 도인道人으로 널리 알려져 월정사 대중
들도 별 이의가 없었다.

한암 스님을 오대산 조실로 모셔오다

한암 스님은 1876년 강원도 화천에서 태어나 23세에 금강산 장안사에서 출가하였고, 1899년 김천 청암사 수도암에서 경허선사의 금강경 설법을 듣던 중 홀연히 안광이 열려 인정을 받았다. 그 뒤 해인사에서 경허선사가 조실로 추대되었을 때 동행하여 수선결사를 같이 하였고, 통도사 내원암 조실을 거쳐 1923년에 강남 봉은사 조실로 와 계셨다.

당시 한암 스님은 위장이 좋지 않아 산이 깊고 물 좋은 도량으로 가고 싶어 했다. 지암은 이 소식을 듣고 봉은사로 한암 스님을 찾아 갔다.

봉은사 조실 한암 스님은 당시 판전 선원에서 금오, 석우, 운봉, 탄옹 스님 등 기라성 같은 수좌들과 함께 정진하고 계셨다. 한암 스님께 인사를 한 뒤 오대산의 급박한 위기상황을 말씀드리고 월정사를 지키는 데 스님께서 도와주셔야 한다면서 오대산 물이 좋으니 상원사에 거처를 마련하고 조실로 모시겠다고 간곡히 청을 드렸다. 한암 스님은 지암의 청을 받고는 쾌히 승낙하고, 을축년(1925) 봉은사 동안거 해제를 마치고 오대산으로 가겠다고 약속하였다.[78]

이렇게 하여 지암은 한암 스님과 인연을 맺어 오대산 조실로 모시게

---

78) 이때 시자로 동행한 용명 스님의 회고담에 한암 스님은 사십일 동안 차를 타지 않고 지팡이를 짚고 걸어 가셨고 절에서만 주무셨다고 한다. 지금 오대산 중대에 한암 스님이 도착하여 짚고 왔던 지팡이를 심어 자란 나무가 있다. — 용명 스님, 「봉은사 판전선원시절」, 『오대법보』 2541. 3 4.

되었다. 한암 스님은 당시 50세였고, 지암은 43세였으니 일곱 살 차이였고, 출가는 지암이 오히려 한 해 빨랐다. 그러나 지암은 이후로 평생 한암 스님을 오대산 월정사 조실로 살아 있는 도인, 살아 있는 부처님인 생불로 정성을 다해 모셨다.

한암 스님은 을축년 봉은사 동안거를 마치고 오대산으로 떠나면서 "천고에 자취를 감춘 학이 될지언정 춘삼월에 말 잘하는 앵무새는 되지 않겠다"는 말을 남기고 강화도를 거쳐 개성 지방의 사찰을 두루 참배하고 오대산으로 걸어서 들어갔다.

1926년 음력 4월 8일 월정사에서 한암 스님을 조실로 추대하는 진산식이 열렸다. 이렇게 하여 당대의 이름난 선사이자 도인으로 불리던 한암 스님이 폐사 직전의 오대산 월정사 조실로 추대되어 주석하니 산중이 안정되고 대외적인 위상도 높아졌다.

지암의 번민과 갈등, 그리고 일제 협력으로의 전환

지암은 안으로 한암 조실을 중심으로 화합하면서 밖으로 문제를 풀어갈 방도를 찾기 시작했다.

지암이 생각하기에 월정사 채무와 경매 문제 해결의 관건은 총독부였다. 총독부는 '사찰령'으로 본말사 주지 인사권과 재산 처분권을 장악하고 있었다. 월정사나 일제 법원이 부채로 재산을 경매처분하려 해도 총독부의 허가를 받아야 했다. 까닭에 이 경매 문제도 총독부가 허

조계종의 산파 지암 이종욱

가하지 않으면 불가능하였다.

　그러나 지암은 지금까지 일제를 이 땅에서 몰아내기 위해 목숨을 걸고 항일운동을 해왔다. 그런데 이 일로 총독부에 가서 그들에게 도움을 청해야 하는가? 지암은 고뇌와 갈등이 컸다.

　하지만 어찌 할 것인가? 부처님의 정골 진신사리를 모시고 있어 불지종가佛之宗家인 오대산과 1천3백 년 역사의 월정사를 일본인들에게 줄 수는 없지 않는가? 출가사문이니 불법을 지키는 일이 나라를 구하는 것보다 우선할 것이다. 부처님 법을 지키기 위해 나를 비워야 한다. 욕을 먹더라도 절을 지키기 위해선 일제를 활용할 수밖에 없다는 결론에 이르렀다.

　이제 지암은 새로운 결단했다. 불교성지 오대산을 지키기 위해 일제 총독부 힘이라도 빌려야 한다. 비록 우리 땅을 침범한 삿된 무리들이지만, 오대산 월정사와 적멸보궁을 지키려면 다른 선택이 없었다.

지피지기를 위해 일본어를 배우다

　지암은 월정사를 구하기 위해선 일제를 설득해야 하는데 그러기 위해서는 일본어를 알아야 한다고 생각했다. 지피지기면 백전백승이라 했으니 저들을 알려면 내가 저들의 말을 배워야 한다고 서점에 가서 『일어자통日語自通』이라는 책을 사다가 독학으로 일본말을 배웠다. 얼마 뒤에는 일본 사람들과도 어느 정도 소통할 수가 있었고, 점차 혼자서 총독부 관리들과도 소통이 될 정도가 되었다.

한편, 월정사 부채로 야기된 문제는 1926년 12월경 총독부 기관지 〈매일신보〉에 대대적으로 보도되고 있었다. 「위기에 든 조선사찰」, 「풍전등화의 신라고찰 월정사」 등의 제목으로 상세하게 보도된 월정사 재산 차압사건은 "월정사의 비보를 접할 때에 무엇보다도 사찰을 감독하는 학무국 종교과 당국에서 최선을 다하여 사찰 대 속인 간의 금전상 관계에는 엄밀한 지도를 게을리하지 마라"는 촉구의 글로 마치고 있었다.[79]

천년고찰 월정사가 채무로 경매의 위기를 맞은 것은 '사찰령'상 총독부 당국의 책임이 있다는 문제제기였다. 언론에서도 총독부에서도 사찰 부채 문제를 방치할 수 없는 과제로 인식하고 있었던 것이다. 그리하여 지암은 월정사 대중의 뜻을 모아 총독부와 교섭을 위해 서울로 갔다. 당시 〈매일신보〉는 이렇게 기록하고 있다.

> 1926년 12월 강릉읍 월정사 본말사연합사무소에서 열렸던 월정사 본말사 승려대회에서도 부채 해결을 위해 사찰 재산 처분 권한이 있는 총독부 당국의 협조를 구하고자 교섭위원을 선출하여 상경하였다.[80]

---

79) 〈每日申報〉 1926. 12. 24, 3면.
80) 〈每日申報〉 1926. 12. 24, 3면.

일제 총독부를 찾아가 그들을 설득하여 위원회를 만들다

당시 총독부는 학무국 사회과가 불교 담당이었다. 사회과장은 유만겸 씨로 개화파의 유길준 씨의 아들이었다. 지암은 유만겸 과장과 촉탁 홍석모 등을 만나고 이들의 소개로 학무국장 이진호를 만났다. 지암은 오대산의 절박한 사정을 설명하고 월정사를 구하는 일을 도와달라고 설득하였다.

지암은 총독부 종교과를 여러 차례 찾아가 대책을 상의하고 호소하였다. 결국 총독부는 1927년 7월경에 이르러 월정사 스님들의 탄원과 여론의 압력에 직면하여 월정사 부채 문제를 본격적으로 해결하고자 채권자에게 경매 집행 수속을 중지시키면서 총독부와 강원도 등의 고관들을 망라하여 총독부에 월정사 감리監理위원회를 조직하고 부채 문제 해결에 착수하게 되었다.[81] 지암의 자필 회고에는 당시 수습 요지가 이렇게 기록되어 있다.

> 월정사 복구
> 총독부 월정사 사재 정리위원회가 설치되다.
> 학무국장 이진호, 사회과장 유만겸, 촉탁 홍석모,
> 법무국장 송사죽옹, 산림국장, 주임, 총무 이종욱
> -. 고리부채를 정리키 위하야 식산은행에 금 십일만 원을 기채하

---

81) 「月精寺 死活問題」, 〈每日申報〉 1927. 7. 4, 4면.

야 갚다.

－. 일인 秋谷 등 諸人과 소송하다. 日人 鷄林회사와 소송하다.

－. 부채를 정리키 위하야 일본 二次 왕래하다.

－. 식산은행 십일만 원은 동식회사에 林木을 매각하여 이를 갚고

－. 중앙교무원에 금 5만2천 원 부채는 예산 김용우 씨 4만 원과 기타 보시금으로 변상하다.

－. 식산은행 부채를 청산하고 감제금 3천 원과 기타 수입금으로 토지를 매입한 것이 3천여 석이었다.

이렇게 지암은 일제 총독부의 위세를 빌려 불이 더 확산되는 것은 막을 수 있었다. 관까지 나섰으니 월정사를 되살리는 희망이 보이기 시작했다.

그러나 한 고비를 넘기면 또 하나의 장애가 생겨났다. 식산은행 대출금 11만 원을 갚기 위해 월정사 소유 오대산 산림 부지를 측량하려

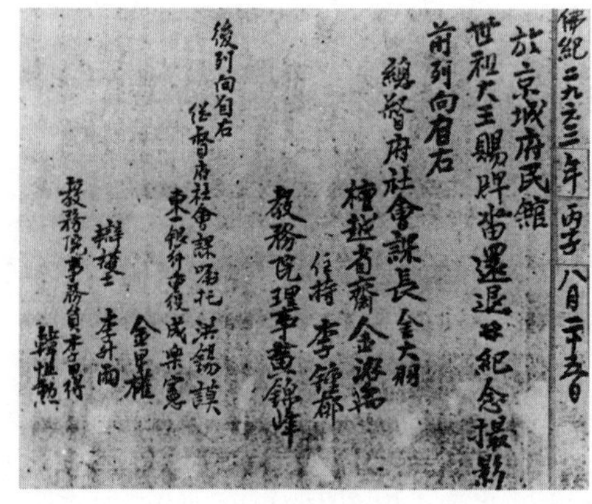

월정사의 사유지가 세조의 사패답임을 명시한 문서

고 서울에서 산림기사를 출장 조사케 하는데 인근 동장과 이장들이 한 사람도 월정사 산을 인정해 주지 않았다. 지암은 오대산 적멸보궁으로 부터 사방 1백 리가 사패지賜牌地이므로 월정사 사유지라고 주장하여 그 나무를 팔아 빚을 갚으려는 계획이었다. 월정사 사유지가 인정되지 않으면 만사가 헛일이 되는 위기였다. 이때 지암은 이렇게 지혜를 발휘했다.

> 할 수 없이 最下計로 강릉면장 최돈흥 씨가 강릉에 수석관리로 적어도 거짓말을 하지 않을 것으로 믿고 초청하였더니 과연 여실 확인함과 동시에 더 멀리까지 말해 주어 월정사 토지가 넓게 결정되었다. 산림기사 이태수, 강릉면장 최돈흥, 강원도지사 이범익 삼씨의 은덕은 생각할수록 은덕이 막중하다. [82]

이렇게 하여 지암은 온갖 어려움을 감수하며 한편으로는 일제 총독부의 협조를 얻고 다른 한편으로는 양심적인 관리들의 지원으로 오대산 월정사를 폐사 위기로부터 하나하나 해결해 나갈 수 있었다.

1927년 9월 6일자 〈동아일보〉에는 이런 기사가 실렸다.

> 월정사 법려대회
> 오랫동안 세인의 이목을 끌어오던 月精寺 문제로 9월 5일 오전 9

---

82) 지암의 비공개 자필회고록.

시부터 월정사에서 본말사 주지 및 유지 법려 임시총회를 개최하고 임시의장 李鍾郁 씨 사회로 모든 문제를 토의하였다.

즉 月精寺 債務에 관하여 장시간 토의하고 특히 숙제로 남아있던 강릉포교당 경영의 유치원과 동 학원의 유지 방침에 대하여는 각 末寺에서 경비를 부담하기로 一致可決하였다.

그리고 오후 8시부터 월정사 승려연합총회를 개최, 寺法 개정과 주지 후보 선거 등 중요한 문제를 토의한 결과 신임 주지로는 삼척 영은사 주지 趙會雲 씨가 당선되었고 本山 職員으로는 李鍾郁 씨를 선정하고 폐회하였다더라.

지암은 월정사 대중의 뜻으로 사채 정리 전권을 맡아 서울과 오대산을 오가며 동분서주하였다. 절이 빚더미에 앉았으니 재정적인 여유가 있을 리 없었다. 탁발을 하거나 여인숙에서 냄비밥을 해먹어가며 일할 수밖에 없었다.

이러한 악조건에서도 지암은 절을 구해야 한다는 일념으로 매일매일 『금강경』 독송과 새벽에 좌선 정진을 했다. 또한 지암은 공사를 엄격히 구분하여 늘 봉투 두 개를 가지고 다녔는데 공금은 반드시 공적인 일에만 쓰고 영수증이나 장부에 기록을 남겼고, 사적인 용도에는 꼭 사비봉투에서 지출하는 철칙을 지켰다. 지암의 이러한 수행과 공선후사公先後私의 정신은 생활에 그대로 스며있어 가까운 사람들에게 깊은 감동을 주었다. 월정사 대중스님들은 출가수행자의 본분에 철저한 지암의 삶에 더욱더 신뢰가 깊어 갔다.

조계종의 산파 지암 이종욱

1928년 5월에 총독부 학무국 종교과장이 강원도에 출장하여 사찰 감독 사무를 도에 이관하였고 도에서는 월정사 사유재산정리위원회를 조직하고 10년 계획으로 재산 정리를 추진하기 시작했다.[83]

이렇게 하여 경매로 넘어가는 문제는 총독부의 조치로 막게 되었다. 문제는 빚을 갚아야 했다. 지암은 월정사 대중과 강원도의 지원을 받아 몇 가지 방안을 마련하여 추진하였다.

첫째, 빚을 갚기 위해 강릉군 성덕면 신석리 소재 사패賜牌 토지를 조선불교중앙교무원에 양도하되 10년 이내에 원금으로 교환한다는 계약을 체결하고 대금 5만2천 원을 받아 급한 고리채를 먼저 정리하였다.

둘째, 식산은행에서 저리채 10만 원을 얻어 일본인 채무 일부를 상환하여 차압을 해소하는 동시에 잔여금 지불 기간을 연기하여 점진적

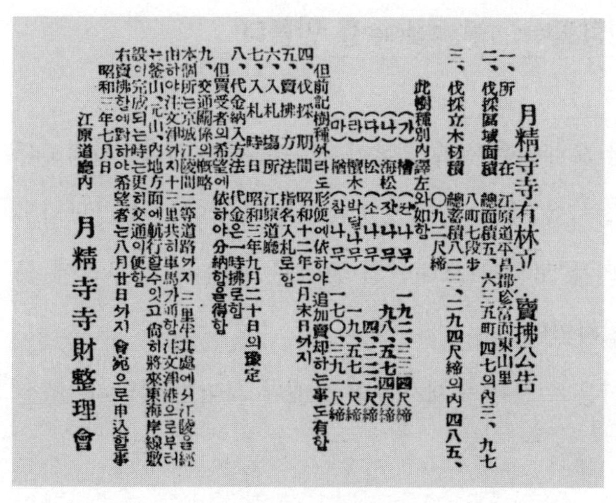

〈동아일보〉 1928년 7월 31일자 광고

---

83) 「月精寺 負債 整理 進捗」, 〈每日申報〉 1928. 7. 29, 4면.

으로 청산하였다.

셋째, 강릉포교당 김보륜 스님을 통해 30본산 주지회의에 호소하여 각 본산의 희사금 3천6백 원으로 강릉포교당에 관련된 채무 5천 원을 정리하였다.[84]

넷째, 월정사 소유 산림 중 상원사 이상 비로봉 이하의 보궁 일대와 월정사 서쪽 산 일부를 제외한 나무를 동양척식주식회사에 11만 원에 매각하여 식산은행 부채 11만 원을 상환하였다.[85]

이런 대안을 만들고 부채 해결의 가닥을 잡았는데, 남은 문제는 중앙교무원에서 빌린 5만2천 원이 남았다. 지암은 이제 특별한 구상을 하였다.

석존정골탑묘찬앙회釋尊頂骨塔廟讚仰會를 만들다

월정사가 자리한 오대산은 문수보살이 상주하는 성지다. 서기 645년경 오대산에 월정사를 세운 신라 자장율사는 중국에서 석가모니부처님의 정골頂骨사리를 모셔와 오대산의 중심인 중대中臺 봉우리에 봉안하여 성지로 조성하였다.

개산 이래 오대산은 수많은 불제자들의 참배가 끊이지 않았다. 조선

84) 「江陵布教堂 復活」, 『佛教』 제44호(1928. 2), 58쪽.
85) 鄭珖鎬 編, 「朴映岩 구술」, 『韓國佛教最近百年史編年』, 인하대출판부, 1999, 408쪽.

조에 세조가 상원사에서 기도하여 영험을 얻어 그 위상은 한결 높아졌고, 순조 대에는 물, 불, 바람의 피해인 삼재三災가 들지 않는다 하여 산내 영감사에 왕실의 족보와 왕조실록을 보존하여 승병들에게 경비를 맡겼던 성스러운 도량이다.

이러한 역사와 전통의 불교성지 오대산 월정사가 일제의 침략으로 사찰 재산이 차압당하여 폐사의 위기를 맞았던 것이다. 지암은 부채 해결의 큰 가닥은 잡았다. 그러나 부처님 일은 물질로 모든 문제가 해결되는 것이 아니라 생각했다. 마음이 중요하다. 물질은 하루아침에 연기처럼 사라지지만 마음은 온 우주와 하나 되는 바탕이다.

지암은 오대산이 부채 문제로 불교성지의 위상이 크게 실추된 문제를 어찌 회복할 것인가를 깊이 고민하다 기도에 들어갔다. 기도 중에 지암은 마음이 깨끗해지며 생각을 정리하였다. 위기가 곧 기회다. 백척간두에 진일보하자. 기도를 마치고 지암은 새로운 대안을 만들어 냈다. 오대산 성지를 지키는 사부대중 신앙단체를 조직하자. 조선도 그렇고 일본도 오랜 불교신앙의 전통이 있어 총독부의 고위 관료나 우리나라 사람들이나 불교신앙은 공통점이 있으니 이런 마음을 모아 부처님의 정골사리를 모신 오대산을 성지로 가꿔나가는 신앙운동을 펼쳐나가자.

지암은 오대산이 부처님 정골사리를 모신 성지이니 '석존정골탑묘찬앙회釋尊頂骨塔廟讚仰會'를 조직할 계획을 세우고 추진해 나갔다. 이때가 1930년 봄이었다. 지암의 나이 어느덧 47세가 되었다.

1930년 5월에 발기한 '석존정골탑묘찬앙회'의 취지문은 이렇다.

當山은 여하한 無比獨特의 歷史가 有하므로 緇徒間에 在하여는 大本山 중 大宗本山이라 稱하여 온 名刹이지만 距今 약 10년 전의 住持가 世事에 통치 못한 고로 多額의 負債를 生하여 永代의 供養料로써 王家로부터 下賜하신 田地 전부를 경매처분에 附하게 되므로 부득이 그 사정을 총독부 당국에 상신한 결과 당국에서도 조선 無比의 명찰을 폐지케 함이 不忍의 事라 하여 因히 정리회를 設하여 目下에는 江原道 당국에서 정리 중이라. … 同志와 相謀하고 이 塔廟를 수리 보존하여 영원히 香火를 絶치 아니하기 위하여 一面으로는 조선 유일의 大宗本山인 月精寺의 부흥을 許할 목적으로써 茲에 本會의 설립을 발기함에 至함입니다. 원컨대 普히 천하의 同志諸賢이여 官民의 別이 없이 道俗을 間치 말려 老少男女를 논치 말고 本會의 취지에 찬동하시와 入會하시기를 간절히 희망하나이다.[86]

지암은 이 찬앙회에 남녀노소를 막론하고 민과 관의 차별 없이 심지어 일제 총독부의 총독을 비롯한 일본인들도 취지에 찬동하면 가입토록 하고 10만 회원을 목표로 조직사업을 추진하였다.

먼저, 발기인으로는 1929년 조선불교선교양종승려대회에서 한국불교의 교정敎正으로 추대한 방한암, 박한영, 김경운 등을 앞세우고, 31본산 주지와 백용성, 송만공, 송종헌, 이설운, 박대륜, 백성욱 등 당대 교계 지도자 40여 명을 모셨다. 법주法主에는 방한암, 회장에 개화당

86) 『佛敎』 제81호, 10쪽; 三寶學會, 『韓國近世佛敎百年史』, 민족사, 28~29쪽에서 재인용.

결사에 참여하였고 총리대신을 지낸 불자 박영효(중추원 부의장), 고문에 중추원 고문인 이윤용, 민병석, 권중현을 추대하였다. 이 밖에 회원으로는 당시 조선총독부 총독 사이토 마코토齊藤實를 비롯하여 정무총감 이하 각 국장급 간부와 강원도지사 이범익, 특히 불교를 담당하고 있던 학무국장, 종교과장 등의 관리들이 대거 참여케 하였다. 이외에도 식산은행장과 산업은행장을 비롯하여 변호사 김병로, 조선일보 사장 신석우, 동아일보 사장 송진우, 최남선, 이광수, 이능화 같은 저명한 지식인들도 동참했다.

이 찬양회는 한국불교의 1700년 역사에서 유례가 없는 당대 최고의 지도급 인사들이 참여한 불교단체였다. 비록 일제강점기라는 식민지 상황이었지만, 지암은 한국불교의 성지로 폐사 직전의 오대산 월정사를 되살리기 위해 모든 방편을 동원하여 혼신의 노력을 다하였다. 지암은 일본에 두 차례나 다녀왔다. 한 번은 식산은행의 부채를 갚기 위해 동양척식회사에 나무 매매를 교섭하기 위한 것이었고, 또 한 번은 찬양회의 회원 확대를 위해 일본을 다녀왔다고 회고한다.

이렇게 하여 찬양회는 많은 희사금을 모았는데, 이 소식이 『불교시보』(1936년 9월호)에 크게 났다.

대본산 월정사 復興費 四萬圓을 喜捨

(국보적 명찰의 비운을 보다 못해 金溶禹 노인의 쾌거)

강원도 평창군 오대산에 있는 대본산 월정사는 일천삼백여 년의 장구한 역사를 가진 全鮮에서 가장 유명한 사찰의 하나로써 역사상의 일화도 많은 절인데 근년에 이르러 재정이 곤궁하여 거액의 債務를 져서 왕실에서 사패하신 토지까지 매각하기에 이르자 전조선 삼십일대 본산에 주지가 일제 궐기하여 오대산 석존정골탑묘찬앙회를 조직하고 侯爵 朴泳孝 씨가 會長이 되어 總督 總監을 위시하여 중추원 고문, 각 局部長 각 도지사 기타 朝野 유력인사의 후원으로 월정사 부흥운동에 노력하여 오던 중 최근에 이르러 이에 찬성하는 독지가가 속출하여 황공하옵게도 昌德宮과 兩公家로부터 금일봉씩을 하사하신 것을 비롯하여 경성의 독지가 김용우 노인이 일금 사만 원을 희사하였고 ▲ 三千圓 회장 朴泳孝 씨, ▲ 一千百圓 李溶純 씨, ▲ 一千圓 朴基佑 씨, 田裁德 씨, ▲ 五百圓 李仁植 씨, 李炳國 씨, 趙南爕 씨, 등 제씨의 거액 기부가 적중하여 역사가 오랜 월정사는 이에 완전히 부흥을 하게 되었다는데 특히 김용우 씨는 當寺의 大功德主라 하여 일반 승려의 讚頌이 자자하다고 한다.

이 보도에서 보듯이 경성의 독지가 김용우 씨가 거금 4만 원을 희사하고 찬앙회 회장 박영효 씨를 비롯한 회원들이 적지 않은 희사금을 내어 많은 돈을 모아 부채를 해결할 수 있게 되었다. 기사는 이렇게 간단하게 났지만, 월정사를 구하기 위해 지위 고하를 막론하고 크고 작은 돈을 가리지 않고 백방으로 뛰어다닌 지암의 헌신적인 노력의 성과였다.

이러한 과정에서 지암은 월정사 대중들로부터 전폭적인 신뢰를 받았고, 또한 일제 총독부 간부들로부터도 점차 신임을 얻게 되어 지암은 월정사 주지로 취임하게 되었다.

지암은 총독부로부터 1930년 7월 10일자로 월정사 주지인가를 받았다. 월정사 대중들은 이미 오래 전부터 지암을 주지로 추대하였으나, 출옥 직후로 공민권이 제한되었고, 일제도 사상범을 본사 주지로 임명할 리가 없었기에 지암은 다른 분을 주지로 모시고 자신은 사채정리위원이나 감무監務(지금의 총무)로 역할을 해왔던 것이다.

하지만 지암은 이미 부채 문제를 해결하기 시작할 때부터 사실상 주지 역할을 해왔기 때문에 주지라는 감투는 의미가 없었다. 다만, 독립운동가 출신으로 전과자인 지암을 총독부가 본사 주지로 임명하였다는 것은 세상을 떠들썩하게 했던 월정사 부채 문제가 어느 정도 해결되어 일제 총독부로부터 지암은 그만큼 인정을 받고 있었다는 증거가 된다.

월정사 강원 재건

지암은 폐사 직전의 월정사를 구하여 조선불교의 최고 성지라는 본래 위상으로 되돌려 놓고 가장 먼저 착수한 것이 인재양성이었다. 지암은 1915년에 처음으로 월정사에 강원을 세워 인재양성을 추진하였으나, 1919년 3·1 운동을 계기로 상해임시정부에 참여하고 민족독립운동에 본격적으로 뛰어들면서 월정사 강원은 중단되고 말았다.

지암이 독립운동으로 3년간 옥고를 치르고 월정사로 돌아왔을 때도 바로 강원을 열고 싶었지만, 당시 사중이 막대한 부채로 폐사 직전의 상황이라 엄두를 내지 못하였다. 그러던 것이 이제 부채 문제도 완전히 해결되어 사중이 정상을 되찾아 가고, 또 지암 스스로도 월정사 주지에 취임하였으니 이제 본격적으로 강원을 세워 인재양성을 추진하고자 하였다.

1933년에 월정사 주지 지암은 교구말사에 지침을 내려 사찰당 학승 1인씩 양식을 지참하여 본사로 보내게 하여 강원을 열었다. 이렇게 해서 다시 개강한 월정사 강원은 말사에서 온 학인 30여 명이 『초발심자경문』을 비롯하여 사미, 사집, 대교과 등 6년 동안 공부하였는데, 해방 이후까지 강원은 계속 운영되었다.

당시 강사로는 3·1 독립만세운동 때부터 독립운동 동지였던 백초월 스님[87](이후에 일경에 체포되어 옥사함)이 『기신론』과 『능엄경』을 가르쳤고, 서경보 스님, 백성욱 스님, 관응 스님, 조지훈, 정지용, 양주동, 황의돈 박사 등 당시 유명 인사를 강사와 특강 강사로 초빙하여 강원 운영에 지원을 아끼지 않았다.

지암은 월정사의 어려운 여건에서도 당대의 강사와 학자들을 초빙하여 6년 과정의 강원을 운영하였고, 이 과정을 마친 우수한 학인을

---

87) 백초월 스님은 지암과 1919년 3·1 운동 직후부터 항일운동을 함께 하였다. 지암이 주로 상해와 국내를 오가는 특파원으로 조직활동을 하였다면, 초월 스님은 국내에서 자금과 독립운동을 할 청년승려들을 모아 임시정부를 후원하는 역할을 하였다. 초월 스님은 1920년경 일제에 체포되어 감옥살이를 한 뒤에 1935년경 월정사 주지 지암의 초빙으로 월정사 강원에서 학인들을 가르쳤다. 이후 1939년 서울 진관사 포교당에 주석하던 중 일제에 체포되어 2년6개월의 징역형을 받고 출소 후에 다시 상해임시정부의 재정 후원활동을 하다가 또 체포되어 청주교도소에서 수감 중이던 1944년 6월 옥중 순국하였다. 초월 스님은 일제강점기 가장 치열하게 항일운동을 한 스님이었다. 지암과의 관련성은 앞으로 학계의 연구 과제이다. 초월 스님에 관해선 김광식, 「백초월의 항일운동과 진관사」, 『한국 독립운동과 진관사 학술세미나 제2집』(2009)과 김광식, 「백초월의 삶과 독립운동」, 『민족불교의 이상과 현실』(도피안사, 2007) 참조.

선발하여 일본의 전문대학으로 유학을 보냈다. 월정사는 매년 강원을 마친 학인 중에 몇 명씩 뽑아 장학금을 주어 일본 임제종 계통의 전문대학으로 보내어 공부를 시켰다.[88]

일제강점기에 강원도 일대에는 우수한 인재들이 공부를 하고 싶어도 가정형편으로 학업을 하기가 어려웠다. 그런데 월정사에서 강원을 열고 말사에 의무적으로 1년에 한 명씩 공부를 가르치고 그중에서도 우수한 졸업자는 일본에 유학까지 보내 주니 꼭 출가수행이 아니더라도 학업을 할 수 있다는 인연으로도 좋은 인재들이 절에 와서 공부할 수 있게 되니 이것이 자연스럽게 포교가 되었고, 불교의 인재양성이 되었다.

지암의 고뇌와 파계, 대처

폐사 직전의 위기에서 월정사를 구한 지암은 주지를 맡아 사중을 안정시키며 강원을 설립하여 수행과 전법, 교육에 전념해 나갈 때 큰 고민이 하나 생겼다. 지암은 일찍 친부모를 떠나 양부모님 품에서 자랐고, 어린 나이에 출가하여 수학한 뒤 항일운동에 뛰어들었을 때 서울에서 양어머님으로 인연을 맺은 분이 금련화 이예국 보살님이었다. 금련화 보살은 상해임시정부의 연통제 총책을 맡아 국내에서 신출귀몰

---

88) 김광식, 『그리운 스승 한암 스님』, 민족사, 2006년, 265쪽.

한 활동을 할 때도 은밀히 숨겨주고 활동비를 도와준 은인이었다. 금
련화 보살은 불교신자로 청춘에 남편을 여의고 혼자 살았으나 시댁이
부유하여 일백 석 추수를 하였다. 보살은 지암이 항일운동과 감옥생
활, 그리고 월정사를 구하기 위해 풍찬노숙을 할 때도 후원을 아끼지
않은 돈독한 불자였다.

그런데 지암이 월정사 주지를 맡았을 때인 1930년이 되자 금련화 보
살은 어느덧 80세가 되어 혼자 살기가 어려운 처지가 되었다. 이에 지
암은 어느 날 월정사 대중들에게 자신이 양어머님을 모셔야 할 사정을
설명한 뒤 승낙을 얻어 절 동북쪽에 너와집을 짓고 서울의 보살님을
모셨다. 지암은 이제 본사의 주지가 된 입장에서 양모를 직접 모실 수
가 없어 공양과 수발을 할 식모를 구해 시봉을 들게 하였다.

금련화 보살은 여든이 넘었지만 안목이 높고 예의범절이 깍듯하여
시봉을 드는 식모가 한 달이 못 돼 그만두기를 반복했다. 지암은 많은
사람을 구해 시봉을 시켰지만 버티는 사람이 없었다. 이에 고민이 깊
어가던 어느 날 지암은 맏상좌인 상준 스님을 불러 이렇게 말했다.[89]

"육조 스님 말씀에 '높은 사람도 지혜가 낮을 수 있고, 낮은 사람도
높은 지혜가 있을 수 있다' 했으니, 내가 해결 못하는 일을 네가 좀 해
결해 보겠느냐?"

"성인이 미친 지아비의 말도 가려서 취택한다는 말이 있습니다만 스

---

89) 지암의 대처과정에 관한 이야기는 지암의 맏상좌 상준의 미공개 유고인 「은법사 略傳 편찬을
　　마치면서」를 참조함.

조계종의 산파 지암 이종욱

님께서 제 소견을 시험해 보고자 하시옵니까? 무슨 일이옵니까?”

“할머님을 즐겁고 편안하게 모셔드려야 할텐데 할머님께서 워낙 안목이 높고 범절이 어려우시기 때문에 식모가 맞춰드릴 수가 없구나. 아무리 많은 사람을 구해도 버티는 사람이 없으니 무슨 방도가 없겠느냐? 너도 좀 함께 생각해 보자. 애들 머리가 더 빠를 수도 있느니라.”

스승의 이런 말에 상준도 애를 써서 생각해 보았으나 무슨 묘안이 있을 수가 없었는데 갑자기 한 생각이 일어나 이렇게 말했다고 회고하였다.

“요즘 스님네들 중에 가족 가진 분이 많이 있사오니 스님께서도 사모님을 맞아들이십시오. 그렇게 하시면 며느님의 도리로 시모님을 받들게 되시니 범절이 아무리 어려우시더라도 배워가면서 잘 받들지 않으시겠습니까?”

이 말을 들은 지암은 벌컥 화를 내면서 야단을 쳤다.

“너 너무 무엄하구나. 스승 보고 파계하라고 시키는 놈이 어데 있느냐?”

지암은 한 동안 침묵한 뒤 다시 이렇게 말했다.

“할머님을 고생되지 않게 모시기 위하여서는 너의 우직한 말이 일리가 없지는 않다마는 그러나 내가 동진출가하여 사십여 년 동안 동정을 지켜왔는데 오십 세를 이마에 이고 깨뜨려버린다는 것이 얼른 긍정이 가질 않는다. 좀더 깊이 생각해 보겠다.”

상좌로부터 당돌한 이야기를 듣고 지암은 고뇌하지 않을 수 없었다. 출가 수행자에게 부인을 둔다는 것은 파계인데, 부처님 제자로서는 있을 수 없는 일이라는 생각을 해 온 지암이었다. 그러나 자신이 고난과 역경에 처했을 때 숨겨주고 뒷바라지를 아끼지 않은 양어머님의 시봉도 큰 문제였다. 나이 오십이 된 지암은 1년이 넘게 고심하다가 결국 양모의 시봉을 위해 파계를 선택했다.

1930년대 불교계에는 대처승이 주류인 일본불교의 영향을 받아 조선불교계도 대처가 유행처럼 확산되어 선방에서 참선하는 수좌를 제외한 대부분의 한국 스님들이 파계하여 대처가 되었다. 저 유명한 만해도 파계하여 대처의 길을 갔다. 이렇듯 일제강점기에 한국 스님들이 대부분 파계한 것은 무엇보다 스님들의 해이해진 계율의식이 문제였지만, 일본불교의 대처승제도를 조선불교에도 확산시키려 한 일제 총독부의 정책이 큰 요인이었다. 즉, 총독부의 '사찰령'과 '사찰령 시행규칙'에 파계승도 주지가 될 수 있게끔 제도가 되어 있었기 때문이다.

아무튼 지암은 파계 후 결혼을 하고 아들을 하나 낳았다.[90] 그 후 몇년 뒤에 지암은 맏상좌 상준에게 이렇게 말했다.

"나는 매양 돌아다녀야 할 일이 많아서 선방에 가서 안거는 못하였지만 형편 따라서 기회만 있으면 좌선을 즐겨하고 動用中에라도 될 수 있으면 內觀을 잃지 않는 공부를 한다. 네가 사모를 들이라고 한 뒤에 내가 좌선을 한다고 앉았으나 화두보다 먼저 할머님 시봉문제가 머리에 떠올라 끝끝내 화두가 제대로 잡혀지지 않더구나. 그만큼 할머님 시봉에 관한 문제가 심각하였다. 그러나 생각해 보니 청·장년 시절에

---

90) 지암의 아들은 이재창 동국대 불교학과 명예교수로 동국대 재단이사도 지냈다.

조계종의 산파 지암 이종욱

도 술을 마시거나 여색을 범한 일이 없었는데 정작 불혹의 나이가 지
난 뒤에 혹을 범하는 것 같아서 네 말대로 실행할 용기가 나지 않아서
약 1년 동안 참고 식모를 교체해 보았으나 한 사람도 지속되지 않아 결
국 너의 의견을 받아들이고 만 것이다. 지금은 할머님께서 매양 기색
이 화열하시고 강녕하시니 내 마음도 매우 즐겁고 편안하다. 다른 사
람이 들으면 비웃어 버릴 것이지만 너에게만은 내 생애의 진실을 알려
줄 의무가 있고 네 편으로도 소위 스승의 생애의 진실을 잘 알아서 간
직하는 것이 제자 된 도리일 것이다. 내가 너의 권고대로 너의 사모를
맞아들이고 나니 할머님 시봉에 관한 근심은 없어진 대신 더 큰 근심
이 생기더구나. 왜냐하면 일단 배우관계를 맺었으니 남녀 간에 자식이
생길 것이며, 그렇게 된다면 그야말로 妻獄子鎖에 갇혀서 수행정진
하나도 못하고 결박생활로 일생을 마치고 말 것이니 이 얼마나 가련한
일생이겠느냐? 그렇다고 해서 만약 자식이 하나도 없다면 나는 상좌
가 있으니까 괜찮지만 너의 사모는 말년에 어디에 가 의탁하겠는가?
이야말로 기세양난이어서 여간 고민하지 않았다. 그러나 아무리 고민
해 봤자 고민으로 해결되는 것은 아니고 기왕에 지어 놓은 업보로 妻
獄子鎖가 될지라도 불가불 혈육 하나는 있어야 하겠다는 편으로 생각
을 정해 버렸다. 그 뒤에 재륜(이재창의 아호)이가 생긴 뒤에는 내가 너
의 사모와 타합을 하였다. '나는 본래에 가족생활을 할 사람이 아닌데
양모님을 받들기 위하여 이렇게 된 것인데 어쨌든 나와 일단 인연을
맺었으니 나에게 바치는 마음으로 나의 양모님께 효성을 바쳐서 그 어
른 말년을 아무쪼록 편안하고 즐거우시게 정성껏 받들어 드리기를 간

절히 부탁하며, 혈육이 하나 다행히 남아로 태어났으니 그 애 하나만 잘 길러서 의지하도록 하고 다시 더 출산은 하지 말고 여생을 청정하게 살다 가자'고 설득하였더니 너의 사모도 수긍하고 불평이 없이 할머님 시봉을 잘한다. 이렇게 재륜이가 생긴 뒤에는 두 사람이 함께 종생 단방하기로 합의하였다."

상준은 여기까지 은사의 말씀을 듣고는 눈물이 나와 일어나서 지암에게 삼배의 예를 올려 존경의 마음을 표하였다. 상준은 그동안 은사 지암을 존경스러운 스승으로만 알아 왔으나 이 말씀을 듣고는 생불로 모셔야 한다는 마음이 일어났다고 한다. 40년이 넘게 청정하게 살아오다가 童貞戒體를 하루아침에 과감히 버리고 은혜가 지중하신 양모님의 노년을 편안하고 즐겁게 모시려는 효도를 극진히 하는 살신성인의 자세가 더욱더 존경의 마음을 내게 하였다고 한다.

강원도 삼본산연합수련소를 통한 인재양성

지암은 월정사의 인재양성을 위해 강원을 개원한 데에서 더 나아가 강원권 전체의 인재양성을 추진하였다. 그것은 당대 최고의 선지식인 한암조실이 주석하는 오대산 상원사에 강원도의 승려수련원을 세워 보다 체계적으로 인재를 양성하는 것이었다.

1935년 봄에 지암은 강원도의 나머지 2개 본사인 금강산의 유점사와 건봉사 주지를 설득하여 강원권 불교 인재양성을 위하여 한암 스님

조계종의 산파 지암 이종욱

이 주석하는 상원사에 삼본산연합수련소를 설립하여 후학을 가르치게 하자고 제안하여 동의를 얻었다. 강원도 삼본산연합수련소는 강원도의 후원을 얻고 월정사, 유점사, 건봉사가 강원을 마친 장래가 촉망되는 승려 10인씩을 오대산 한암 스님에게 보내어 1년 동안 수학하는 수련과정이었다. 상원사에는 당대의 선지식 한암 스님이 주석하며 선원을 운영하고 있었는데, 여기에 선·교·율을 제대로 가르쳐 인천의 사표가 될 스님들을 본격적으로 양성하고자 추진한 것이다. 금강산의 유점사는 당시 남한의 해인사에 필적하는 큰 절로 유명하였는데, 이 유점사가 인재양성을 위해 오대산 월정사로 스님들을 보내어 수행을 배우게 한다는 것은 자존심이 상할 일이었으나 오대산에는 한암이라는 당대 최고의 고승이 주석하였기에 가능한 일이었다.

당시 오대산 월정사 조실 한암 스님이 주석한 상원사에는 선방에 수행하러 온 40여 명의 수좌들과 강원도의 세 본사에서 보내온 30여 명의 스님들이 함께 대중생활을 하면서 정진하였다. 상원사는 외호, 후원 대중을 포함하여 80여 명의 스님들이 본분사에 매진하였는데, 새벽 3시에 일어나 예불을 드리고 밤 9시 반 죽비소리에 취침할 때까지 참선과 금강경 공부, 운력의 일과를 빈틈없이 하였다.

1935년 봄에 1기를 모집하였는데, 일본이 태평양전쟁을 일으켜 전시동원체제로 전환하자 식량을 구하기가 어려워져 중단되고 말았지만, 4기까지 운영되는 동안에 많은 인재를 배출하였다. 1기생에는 지암 스님의 사제로 해방 이후 총무원장을 지낸 영암 스님과 봉석 스님을 비롯하여 종정을 지낸 월하 스님, 탄허 스님, 범룡 스님, 고송 스님,

도원 스님, 용명 스님, 보경 스님, 설산 스님, 보광 스님, 상렬 스님 등 수십여 명의 스님들이 배출되었다.

수련소 이외에도 상원사 선원에는 당대의 고승들이 공부하였는데, 해방 이후 대한불교조계종의 초대 종정에 추대된 효봉 스님, 역시 종정에 추대된 고암 스님, 서옹 스님, 월하 스님, 그리고 해인사 주지와 총무원장을 역임한 자운 스님, 직지사 조실이었던 탄옹 스님, 지암의 제자로 해인사 도인으로 유명한 지월 스님과 그 제자 도견 스님 등등 오대산을 거쳐간 스님들이 해방 이후 한국불교의 정신적인 지도자로서 큰 역할을 하였다.

사제 영암 스님에게 월정사 운영을 맡기다

1930년대 중반에 오대산 월정사는 완전히 안정을 되찾고, 비약적으로 발전하기 시작했다. 지암은 오대산 월정사의 폐사 위기를 10년 만에 완전히 수습하고 이 위기를 중흥으로 되돌려 놓았다. 이 과정에 많은 인재가 필요하였다. 오대산 조실 한암 스님에게 도를 배우고자 상원사 선원에는 선승들이 밀려들어 결제 대중이 100여 명이 될 때도 있었다. 월정사 본사에는 강원을 열어 말사에서 학인을 받아 50여 대중이 같이 살았다. 월정사 계곡 건너 지장암에는 비구니 선원이 있어 비구니 대중이 20여 명에 이르렀다. 한 산중에 대중이 150여 명이 넘었으니 대중 외호와 살림살이가 큰일이었다. 지암은 월정사가 안정을 되찾으면서 사제인 영암 스님에게 총무를 맡겨 사중 살림을 맡도록 했다.

영암 스님은 본래 통도사로 출가하였으나 울진 불영사 설운 스님 문하에 건당하여 당시에 불영사 주지를 하고 있었다. 지암의 법사인 설운 스님의 제자가 된 영암 스님은 지암의 사제가 된다. 당시 월정사 주지를 맡고 있던 사형 지암의 권유로 월정사로 와서 총무를 맡아 살림을 살게 된 영암 스님은 처음 몇 년 동안 사무 행정이 서툴렀으나, 지암으로부터 자상하고도 엄격한 가르침을 받아 익힌 뒤에는 지암이 중앙의 일로 서울에서 활동하는 동안 월정사 본말사 일은 위임 받아 처리할 정도로 신뢰를 받았다.

지암이 1930년대부터 1954년 총무원장에서 물러날 때까지 거의 서울 등 중앙에서 활동을 전념할 수 있었던 배경에는 월정사 본말사의 대소사를 영암이 책임지고 운영했기 때문에 가능하였다. 영암 스님이 해방 이후 해인사 주지가 되거나 종단 총무원장이 되어 전임자들이 쌓아 둔 많은 빚을 청산하고 살림을 흑자로 만들고 독특한 '영암 스님 회계'라는 살림살이법을 가르친 것은 모두 지암으로부터 행정을 배운 덕이 컸다. 영암 스님은 뒤에 봉은사 주지와 총무원장, 동국대 이사장을 역임하였다.

월정사를 다시 안정시키고 중앙으로 나아가다

지암이 월정사 부채 문제를 완전히 정리한 때는 1932년 12월이었다. 6~7년 전 폐사 직전의 천년고찰 월정사가 기사회생하자 당시 불교계와 세상 사람들의 찬사가 잇따랐다. 『불교佛敎』(1933년 2월호)에는 '월정사부채정리의 희보'라는 제목으로 "폐멸에 빠졌던 월정사는 안전한 언덕에 이른 듯하였다"고 기록하고, 이렇게 보도하고 있다.

> 월정사 주지 이종욱사李鍾郁師 위로회
> 이구오구년 십이월 삼십일 오후 6시에 시내 태서관에서 재경유지 승려 제씨가 모여 월정사 부채정리로 저간 참담 노력한 결과 최근 정리 완료를 하게 된 이종욱사의 위로회를 개최하였다는데 금반 부채정리로 말하면 월정사에 대하여 년래의 고통을 경감할 뿐 아니라 중앙재단 오만 원 월정 토지사건이 전연 해결됨에 대하여도 다행한 일이라더라.

지암이 월정사 부채 문제를 완전히 해결한 때는 1933년으로 오십 세가 되었다. 폐사 직전의 월정사가 빚 문제를 해결하고 총독을 비롯한 고관대작과 지식인들이 광범하게 참여한 석존정골탑묘찬앙회까지 만들어져 그 회비로 중앙교무원에서 차입한 빚도 다 갚고 남은 돈으로 토지도 더 사들이고 상원사에 선원도 짓고 삼본산연합수련소도 세웠으며, 강원도 다시 열게 되니 월정사는 위기 전보다 살림과 위상이 더 나아졌다. 월정사가 몇 년 사이에 환골탈태하자 오대산의 위상은 다시 높아졌고, 이 불사를 원만 성취한 한암 스님과 지암은 한국불교의 큰 인물로 부각되었다.

조계종의 산파 지암 이종욱

월정사 부채 정리 기념(앞줄 오른쪽부터 김대우 김용우 이종욱 황금봉, 뒷줄은 홍석모 성낙헌 김성권 이승우 이갑득 한성훈)

당시 교계 소식을 전하고 있던 월간 『불교시보』(1936년 10월호)에 이렇게 기사가 났다.

대본산 월정사 토지를 교무원으로부터 반환

대본산 월정사에서는 재단법인 교무원에 출자기부로 무상양여한 강릉 토지 칠백여 석 받는 것을 구월 중에 당사 주지 이종욱 씨가 현금 오백여 원을 교무원에 지불하고 당사 토지를 반환하여 갔다는데 차로 인하여 쇠운에 드릿든 월정사는 전일과 똑같이 복구될 뿐만 아니라 사백여 석 받는 것을 더 사게 된 것이 되었다는데 이는 모두 현주지 이종욱 화상의 공적이라 하야 해당 본말은 물론 전조선불교 교계에서 사에 대한 칭송이 자자하다고 한다.

지암 또한 법을 위해 온몸을 던지는 자세로 혼신의 노력을 다해 월정사의 부채를 해결한 결과 5년여 만에 완전히 정리하였으니 그 기쁨은 말로 표현하기 어려웠을 것이다. 하지만 지암은 그 기쁨보다 한국불교계의 현실을 안타까워하고 새로운 방향을 모색해 나갔다.

월정사의 부채 문제도 근본 원인은 월정사 스님들에게 책임이 있었다. 일본 상인의 농간도 문제지만, 세상 물정도 모르고 이런 농간을 수용하고 계약을 맺은 월정사 스님들의 자업자득 아닌가. 더구나 월정사뿐만아니라 전국의 모든 사찰이 이런 위기를 맞을 가능성이 얼마든지 있었다. 까닭에 지암은 승려의 교육과 더불어 전국 본말사를 통괄하는 교단의 건립이 시급하다고 생각했다. 지금은 전국 본말사가 31개로 나뉘어 있고, 이를 총괄하는 기능을 총독부가 하고 있다. 총독부는 일제의 식민 통치기구이지 한국불교를 보호하고 대표하는 교단은 아니다. 그러다 보니 사찰에서 이런 불상사가 나도 이를 감독하고 조정하는 역할은 일제 총독부가 하게 되고, 한국 스님들은 총독부에 가서 협조를 얻어야만 한다.

지암은 이러한 한국불교 현실을 개선하지 않으면 안 된다는 인식에 도달하였다. 한국불교의 근본적인 개혁을 위해선 중앙으로 나아가야 했다. 이에 지암은 월정사의 총무이자 사제인 영암에게 전권을 위임하고 중앙으로 활동 폭을 넓혀가기 시작하였다.

조계종의 산파 지암 이종욱

3장

6
총본산 건설운동과 조계사 대웅전 건립

조선불교선교양종 승려대회와 종헌실행운동 참여

지암 이종욱이 항일운동에 헌신하다가 월정사로 돌아와 부채 문제
를 해결할 때 불교계에는 새로운 흐름이 형성되고 있었다. 일제가 경
술국치 이후 1911년 '사찰령'을 제정하여 한국불교계를 완전 장악하
게 되자 이전의 원종과 임제종 같은 한국불교계의 교단 재건운동은 좌
절되고 30본산 주지회의소와 같은 연락기구만이 존재하였다.

그러나 1919년 3·1 만세운동을 계기로 한국불교계도 자주적인 결
사운동이 전개되기 시작하였다. 1922년 전후 청년불교도를 중심으로

30본산제를 제도화한 '사찰령' 철폐와 교계의 통일운동을 통한 교단 재건운동이 전개되었으나 일제의 탄압과 일부 본산 주지들의 비협조로 무산되고 말았다. 이에 일제는 본산 주지협의회를 좀더 집행력을 갖춘 재단법인 조선불교중앙교무원으로 개편을 권유하여 한국불교 통일기관의 역할을 일부 하였으나, 연락기관의 수준을 크게 넘어서지 못하였다. 이에 한국불교계에는 중앙에 통일기관을 설립하여 교계 전체를 총괄하는 기구가 필요하다는 여론이 점점 높아 갔다.

1928년경 '사찰령' 철폐운동을 주도하였던 조선불교청년회가 재기하였다. 그 주역은 백성욱, 김법린, 도진호 등으로 모두 지암과 더불어 3·1 운동과 상해임시정부의 독립운동에 적극 참여하였다가 교계 내부 개혁으로 활동 방향을 선회한 청년승려들이었다. 이들은 한국불교계의 통일운동을 진작시키기 위하여 조선불교선교양종 승려대회 소집을 추진하였다. 1928년 11월 11일 백성욱, 김포광, 김법린, 김상호, 도진호 등은 각황사에서 승려대회 발기회 준비회를 개최하였고, 1928년 11월 30일에는 발기인 승려 40여 명이 참석한 가운데 1929년 1월 3일 승려대회를 개최키로 결의하였다.

이 조선불교 승려대회 발기회에는 지암도 참석하였으며, 이어 1929년 1월 3일에 열린 승려대회에 지암은 전국 사찰 대표 107명 중 한 명으로 참석하였다.[91] 이 승려대회 참석자는 면면이 본산 주지를 비롯하여 당시 교계 최고 지식층이 대거 참여하였는데 이때 지암도 월정사

---

91) 「朝鮮佛教禪教兩宗僧侶大會會錄」, 『佛教』 제56호(1929. 2), 120~123쪽.

대표로 참석하여 7인의 의안심사위원과 대회 부의장에 선출되어 교단 재건운동을 적극적으로 주도하였다.

1929년 1월 3일부터 3일간 각황사에서 개최된 역사적인 승려대회는 종헌과 조선불교선교양종중앙교무원 원칙, 교정회 규약, 법규위원회 규칙, 종회법 등이 제정되었고, 승니법은 법규위원회에 위임하는 한편 교육 포교 사회사업 등의 문제는 차후 구성될 종회에서 토의키로 하였다.[92] 대회는 의안을 처리하면서 종헌에 의거하여 교정을 선거하였는데 한암, 한영, 경운, 환응, 해담, 용허, 동선 스님이 교정으로 추대되었다. 그 외 중앙교무원 3부장 선거도 있었다.

이 1929년 승려대회에서 제정된 한국불교의 종헌宗憲은 국가의 헌법에 해당하는 최고 법으로 불교계의 모든 조직 및 승려들의 기본 규범을 담은 것으로 근대 최초로 제정된 것이었다. 더구나 이 종헌이 한국불교계의 자주적 지향에서 제정된 것이어서 그 역사적 의의는 더욱 크다. 종헌에는 종명, 종지, 의식, 사찰, 승니와 신도, 종회, 교무원, 교정, 재정 등을 내용으로 12장 31조로 구성되어 있었다.

그런데 이러한 자주적 종헌을 제정한 승려대회의 주도자들이 항일운동에 적극 참여하였던 청년승려들이었다는 데 그 의미가 더욱 깊다. 지암은 물론이거니와 백성욱, 김상호, 김법린, 김포광 등은 모두 상해

---

92) 金光植, 「朝鮮佛敎禪敎兩宗 僧侶大會의 개최와 성격」, 『韓國近代佛敎史硏究』 民族社, 1996, 333쪽.

임시정부에 왕래가 있었던 독립운동가들이었다. 이외 오성월, 김석두는 선학원 지도자들이었고, 박한영은 당대 최고 강백講伯, 송종헌은 선·교·율에 정통한 덕망있는 수행자들이었으니 승려대회의 위상은 한국불교계의 대표급 승려들이 참여하였다고 해도 과언이 아니었다.

이러한 역사적 의의와 성격을 갖고 있는 승려대회에 지암은 월정사 대표로 참석하여 비중 있는 역할을 하였다는 것은 주목해야 할 일이었다. 지암은 감옥에서 석방된 이후 월정사 부채 문제 해결에 헌신하였는데 그 와중에서도 한국불교계의 자주적 활동의 근간을 마련한 승려대회에 참여하고 있었던 것이다.

지암, 자주적인 종회에서 의장과 교무원 서무부장에 선출되다

지암은 조선불교도의 자주적인 승려대회에서 제정된 종헌에 의거하여 1930년 3월에 개최된 제2회 종회에서 의장으로 선출되어 회의를 주재하였다. 그 이듬해인 1931년 제3회 종회에서도 의장으로 재선출되어 사회를 보았으며, 1932년 제4회 종회에서도 의장으로 회의를 주도하였다. 이어 제4회 종회의 셋째날인 1932년 3월 28일 열린 교무원 임원선거에서 지암은 24점을 얻어 서무부장에 선출되었다. [93]

---

93) 『근현대불교자료전집』 권67, 25쪽(「제3회 종회회록」)과 52쪽(「제4회 종회회록」) ; 김광식, 「조선불교조계종과 이종욱」, 『지암 이종욱의 독립운동과 조선불교 조계종』, 지암불교문화재단, 2007, 59쪽에서 재인용.

지암이 서무부장으로 선출된 (재단법인)조선불교중앙교무원은 당시 조선불교계의 중앙 교단의 기능을 하던 곳이다. 교무원의 서무부장은 교무원을 대표하며 운영을 책임지는 자리이다. 지암이 교무원 서무부장에 취임하면서 한 말이 당시 만해가 발행하던 『불교』(1932년 5월호)에 "이종욱 신서무부장의 정치가적"이란 제목으로 기록되어 있다.

신임 인사 초대석상에서의 이 부장의 정견 발표(?)가 있을 때에 "나로서는 아무 정책도 없습니다. 다만 여러분의 의견에 따를 뿐입니다. 그러니 여러분의 소리가 교무원 대문으로만 들어와서 그 소리가 다시 그 대문으로 나가게 해 주시기 바랍니다"라는 민중정치가 한 연설 정히 만점! 그 태도 그 관량으로 전조선 사무를 통제해 가도록 포용해 가도록……

이 기록에 의하면, 지암은 조선불교중앙교무원 서무부장의 취임 일성은 대중의 뜻을 잘 받들어 소임을 살겠다는 대중 존중의 입장을 천명하였는데, 이것을 『불교』지는 민중정치가의 연설로 치켜세우며 찬사를 보내고 있다. 지암은 평소 신념대로 소임자는 대중의 뜻을 잘 살펴 대중의 의사가 관철되게 한다는 의지를 밝히고 있다. 지암이 조선불교도의 열망을 실현하기 위해 항일독립운동에 투신한 것이나, 오대산 월정사를 구하기 위해 대중을 화합시켜 하나의 원력으로 문제를 해결해 나갔던 바로 그런 대중화합 정신을 표한 것이다.

그러나 당시 조선불교도의 여망을 담은 종헌 실행운동은 일제 총독부의 교묘한 방해 책동과 이에 눈치를 보는 본산 주지들의 비협조로 실행이 부진하였다. 지암은 모처럼 조선불교도들이 단합하여 승려대회를 열어 제정한 종헌의 실행을 위하여 중앙교무원의 서무부장에 선출되어 종헌의 취지와 정신을 살리고자 1933년 1월 4일 각황사에서 제1회 종헌반포기념식을 열고 참석자를 대표하여 종헌을 봉독하는 등 적극적인 활동을 하였으나, 일제는 한국불교도의 뜻을 끝내 거부하고 종헌을 인정하지 않았다.

총본산 건설운동의 주도와 태고사(조계사)의 창건

그러나 승려대회의 참여자들과 민족의식을 지닌 승려 대중의 종헌 실행운동은 1930년대 전반기에 핵심 이슈로 작용[94]하였으나 종헌 반대세력의 비협조와 일제의 외압으로 큰 진전이 없었다.

이에 1930년대 중반에 들어서 교계는 새로운 모색이 시작된다. 그것은 바로 '한국불교총본산' 건설 문제였다. 총본산 건설 방안을 처음 구체적으로 제시한 이는 만해 한용운이었다. 그는 1931년에 발표한 「조선불교의 개혁안」에서 이렇게 주장하였다.

---

94) 金光植, 「朝鮮佛教禪教兩宗 僧侶大會의 개최와 성격」, 『韓國近代佛教史研究』, 民族社, 1996, 360쪽.

총본산 창건하여 불교의 사회화 진출(〈동아일보〉 1938년 10월 23일자).

統一機關의 表現方式으로는 總本山과 敎務所의 二方式이 있을 것이니, 總本山이라는 것은 現在의 本山 中에서나 或 其外의 一寺를 택하여 各 本山 위에 臨하는 總本山을 삼아서, 그 總本山에서 各 住持를 任免하고 一般 敎務를 指導하야 스스로 統一機關이 됨이오.[95]

만해는 이처럼 한국불교의 통일기관으로 총본산을 거론하면서 인사권을 행사하고 일반 교무를 지도하는 총본산의 필요성을 제기하고 있

---

95) 韓龍雲,「朝鮮佛敎의 改革案」,『佛敎』제88호(1931. 10), 4쪽.

다. 이러한 방안은 사찰령 통제하의 식민지 상황에서 일제의 협조가 없이는 불가능한 이상적인 방안이나 교계의 적지 않은 식자층에게 공감대를 확산시키고 있었다.

지암과 함께 한성임시정부 수립에 불교계 대표로 참여하였던 한영 스님은 총본산을 서울에 두고 그 총본산 대표 1인만 총독부에 인가를 받자는 의견[96]을 피력하는 등 다양한 논의들이 등장하기 시작하였다.

한편, 지암은 이와 같은 한국불교총본산 건립에 대하여 1938년 1월에 발간된 『경북불교』에 「조선불교의 부진 원인과 조선불교의 진흥책에 대하여」라는 기고문에서 총본산의 필요성을 이렇게 주장하였다.

조선불교의 부진 원인으로는 여러 가지 원인과 근인이 많습니다만, 첫째로 통제기관이 없는 것입니다. 형제만 있고 부모가 없는 것과 같이 삼십일본산이 흡사 많은 형제같이 있으나 이 폐단을 통제하는 기관이 없어서 그 폐단이 비일비재합니다. 그러나 현 제도로 이것을 인정하면서도 방어할 도리가 없습니다. 하루바삐 총본산이 법적으로 실현되어야 할 줄 압니다.

둘째로는 옛것을 버리고 새것을 쫓음이 위해危害하기 때문입니다. 근래 소위 신지식을 배우고 학교를 졸업한 분에게 신임하고 주지나 기타 사원 중요 직무를 위임합니다. 그중에서도 잘 해서 가신 분도

---

96) 『佛敎』 제91호(1932. 1), 17쪽 ; 金光植, 「1930년대 佛敎界의 宗憲 실행문제」, 『韓國近代佛敎史硏究』, 民族社, 1996, 399쪽.

조계종의 산파 지암 이종욱

없는바 아니나 대부분을 보건대 사원수호는 도리어 그 전 구식 인물만도 못하고 혹은 불교의 본면목에 배치되는 행동을 하니 이 역시 조선불교의 부진의 한 원인으로 유감천만입니다.

셋째로는 사유私有재산이 도리어 없었으면 합니다. 남들은 모두 돈이 있어야 한다고 하는 세상에 도리어 사유재산이 없었으면 하는 것은 이상하게 생각하실지 모르겠습니다만 오늘날 승려의 대부분을 보면 얼마 없는 사유재산에 의뢰 집착하여 승려의 본분을 망각하고 활동성이 너무나 없습니다. 이 사유재산이 이렇게 되고 보니 도리어 없었으면 하는 생각이 납니다.

다음 조선불교 진흥책으로는 구체적 계획이 없는 바입니다만 아직 그것을 발표한다는 것보다 우선 총본산 실현이 긴급한 문제입니다. 조선불교의 총본영격인 총본산이 되기 전에 다른 진흥책은 별로 없을 줄 알고 믿는 동시에 하루바삐 총본산의 실현을 기대할 뿐입니다.[97]

이러한 주장으로 볼 때 지암은 만해가 제안한 한국불교의 총본산 건립을 적극 공감하면서도 다만, '법적으로 실현되어야 한다'고 보았다. 즉, 당시 한국불교계가 교단이 없는 상태에서 31본산이 부모 없는 형제처럼만 존재하고 있는 폐단이 있음을 지적하고 이것을 통제할 수 있

---

97) 김광식, 「조선불교조계종과 이종욱」, 『지암 이종욱의 독립운동과 조선불교 조계종』, 지암불교문화재단, 2007, 62~63쪽에서 재인용.

는 법적인 요건을 갖춘 총본산의 필요성을 주장한 것이다. 그런데 여기서 법적 실현은 바로 일제 총독부의 법적인 뒷받침을 말하는 것으로 일제 총독부의 협조가 긴요한 상황을 염두에 두고 말한 것이었다.

이것이 지암과 만해의 총본산을 바라보는 입장의 같은 점과 차이점이었다. 둘 다 한국불교 총본산 건립의 필요성은 전적으로 공감하면서도 그 방법에서 만해는 일제의 간섭으로부터 독립된 자주적인 총본산을 주장하였고, 지암은 현행 법적으로 실현되어야 통제권을 가질 수 있다고 보았다.

총본산 건설에 대한 두 사람의 입장을 보면 평소 사회역사에 대하여 어떤 인식을 가졌는지가 그대로 드러난다. 만해는 현실보다 대의와 명분을 중요시하는 이상적인 면을 유감없이 드러내고 있다. 한국이 일제 식민지가 되어 총독부의 통치를 받는 현실도 무시하고 한국불교도의 독자적인 통제권을 가진 총본산 건설을 주장한 것이다. 이에 반하여 지암은 한국불교의 자주적인 통제권을 가진 총본산 건설을 지향하면서도 일제 총독부의 실체를 인정하는 합법적인 총본산을 주장한 것이다. 지암은 부처님의 가르침을 따르는 출가 수행자라 부처님 법이 모든 판단의 기준이었지만, 실제적인 문제에 직면해서는 지극히 현실적인 입장을 실천하였다.

총본산 건설 문제에서도 지암은 이러한 입장을 그대로 보여 준 것이다. 그런데 지암도 30대인 1919년 3·1 만세운동 전후에는 불교계 누구 못지않게 비타협적인 항일운동에 투신하였던 이력으로 볼 때, 지암이 1930년대 들어서 일제 총독부의 존재를 인정하면서 한국불교의 전통 계승과 개혁 실천으로 방향을 전환한 것임을 알아야 한다.

그러나 1930년대 전반기에 총본산 건립 논의만 무성했지 구체적인 진전은 없었다. 그 이유는 역시 한국불교도들의 뜻이 하나로 결집되지 못했고, 일제 총독부도 중앙교무원－31본산체제를 그대로 유지하고자 했기 때문이다. 그리하여 한국불교도들의 오랜 숙원이었던 교단 재건, 즉 총본산 건설은 물밑으로 흐를 수밖에 없었다.

그런데 1936년에 접어들어 우연하고도 엉뚱한 사건이 한국불교계로 하여금 총본산 건설운동을 본격화하게 하는 도화선이 되었다. 그것은 다름 아니라 한국에 건너와 포교활동을 하던 일본불교계 일각에서 일본불교 사찰이 한국불교를 통제하려는 음모가 발각되었기 때문이다. 당시 상황을 강석주 · 박경훈의 『불교근세백년』에는 이렇게 기술하고 있다.

1936년, 당시 한국에 진출한 조동종의 박문사博文寺 주지 부산夫山이란 자가 한국불교가 31본산으로 분립하여 중앙통일기관이 없는 것을 알고 박문사를 조선불교 총본산으로 만들어 전국 사찰과 사찰 소유의 산림 토지 등 전 불교재산을 병탄하려고 조선불교 총본산 박문사 설치인가 신청서류를 총독부에 냈다. 그러나 한국 승려들은 이러한 음모가 진행 중인 것을 전혀 모르고 있었는데 총독부 사회과장 김대우金大羽 씨가 이종욱 스님에게 이 사실을 은밀히 알려 주었다.

이종욱 스님은 곧 31본산을 돌면서 이 사실을 알리고 일이 중대함에 비추어 곧 본산 주지회의를 열어 이에 대처해야 하며, 하루 빨리

우리 손으로 총본산을 세워야 한다고 주장하였다. [98]

지암 이종욱은 총독부에서 일하는 한국인 관리 김대우 사회과장으로부터 일본불교계가 한국불교를 총괄하려는 음모가 추진 중이라는 정보를 들었다는 것이다. 이 문제에 대하여 지암의 회고록에는 이렇게 적혀 있다.

　총본산 창설

　일본승 박문사 주지 鈴木天山이 박문사를 총본산으로 정하고 우리나라 불교 삼십일본산을 박문사에 귀속시켜서 조선불교를 병합할 야욕을 가지고 있다는 소식을 듣고 나의 마음에 국가가 합방되어 세계적 치욕을 받고 있는데 불교까지 병합을 당하면 이 수치를 어떻게 할까? 박문사 주지 鈴木의 인가 신청 초안이 渡邊국장 책상 서함에 있음을 듣고 깜짝 놀라서 궐기하야 이 사실을 오성월과 조경운에게 내통하야 동의를 득한 후 홍석모 씨에게 급히 연락하여 삼십일본산 주지회의를 소집할 것을 결정하였다.

지암은 국권 강탈도 서러운데 유구한 전통의 한국불교계가 일본불교에 예속된다는 것은 도저히 묵과할 수 없다고 결심하고 이를 막기 위해 범어사 주지 오성월 스님과 통도사 주지 조경운 스님과 내밀히

---

98) 姜昔珠·朴敬勛, 『佛教近世百年』, 中央日報社, 1980, 161쪽.

협의하여 본산 주지회의를 소집케 하였다는 것이다.

그런데 일본불교계의 이런 음모는 이미 1930년대 초에 징조가 있었다. 1932년 말 한국식민지화의 주역이었던 이등박문을 추모하기 위해 건립한 박문사 낙성식을 맞아 한국에 온 전총독부 정무총감 兒玉秀雄은 "今後는 다만 博文寺로 하여금 朝鮮內 三十餘의 本山의 支援을 相候하여 一種의 社會敎化團體로 하고자 생각하는 바…"[99]라는 구상을 말한 바 있다.

또한 1935년에는 총독부 학무국장 주최로 국내 한국불교계와 일본불교계 대표자를 초청하여 종교간담회를 개최하여 "心田開發 所謂 宗敎復興運動에서 구체화를 논의"하고 "지금까지 內地 佛敎界가 着手하지 안했는 朝鮮人 方面에의 布敎開拓에도 着手"하는 방안을 협의하였다고 〈매일신보〉는 전하고 있다.[100]

일제 총독부 전현직 간부들의 이러한 주장들은 당시 총독부와 일본불교계가 한국불교계를 통괄하려는 어느 정도의 구상이 있었다는 것을 간접적으로 확인시켜 준다. 그러므로 여기에 자극받은 한국불교계의 선각자들은 일본불교로부터 한국불교의 자주성을 지키기 위하여 적극적인 대응을 고민하지 않을 수 없었다.

그런데 이러한 일제의 의도는 지암뿐만 아니라 범어사 승려로 항일

---

99) 「博文寺를 一種의 社會敎化 團體로」, 〈每日申報〉 1932. 10. 25. 1면 ; 善友道場 韓國佛敎近現代史研究會, 『新聞으로 본 韓國佛敎 近現代史』 하, 1999, 472쪽.

100) 「宗敎復興의 具體化 協議」, 〈每日申報〉 1935. 2. 2. 1면 ; 善友道場 韓國佛敎近現代史研究會, 『新聞으로 본 韓國佛敎 近現代史』 하, 1999, 546쪽.

독립운동에 참여하였던 김상호에게도 간파되었다고 한다. 범어사 승려 출신으로 이승만 정부시대에 문교부장관을 지낸 김법린이 〈대한불교〉(1963년 8월 1일자)에 회고한 「조계사는 이렇게 창건됐다」[101]는 글에서 이렇게 말하고 있다.

> 1935년경에 이 日帝의 政策에 발맞추어 韓國佛敎에 대한 可恐할 一大陰謀가 있었으니 可謂 '朝鮮佛敎와 日本佛敎와의 倂合論'이었으니 博文寺를 韓國佛敎의 合倂의 基本道場으로 삼자고 1934년 말경 博文寺 住持가 合倂案을 中樞院에 附議하였다.

이런 음모를 최초로 간파한 이가 불교유신운동의 중진이요 청년운동의 지도자인 김상호였다.[102] 그는 1935년 초 음모를 발견하고 "그 방지대책으로 한국불교의 一總本寺를 솔선 건립함이 최상의 양책임을 혼자 결정하고 비밀리에 동지를 규합하여 滿二個星霜 동안 동분서주 私財를 탕진하여 가면서 한국불교의 독립을 위하여 분투하였으니"라고 하여 총본산 건립운동이 한국불교 독립운동이었음을 분명히 하고 있다. 이러한 증언을 하고 있는 김법린과 김상호는 3·1 운동에 적극 참여하여 일제 말까지 비타협적 노선을 견지하였던 불교계의 대표적 항일운동가였기에 이들의 총본산 건립사에 대한 인식은 매우 중요하다.

---

101) 金法麟, 「曹溪寺는 이렇게 創建됐다」, 〈大韓佛敎〉 1963. 8. 1.
102) 卞相泰, 『慶南獨立運動小史』, 1966, 196쪽.

그런데 김상호가 이러한 활동을 전개하는데 官邊의 중요한 협조자가 "당시 中樞院 通譯兼 社會科 囑託 김대우였다"고 한다. 김대우는 비록 총독부 사회과에 근무[103]하였지만, "나라는 대세에 의하여 부득이 빼앗겼지만 종교까지 빼앗기다니 될 말인가?" 하고 오히려 김상호를 위로하였다고 한다. 김대우는 1936년부터 1938년까지 총독부 사회과장을 맡았던 사람으로 지암에게 일본불교병합의 정보를 제공한 바로 그 사람이다. 그러므로 1936년경 일제의 한국불교 병합을 저지하기 위해 의식 있는 한국불자들이 자주적인 총본산 건설운동을 은밀히 추진하기 시작하였다.

지암과 김상호는 한국불교의 일본불교 병합 음모를 저지하기 위해 전국 사찰을 순례하며 한국불교계의 자주적인 총본산 건설의 필요성을 설득하고 다녔다. 그러한 노력의 결과 1935년 11월 『불교시보』 기사에 의하면, 해인사·통도사·범어사로 구성된 경남삼본산종무회의에서 "慶南三本山이 일치단결하여 적당한 지역에 一大本山을 세워서 조선 내 사찰을 통제하자고 발의하고 실행위원 2인을 선발하여 경남도지사에 建白書를 제출하였다"고 한다. 이것은 1935년부터 총본산 건설 활동을 전개한 김상호의 영향력이었을 가능성이 높다. 『불교시보』 (1936년 11월호)에 난 기사에서도 알 수 있다.

---

103) 이명화, 「朝鮮總督府 學務局의 機構變遷과 機能」, 한국독립운동사연구소, 『한국독립운동사연구』 제6집, 1993, 82쪽. 金大羽는 1925년 3월 九州帝國大學 工學部 지질학과 졸업, 1926년 2월 임야조사위원회 서기, 1928년 2월 조선총독부 屬, 1934년 평안남도 도지사, 1936년 학무국 사회과 과장(1937년부터 사회교육과로 개편)이 되었다.

재경 유지로부터 조선불교통제기관 설치 촉진의 문제가 물 끓듯이
대두되는 모양이다.[104]

서울의 유지 승려들 사이에 총본산 건설논의가 급격히 확산되고 있
음을 알 수 있다. 이와 관련하여 항일운동으로 일제강점 말기에 옥고
를 치른 김법린은 이렇게 회고한다.

1936년 12월경 南北佛敎界의 호응을 위하여 月精寺 住持 李鍾郁
師, 權相老, 金寂音師 등을 초청하여 협의하였다.[105]

김법린이 회고담에는 범어사 김상호 스님이 1936년 12월에야 지암
을 비롯한 주요 스님을 만나 총본산 건설 문제를 협의하였다는 것이
다. 그 만난 시기가 어떻든 범어사 출신 스님으로 이남 불교계의 중심
적인 활동가였던 김상호 스님과 오대산 월정사 스님으로 이북 불교계
에 영향력 있는 지도자 지암이 서로 만나 총본산 건설에 대하여 뜻을
모았던 것이 중요하다.

제방에서 요원의 불길처럼 한국불교계의 독자적인 총본산 건설의
여론이 들끓을 무렵 전남에서도 송광사 · 화엄사 · 대흥사 · 백양사 ·
선암사 등의 주지와 간부 22명이 1937년 1월 25일 선암사에 모여 "조

---

104) 『佛敎時報』 제16호, 1936. 11. 1.
105) 金法麟, 「韓國佛敎의 獨立을 爲한 抗日鬪爭記」, 〈大韓佛敎〉 1963. 9. 1.

선불교 통제기관격으로 총본산을 경성에 설치, 목적 달성에 일로매진
하기로 만장일치로 결의"하였다.[106]

한국불교도들의 여망이었던 총본산 건설에 대한 전국적인 여론은
1937년에 봄에 드디어 서울에서도 공론화되기 시작했다. 1937년 2월
4일 남한불교계의 여론을 조성하던 중앙교무원 서무이사 김상호는 서
울에 올라와 교무원에서 주요 회의 일정을 잡아 전국 본산에 통보하였
다. 그 일정은 2월 26~27일 총독부 주최 삼십일본산 주지 회동, 2월
28일~3월 1일 교구본산 주지회의 등으로 잡혔다. 그런데 중간에 다시
본산 주지 앞으로 전보가 나갔다. "2월 23일까지 각 본사 주지 필 참석
해 달라"는 독려 요청 메시지였다.

1937년 2월 20일 중앙교무원 이사회가 먼저 열렸다. 이날 이사회는
삼십일본산 주지회의에서 총본산 건설추진에 따른 제반 계획안을 논
의하여 가닥을 잡았다. 이를 바탕으로 2월 24일 중앙교무원에서 삼십
일본산 주지 원탁회의가 열렸다. 이 자리에서 교무원의 총본산 건설안
에 대하여 의견교환을 한 뒤에 다음 날인 2월 25일 정식으로 교구본사
주지회의가 열렸다. 중앙교무원 서무이사 김상호로부터 총본산 건설
에 대한 보고를 듣고, 다음날까지 한국불교 총본산 건설에 대한 기본
방향을 정리하고 그 기초위원으로 지암 이종욱을 비롯하여 임석진(송
광사 주지), 최영환(해인사), 허영호, 권상로, 김포광 등 14인을 선정하였

---

106) 〈每日申報〉 1937. 1. 30. 4면 ; 善友道場 韓國佛教近現代史研究會, 『新聞으로 본 韓國佛教 近
　　現代史』 하, 1999, 689~690쪽.

다. 이 날 본산 주지회의에서 총본산 건설에 대한 대략적인 방향이 정리되었는데, 그 주요 내용은 현 중앙교무원 부지에 총본산을 건립하되 순 한국식 전통 목조로 짓기로 하였다. 건축비는 전국 본산이 분담키로 하고, 총본산이 총독부의 '사찰령'과 '동 시행령'에 저촉되는 법적인 문제는 다가오는 총독부에 '원조 탄원' 하기로 하였다.[107] 그 탄원 방법은 곧 있을 총독부 본산 주지 회동에서 본산 주지들이 총본산 건설의 필요성에 대하여 한 목소리를 내기로 뜻을 모았다.

2월 26~27일 조선총독부 총독이 삼십일본산 주지를 총독부에 초청하여 본산 주지 회동을 하였다. 회동 안건은 '조선불교진흥책'이었다. 그런데 총독부는 이미 일본불교 조동종의 박문사 주지가 조선불교 총본산 박문사 설치인가 신청서를 접수한 상황이었고, 본산 주지들은 입을 맞추어 한국불교도의 독자적인 총본산 건설을 주장하고 법적인 문제까지 해결해 줄 것은 탄원키로 한 자리였다. 이 회의는 특별히 총독이 직접 참석하여 한국불교의 진흥책에 대하여 본산 주지들의 의견을 들었는데, 당시 불교계 월간지 『불교』 신2집(1937년 4월)에 「삼십일본산주지회동견문기」라는 제목으로 조선총독과 본산 주지들의 발언이 상세히 기록되어 전하고 있다. 총독과 학무국장, 사회교육과장의 일장 연설에 이어 첫 발언자인 용주사 주지 강대련 스님은 뜻밖에도 이렇게 엉뚱한 말을 했다.

---

107) 「教界消息」, 『佛教』 신2집(1937. 4), 58~59쪽.

현재로는 각 사찰의 사규문란이며 승풍이 문란하니 당국에서 충분한 지도가 있어야 합니다. 그리고 통제기관은 시기상조라 생각하오나, 그러나 총본산이라는 것을 건설하더라도 각 사찰과 계급 상하라는 것보다 다만 삼십일본산의 연락기관 정도가 좋을 듯하오. 그리고 우리들 자발적으로 하는 형식보다 관력으로 제정할 것이라고 신(信)합니다. 그러더라도 이의 관리하는 데 있어서는 각 본산에 승적을 둔 자라야 이에 관여케 하고 만약 승적이 없는 자는 관여케 하지 못할 것이라 생각합니다.[108]

이와 같이 강대련 스님은 한국불교도와 주요 본산 주지들의 뜻과는 전혀 다르게 한국불교 통제기관인 총본산의 건립은 시기상조이며 하더라도 각 본산의 연락기관 정도가 좋다고 총본산 건설에 찬물을 끼얹었다. 강대련 스님은 바로 일제강점기에 대표적인 친일승려로 이 친일 행위로 큰 망신을 당한 장본인이다. 1923년 청년불교도들이 조선불교유신회를 중심으로 사찰령 철폐운동을 전개할 때 이를 반대하다 등에 북을 지고 종로 거리를 걷는 '명고축출' 사건의 당사자였다. 그는 수십 년 동안 용주사 주지를 하며 일관되게 친일의 입장을 견지해 온 보수적인 본산 주지의 대변자였다.

이때 강대련의 말이 끝나자마자 "할喝!" 하는 소리가 났다. 마곡사 주지 만공 스님이었다. '할喝!'은 선사들이 진리를 표현하는 소리다.

---

108) 崔錦峯, 「三十一本山住持會同見聞記」, 『佛教』 신2집(1937. 4), 13쪽.

총독 앞에서 "할喝!"을 한 다음 이렇게 말했다.

조선불교를 진흥케 하여 세계불교를 진흥케 하는 데는 당국으로부터 최선의 지도를 바라며, 이 구체적 설명은 졸승拙僧이 오랫동안 산중山中에 은거하여 세정世情에 통하지 못하여 략略합니다.

이어서 당시 통도사 주지를 맡고 있던 경봉 스님도 한 마디 하였다.

지금에서 가장 포교가 필요한데 포교하는 데는 인물이 필요하니 이 인물이 필요한 현상에 처處하여는 통일된 기관에서 통제統制 있게 인물을 산출産出하여야 하는데 이에는 통제기관인 총본산이 절대로 필요하니 강력한 통제기관 설치가 무엇보다 긴급한 줄 압니다.

경봉 스님은 총본산 건설을 강력히 주장하였다. 이외에도 백양사 주지 만암 스님과 대흥사, 범어사, 패엽사 주지 등 대부분의 본산 주지스님들이 한국불교 총괄기관으로서 총본산 건립의 필요성을 강력히 주장하였다. 이것은 지암과 김상호 등 항일의식을 지낸 불자들이 몇 달 전부터 전국 주요 사찰을 다니며 일본불교계 인사들의 한국불교를 병합하려는 의도를 폭로하고 한국불교의 자주적인 총본산 건립의 필요성을 설득한 성과였다.

총독이 주재한 회의에서 대다수 본산 주지들이 총본산 건립의 필요성을 강조하는 의견을 표출하자 지암은 본산 주지들의 입장과 총독부

조계종의 산파 지암 이종욱

의 권위를 존중하는 중도적인 입장에서 이렇게 말하였다.

　당국에서 이와 같은 회좌을 개최하여 주신 데 감사드립니다. 진흥책에 대한 방법은 대단이 많으리라고 생각하오나 비유하여 말씀하건대 인체人體의 각 부분보다도 총체總體 중의 주체主體에다 착복着服할 것이라 합니다. 이와 같이 조선불교진흥책에 대하여도 사내寺內 총독께서 조선불교를 진흥키 위하시와 불교의 대학자 도변창渡邊彰이라는 학자로 하여금 조선불교와 각 삼십본말사를 정히 연구케 하시와 반포된 법령이 둘이 있습니다. 그 한 가지는 사찰령寺刹令과 시행규칙이옵고, 다른 하나는 즉 대내적으로 되어 있는 각 삼십본말사의 사법寺法이올시다. 이러하온 덕택으로 신정新政 이래로 조선불교는 많은 혜택을 입어 발전된 것은 사실이올시다.

　그러하오니 당국에서는 사찰령 기본정신에 입각하시와 조선불교 자신自身으로서의 발전을 도圖케 하시려는 지도를 바라오며 또한 조선불교가 타지방 불교보다 특이성을 가지고 있는 사실에 살피어 사찰령 당시부터 통제 있는 총본산이 있어서 통제하여 왔을 것 같으면 금일의 현상태보다 전연히 다른 대발전이 되었을 것을 명확히 알 것이올시다마는 그러하오나 금일일지라도 지만遲晩하지만은 총본산을 건설하야 통제하여 갈 것 같으면 운용도 용이할 것이요, 발전도 충분할 것이올시다. 만약 총본산이라는 통제기관이 없을 것 같으면 효과는 없을 것이올시다. 또한 총본산 건축에는 비용이 필요하오며 위선 십만 원으로서 해당한 건물을 세우고 차차로 실현되어 갈 것을 기하오며 중앙에다 총본산이라는 큰 기관을 설치하여 놓고 종교대학 졸업자여 전문학교 졸업자들이며 선학禪學에 조예 있는 이들을 회동하여 두어서 교학의 연구와 의식儀式의 정제整制 등을 도圖할 것이올시다. 그러고 우선 기지基地를 적당한 곳에 잡고 건물을 이어서 할 계획이 필요합니다.

지암의 발언 앞부분은 분명 총독부의 비위에 맞추는 말이다. 그는 뒤에 하고 싶은 말을 한 모양이다. 한국불교의 특성을 살려 총본산 건설이 필요하며, 건립비용과 방법까지 구체적인 대안을 제시하고 마무리했다. 그런데 마곡사 주지 만공 스님이 지암의 비위 맞추는 말이 거슬렸는지 일어나 정곡을 찌르는 말을 하였다.

일한 병합 이전에 우리 조선 사원 안에서 파계자에게는 뒤에 북을 울려 산문 밖으로 쫓아내어 우리 조선 승려들은 규모 있는 교단생활을 계승하여 불조의 혜명을 이어 왔습니다. 합병 이래로부터는 사찰령 등의 법령이 반포되고 또한 삼십일본말사의 사법寺法이 인가된 후로 소위 주지들 전단이 감행되자 승풍이 문란되었으니 곧 취처娶妻하는 승려와 음주식육을 공공연히 하는 것을 공인하게 되어 이때부터 조선승려들 전부가 파계승이 되고 말았습니다. 우리 불제자에게는 무엇보다도 부처님의 법령인 계율이 지엄하니 이 율법律法에 의준하여 삼천 년이라는 장구한 동안에 교법을 계승하여 왔는데 일본불교도의 공공연하게 파계하는 영향을 받아 조선불교 승려들은 전부가 파계승이 되어 버렸으니 나는 이 책임이 전부 당국에서 이같이 불철 저한 법령으로써 조선불교를 간섭한 데서 인유因由한 바라고 생각합 니다. 경經에 말씀하시기를 "한 비구로 하여금 파계케 한 죄악은 삼 아승지겁 동안 아비지옥을 간다" 하였사오니 이 같은 칠천 명 승려로 하여금 일시에 파계케 한 공功 이외에는 당국자에게 무슨 그리 대단 한 업적이 있습니까? 다른 분들은 조선불교의 지금의 상태와 같은 발전을 보게 된 것이 모두 사내寺內 총독 이래로 역대의 당국자의 선 도하신 공로라고 자자히 말씀하오나 당국에서 이왕 감독을 잘하신다 면 어찌 승려들의 행위와 같은 감독을 못하였을까요? 그러니 저 같 은 작죄作罪한 여러분들을 저 고취苦趣에 구해오는 데는 우리 삼십일 본산 주지 이하 일반 승려들이 지계持戒를 엄히 하여 수행하는 수밖에 없으며 이같이 하는 것이 조선불교의 대진흥책이라고 신信합니다. 그 리고 최후로 드릴 말씀은 당국에서 조선불교를 직접 간섭하시어 일 본 각 종교 이상으로 향상 발전케 하실 자신이 계시거든 잘 감독하시 어 주실 것이 가하고, 그렇지 못하시고 철저히 못하실진댄 우리들에 게 일임하여 주시오. 우리들에게 전임하시어 주신다면 우리가 합병 이전에 당하여 오든 압제와 더한 노예가 될지라도 우리들이 자제自制 하여 갈 것이올시다.

만공 스님은 일제 총독부에서 총독을 비롯한 관리들이 있는 자리에 서 지암을 비롯한 일부 스님들이 총독부의 공로를 찬탄하지만, 일제가 한국을 식민지화하고 총독부로 하여금 사찰령과 사법을 만들어 한국불교를 통제하여 왔으나 승려들의 계율 파괴로 승풍이 쇠퇴하는 것 이외에 무슨 공, 스님은 총독부에 한국불교는 한국불자들에게 스스로 책임지고 다스리게 일임하여 달라고 당부할 공로가 있느냐고 준엄히 비판하고 있다. 더 나아가 만공 스님은 총독부 관리들이 아비지옥에 갈 것이니 이를 구제할 길이 한국승려들이 지계와 수행을 열심히 할 도리밖에 없다고 힐난하고 있다.

만공 스님이 총독부에서 한 이 말은 부처님 법과 한국불교의 입장에서 한 직언이었다. 사실이 그랬다. 한국불교는 일제강점기 전에 계율을 지키며 청정한 수행 정신을 천 년 이상 지켜 왔다. 그러던 것이 총독부가 사찰령을 제정하여 관리하면서 일본불교의 대처승이라는 폐풍이 스며들어 다수의 승려들이 대처화 되어 가고 있었다. 이것은 불교의 미래를 위해 심각한 문제였다. 이 점에 대하여 만공 스님은 진심으로 총독부를 비판한 것이다.

지암도 이 점에 대해선 공감하는 입장이었다. 그러나 현실은 만공 스님과 같은 생각으로는 타개할 수가 없는 상황이었다. 이에 대하여 강석주 · 박경훈의 『불교근세백년』에는 이렇게 평하고 있다.

뒤에 나온 이야기지만 이때 이종욱 스님이 총독을 치켜세우고 당국자의 공로를 치하한 것은 전혀 본의가 아니었다 한다. 어떻게 해서든지 박문사의 흉계를 깨뜨리고 총본산을 세우기 위해서는 이 일에 앞장선 스님 자신이 총독부의 의심을 사지 않아야 했었다고 한다. 이종욱 스님은 아무리 하찮은 일도 독립운동 하던 과거의 행적과 사상에 연결지어 옭아매는 당국에 대한 위장으로 그러한 발언을 하지 않을 수가 없었다.

과연 그렇다. 일본불교로 병합을 막아내고 한국불교의 총본산 건설을 위해선 불가피하게 권한을 가진 총독부 인사의 환심을 사야 했다. 까닭에 지암은 이들로부터 인정받을 수 있는 찬사를 하지 않을 수 없었다.

어쨌든 이날 총독이 주재한 본산 주지회의에서 친일 입장의 강대련 스님을 제외한 대다수 본산 주지들은 한 목소리로 총본산 건설이 시급하다고 주장하였다. 특히 만공 스님의 총독부에 대한 비판은 주효하였던 것 같다. 이틀에 걸쳐 열린 회의 마지막에 총독부의 종교 주무 국장인 학무국장은 이와 같은 발언으로 마무리하였다.

통제기관 설치 요건에 대해서는 본산 주지 여러분과 동감합니다. 더 의논할 여지가 없으리라고 생각합니다. 총본산을 관이 직접 설치케 한다는 것은 할 수 없는 일이올시다. 종교라는 점에서 국법이 신교의 자유를 인허認許하고 있는 이상 관에서 종교 내정에 관여하게 된다는 것은 부득위不得爲한 일이올시다. 다만 조선불교에 대하여 재래까지 관이 감독한 편이 있는 것은 이 조선불교를 보호하여야 한다는 보호 의미에서 한 것이지 아무 다른 내용이 있는 것이 아니올시다. 그리고 조선 내에서도 종교의 자치를 인정하고 있으니 관에서도 다른 종교와 같이 조선불교도 조선불교도 자신들이 그 발전을 도圖할

　　것이라 하며 제위의 자치를 발양시킬 점에 있다고 생각합니다.

　　총독부 주무 국장의 본산 주지들의 의견을 존중하겠다는 발언은 상당히 의미심장한 말이었다. 이미 총독부는 일본불교 조동종의 박문사로부터 총본산 인가 신청을 받아 놓은 상태였기에 한국불교의 여론을 살폈는데 대다수의 입장이 하나로 모아져 일관되게 총본산의 자치적 운영을 주장하니 수용하지 않을 수 없다고 판단한 것으로 보인다.

　　이렇게 하여 마침내 총독으로부터 총본산 건설에 긍정적인 반응을 이끌어낸 주지들은 다음 날인 1937년 2월 28일 중앙교무원에서 31본산 주지회의를 정식으로 개최하고 회의를 주관할 임시의장을 선출한 바 지암은 16표(송광사 주지 임석진 2표, 범어사 주지 차상명 2표 등)라는 압도적인 표를 얻어 의장이 되어 이 역사적인 회의를 주재하였다.[109]

　　지암이 임시의장으로 주재한 1937년 봄의 이 본산 주지회의에서 총본산 건설에 관한 기본계획과 재정안을 결의하였다. 그 주요 내용을 정리하면 이렇다.

　　첫째, 한국불교선교양종 각 사찰을 통제하여 종정의 통일을 도圖하며 인법人法을 융통하여 한국불교의 흥륭과 교화사업의 철저를 기함을 목적으로 한국불교선교양종 총본산을 건설한다. 총본산 명칭은 '조선불교선교양종총본산각황사'로 하고, 위치는 경성부 수송정 44번지 교무원 기지로 하며 각황사는 매각하여 기지 확장비에 충당한다.

---

109) 「敎界消息」, 『佛敎』 신4집(1937. 6), 48쪽.

조계종의 산파 지암 이종욱

둘째, 총본산 건설비 및 유지기금은 건설비 10만 원, 유지기금 30만 원 도합 40만 원을 각 사찰에 부과한다.

셋째, 총본산 기구는 '조선불교선교양종총본산종무원'이라 한다. 본산에 종정 1인을 두고 종정 아래에 종무총장을 두어 각 부서장을 통리한다. 종정과 종무총장 그리고 부장의 피선거권은 태고법손太古法孫에 한한다.

넷째, 총본산 건설을 관장한 기구로 '총본산건설위원회'를 구성하여 건설 집행과 종법 인가 신청 수속을 담당토록 한다.

다섯째, 총본산 건설 탄원을 위해 몇 가지 방침을 세웠다. ① 일본부 회동시 구두로 탄원한다. ② 본산 주지회에서 위원을 정하여 탄원을 행한다. ③ 각 본산 주지 연서로 문서에 의한 탄원서를 제출한다.

이처럼 본산 주지회의는 한국불교총본산 건설에 관한 기본 계획을 결의하고 세밀한 내용까지 논의하여 결정하였다. 그것은 이렇다.

현 교무원 부지에 '각황사'라는 이름을 승계하여 순조선식 전통 목조건축물로 짓는다는 기본계획을 확정지었다. 서울 4대문 안에 한국불교 사찰로는 거의 유일하였던 1910년에 건립된 각황사는 일본사찰 양식이었다. 개화기에 승려의 도성출입금지가 해제되고 난 이후 처음으로 4대문 안에 한국불교 전국 사찰이 모연하여 건립한 대표 사찰이다. 이러한 의미의 각황사가 일본식 건축물 외양을 띠고 있어 뜻있는 불자들이 모두 탐탁지 않게 생각했기에 지암을 비롯한 삼십일본산 주지들은 한국불교의 총본산은 마땅히 한국 전통의 목조건물로 상징성이 있어야 한다고 생각하였다.

　　그리고 총본산 건설 재정은 일단 10만 원으로 예정하고 삼십일본산
에 분담키로 결의하였다. 이 건축비 분담안에 따르면 통도사(14,840
원), 해인사(11,834원), 범어사(10,033원)가 1만 원이 넘는 거액을 분담
하였다.

　　다음으로 총본산 기구에 관하여 총본산 대표를 '종정宗正'으로 정하
고, 종정 선거 방법은 종회에서 추천한 2인의 후보자를 각 본말사 주
지가 투표로 정하기로 하였으며, 종무총장과 각 부장의 임기는 3년으
로 정하였다.

　　그리고 총본산 건설을 집행하기 위하여 집행기관으로 고문 4인, 본
산 주지 대표 1인, 건설위원 5인을 두기로 하고 본산 주지회의에서 고
문에 강대련, 김구하, 김경산, 송만헌 스님을 추대하고, 31본산 주지

총본산 태고사(현 조계사 대웅전) 건축공사. 이 공사에 이용된 자재는 정읍의 보천교 십일전 건물을 구입
하여 사용하였다.

조계종의 산파 지암 이종욱

대표에 지암, 건설위원에 임석진, 차상명 등 5인을 만장일치로 선출하
였다.

여기에서 다시 지암은 총본산 건설 집행을 총괄하는 본산 주지 대표
에 선출되었다. 지암 주지 대표는 '종법인가 신청에 관한 건과 건설사
무에 관한 건'을 위임받아 사실상 총본산 건설을 관장하게 되었다.

지암 스님은 총본산 건설 31본산 주지 대표로 선출된 다음 날인
1937년 3월 6일 취임하여 다음 날인 7일에 바로 움직이기 시작했다.
전북 정읍에 있는 보천교普天敎 십일전十一殿이 웅장한데 해체하여 매각
한다는 소문을 듣고 확인하러 내려 간 것이다. 지암이 정읍으로 가서
직접 관찰한바 과연 소문처럼 순조선식 건축으로 장엄하였다. 그러나
일제는 민족종교 성향이 강한 보천교를 탄압 해체하는 과정에서 십일
전을 경매로 일본인 소유로 넘겨 버렸다. 그런데 그 일본인은 다른 일
본인에게 매각하려고 흥정을 하는 단계였다. 이런 정보를 듣고 지암은
출장에 동행하였던 임석진, 차상명 스님과 즉석에서 협의하여 매입하
기로 결정하고 중간에 사람을 넣어 그 다음 날 1만2천 원에 매매계약
을 체결하였다.[110]

이렇게 하여 지암은 건축기간 5년에 건축비 50만 원이 소요된 당시

---

110) 總本山建設事務所,「總本山建設에 關한 報告」,『佛敎』신20집(1940. 1), 30쪽 ; 안후상,「불교
　　　총본산 조계사 創建考」, 조계종 불학연구소,『조계사의 역사와 문화』학술세미나자료집,
　　　2000. 5. 8. 36쪽 참조.
111) 만해 한용운에 의하면, 당시 이 대웅전은 조선에서 최고 건물로 평가되었고, 이를 신축하자
　　　면 1백만 원이 소요될 것으로 추정하였다.
　　　卍海,「總本山創設에 對한 再認識」,『불교』신17집(1938. 11), 4쪽.

한국 국내 최고 건물 십일전의 구조와 목재를 그대로 활용하여 순조선식의 총본산 대웅전 건립을 확정지었다.[111]

그런데 지암을 비롯한 한국불교계의 총본산 건설 주역들이 민족주의적 성향이 강한 보천교의 건물을 매입하여 총본산의 상징 건물로 세우려 한 것은 남산에 건립된 일본 신사神社에 맞서 한국불교의 상징적인 대웅전을 세움으로써 한국불교의 자존심을 높이려는 뜻도 담겨 있었다.[112] 더구나 보천교는 일제의 탄압으로 강제 해체된 이후 다수의 간부와 교도들이 불교에 입문하였다고 한다. 특히 보천교의 2인자 김홍규의 자제 김탄허는 1936년경 오대산 한암 스님 문하에 출가하여 지암과도 인연이 있었다.

아울러 지암이 총본산을 세운 현 조계사 자리는 종로구 수송동 44번지로 1919년 3·1 운동 당시 '기미독립선언서'를 찍어낸 인쇄소 보성사普成社와 보성학교가 있던 곳이었다. 보성사는 천도교가 운영하던 인쇄소로 여기에서 독립선언서 3만5천 매가 비밀리에 인쇄되어 전국 방방곡곡으로 배포되었던 곳으로 민족사적 의미가 깊은 자리였다.[113] 이 보성학교와 보성사를 1927년에 조선불교중앙교무원에서 매입하여 교

---

112) 안후상, 「불교 총본산 조계사 創建考」, 조계종 불학연구소, 『조계사의 역사와 문화』 학술세미나자료집, 2000. 5. 8. 37쪽.
113) 송영수, 「3·1 운동과 보성사」, 『보성사기념 조형물 제막식』 자료집, 1999. 2. 27. 보성사는 3·1 운동 직후 일제의 방화로 추정되는 화재로 전소되었다. 그 후 1923년 한국불교계가 보성학교를 인수하여 운영할 때 이 부지의 소유권도 불교계가 갖게 되었고, 1927년 불교계는 보성학교를 혜화동 1번지로 신축 이전시킨 뒤 그 건물을 조선불교중앙교무원 사무실로 사용하고 있었다.

현 조계사 부지인 옛 보성학교 전경

무원 청사로 사용하다가 다시 보성학교를 혜화동으로 이전하고 명성학교가 들어 와서 같이 사용하고 있었다. 이 터에 있던 교무원과 명성학교는 옆에 있던 각황사(지금의 연합뉴스 부지)로 이전하고 여기에 십일전을 옮겨와 총본산 대웅전을 세우기로 하였다.

일제가 민족말살정책을 추진한 식민지 치하에서 한국불교계의 전통을 유지하고 교화의 영향력을 확대하려는 이러한 활동에 민족적 색채를 겉으로 드러낼 수는 없었다. 다만, 지암을 비롯한 총본산 건설 추진세력이 처음부터 일본식 건축양식을 고려하지 않고 한국의 전통건축물을 지향하였다는 점은 이들의 성향이 일제의 정책에 무조건 협력하려 한 것이 아니라 한국불교의 자주적인 전통을 유지하려는 방향을 견지하고 있었던 것이다.

그러나 지암은 총본산 건설과정에서 일제 당국에 각종 법적인가와 관련된 협조를 얻어야 했다. 보천교 십일전의 철거와 자재 이동 등 건축 허가뿐만 아니라 총본산 자체가 총독부의 허가 사항일뿐더러 '사찰령'과 '본말사법'을 개정해야 했다. 일제는 한국불교의 보호라는 미명 아래 '사찰령'과 '사찰령 시행규칙', 그리고 '31본말사법'으로 사찰의 신설 및 이전과 주지 인사, 재산 처분, 포교활동 권한 등 불교의 모든 활동을 규제하고 있었던 것이다. 까닭에 1937년 3월의 본산 주지회의에서도 본산 주지들은 연대 서명으로 총독에게 '사찰령과 사찰령 시행규칙의 개정'을 탄원하기도 하였다.

하지만 일제는 한국불교도들의 이러한 자주적인 총본산 건설운동에 겉으로는 수용하는 듯한 반응을 보였지만, 속앓이를 하고 있었던 것으로 보인다. 이 무렵 〈조선일보〉(1937년 3월 20일)에는 이런 기사가 났다.

지난 번 불교중앙교무원에서 개최되었던 삼십일본산 주지대회에서 결정한 불교중앙총본산은 조선 사찰령寺刹令을 전면적으로 개정하지 아니하면 총독부에서 허가할 수가 없으므로 총본산의 실현은 자못 의문 중에 싸여 있다.

이제 총독부로서 허가하기 어려운 내용의 일단을 듣건대 조선사찰령은

제일조 사찰을 병합, 이전 또는 폐지하려고 하는 때에는 조선총독의 허가를 얻을 일, 그 기지 또는 명칭을 변경하려 할 때에도 또한 같다.

제삼조 사찰의 본말本末 관계 승규僧規 법식法式 기타 필요한 사법寺

法은 각각 본사에서 이것을 정하여 조선총독의 허가를 받을 일.

이상의 사찰령 제일조와 제삼조에 저촉될 뿐 아니라 조선사찰령에는 사찰 신설에 대한 법문이 없으므로 총본산을 허가하자면 사찰령을 개정한 후가 아니면 절대로 될 수가 없는 터인즉 총독부로서 과연 사찰령까지 개정하여 가지고 허가할 필요가 있느냐는 것은 충분 연구 고려한 후가 아니면 결정할 수가 없다는 것이다. 그리고 총본산이 순조로이 창설되며 또한 유지하여 갈 수가 있을까가 총독부 학무당국의 관심을 갖는 문제로 이것의 실현에는 실로 일말의 암영暗影과 난색難色을 가지게 되었다.[114]

〈조선일보〉의 이 기사에 따르면 총독부 학무국의 입장이 한 달 전에 총독이 주재한 본산 주지회의 당시에 총독부가 밝혔던 총본산 건립 수용 의견에서 후퇴하여 '사찰령' 개정과 운영 능력을 문제 삼아 총본산이 불가할 듯한 태도를 보이고 있다.

지암은 총독부 당국자들의 이러한 부정적인 움직임에도 불구하고 총본산 건립을 신속히 추진하였다. 십일전 목재 인수 계약 10여 일 만인 3월 26일부터 철거를 시작하여 5월 5일에 십일전 해체를 마무리하고 화물차와 기차로 운반을 시작하여 2달 만인 5월 중순에 석재 및 목재를 서울 수송동 대웅전 부지로 다 옮겼다. 이와 동시에 총본산 대웅전 건물 설계에 착수하여 경기도의 허가를 얻은 다음, 7월 27일에 착

---

114) 「大本山 創設難 佛教 寺利令의 改正이 없으면 當局에서도 許可 不能」, 〈朝鮮日報〉 1937. 3. 20.

공하여 9월 3일에 주춧돌을 놓고, 10월 12일에 대들보를 상량하였다. 대웅전 공사는 일사천리로 진행되어 11월 26일에는 기와를 얹어 옮겨 세우는 이축移築공사를 완료하였다.

겨울을 넘기고 1938년 1월이 되자 지암은 대웅전에 모실 불상을 구하기 위해 대흥사 말사인 월출산 도갑사를 직접 방문하여 불상을 보고는 당해 사찰과 타협하여 총본산 대웅전 불상으로 봉안키로 하였다. 이어서 단청과 후불탱화를 조성하고 대웅전 바닥을 현대식 스팀 난방시설을 설치하여 공사가 끝난 때는 1938년 10월 10일이었다.[115]

그러나 이 총본산 불사는 애로가 많았다. 한국불교의 삼십일본산이 뜻을 모아 처음으로 대작불사를 추진한 것이 그 취지와 의미가 심대하였으나, 실제 삼십일본산이 약조한 10만 원의 납부도 지연되었다. 또한, 총본산의 위상을 높이기 위해 주변 한옥 세 채 대지 160평을 19,000원에 매입하는 등 비용도 추가되었다. 10만 원으로 예상했던 총본산 대웅전 불사비가 십일전의 재목을 싼 값에 매입하는 등 비용 절감을 여러 모로 신경을 썼으나 총비용이 185,675원에 달하여 초과된 재정의 확보도 큰 과제였다. 이에 지암은 각황사 부지를 처분한 대금 32,800원으로 부족한 경비를 충당하면서 각 본산의 약정금 납부를 독려하고 교무원 토지를 담보로 대출을 받아야 했다. 전해지는 총본산 건립보고서(總本山建設事務所, 「總本山建設에 關한 報告」, 『佛敎』 신20집, 1938년 5월)에 의하면, 건립불사가 막바지에 달하던 1938년 5월에 대부

---

115) 卍海, 「總本山創設에 對한 再認識」, 『불교』 신17집(1938. 11), 3~4쪽.

분의 본산이 건설비 분담금을 납부하였는데, 한국 불교도들에 의한 자주적인 총본산 건설에 부정적이었던 친일승 강대련이 주지로 있던 용주사는 분담금 2,981원을 1원도 내지 않고 있었다. 반면에 만주사변 이후 총독부가 전국 사찰에 요구한 각종 헌납금품 목록에는 용주사가 1,757원을 내어 삼십일본산 중 최고 액수를 낸 것으로 보아 친일승 강대련은 총본산 건설에 대단히 비협조적이었던 것이 확실하다.[116]

이에 지암은 부족한 재원 확보 대책을 세워야 했다. 교무원 소유 토지를 담보로 은행대출까지 받았으니 더 다른 방도가 없었다. 총본산 건립의 취지에 공감하는 본말사 주지들에게 자발적으로 기금 납부를 설득하는 수밖에 달리 길이 없었다. 지암은 그동안 총본산 건립 추진 경과 일지와 소요 경비 내역을 기록한 보고서를 작성하여 본산 주지회의에서 상세히 보고를 한 뒤에 추가로 소요될 경비 내역이 부족하니 자신이 주지로 있는 월정사에서 추가로 1만 원을 낼테니 다른 본산도 자발적 기부를 호소하였다. 지암의 이 진심어린 호소에 통도사와 범어사가 각각 1만 원을 내고, 송광사와 선암사가 3천 원을 내는 등 모두 44,250원의 자발적 기금을 확보하여 재정 문제를 타개하여 총본산 건설은 원만히 성취되었다.[117]

삼십일본산 주지회의에서 총본산 건립 결의를 한 지 1년 반 만에 한국불교에서 가장 큰 대웅전 건물이 완공된 것이다. 한국 전통건축 목

---

116) 「支那事變에 依한 各種獻納金品調」, 『불교』 신12집(1938. 5), 54쪽.
117) 「교무원 소식」, 『불교』 신12집(1938. 5), 51쪽.

재건물로 건평 235평에 연인원 6만5천 명, 총 공사비 18만여 원이 소
요된 일제강점기 한국불교계의 최대 건축불사였다.

당시 만해는 총본산 대웅전 준공을 보고 이렇게 평하고 있다.

> 조선불교 유사 이래 미증유未曾有의 단일 통제기관인 총본산이 창설
> 조선에 있어서의 목조건물로 실로 그 雙이 드물게 되었다. 그것
> 을 신축하자면 최소한도 백만 원을 초과치 아니하면 아니되었다하니
> 얼마나 훌륭한 집인가 그리하여 그 대웅전은 조선불교총본산의 대웅
> 전 되기에 과연 손색이 없는 형식을 갖추었다.[118]

드디어 1938년 10월 25일 지암을 비롯한 3백여 대중이 모여 감회
어린 총본산 대웅전 낙성봉불식이 거행되었다. 일제로부터 총본산에
대한 인가를 받은 것은 아니지만, 일제강점기 동안 최대의 숙원이었
던 명실상부한 한국불교의 통제기관을 서울 한 가운데 당대 최고의 건
물로 낙성하였다. 여러 역경과 어려움을 이겨내고 한국불교도의 단합
된 원력으로 마침내 수백 년 만에 다시 교단 재건의 기틀을 만들었다.
아직 해야 할 일이 많지만 한국불교도들의 자부심과 성취감이 가득하
였다.

그러나 지암에게 이 불사는 이제 총본산 대웅전이라는 건물을 세운
시작에 불과하였다. 그는 『불교시보』(1939년 1월)에서 이렇게 말하고

---

118) 卍海, 「總本山創設에 對한 再認識」, 『불교』 신17집(1938. 11), 4쪽.

있다.

현대 조선건축으로서는 精妙를 다한 것으로써 웅대함이 동양제일이라고 하여도 과언이 아닐 만큼 조선불교총본산의 佛殿으로서 상당하게 되었다.

그러나 殿堂은 훌륭하게 건축되었으나 총본산의 기구가 법적 공인을 얻기까지 각 본산의 합력이 중차대한지라 삼십일본산 주지 諸位 龍象大德과 칠천의 法侶는 조선불교의 明日의 장래를 위하여 그 중대한 사명을 반성하고 滅私奉公의 정신으로서 어디까지든지 화합 협력하여 조선불교 통제의 제일보를 전진하기 바라는 바이다. 吾人은 조선불교의 장래 발전은 총본산이 실현되고 아니 되는 데 있다고 믿으며 또는 조선불교의 운명도 역시 그러하다고 믿는 것이니 각위 험덕께서는 총본산의 실현을 위하여 우일층 더 노력해 주기를 충심으로서 갈망하는 바이다.

지암은 대웅전 건축에서 더 나아가 총본산이라는 조선불교의 통제기관을 만드는 것, 바로 한국불교의 교단을 재건하는 것으로 발전해 가야 한다는 것을 강조하고 있다. 그는 조선불교의 미래가 총본산이 되고 안 되고에 달려 있다고 하면서 조선불교 지도자들의 화합 협력을 호소하고 있었다.

이와 같이 지암은 총본산 건립을 통하여 조선왕조가 개국하면서 폐지된 불교교단의 재건을 꾀하였다. 수백 년 동안 스님들은 교단체제도 없이 도성출입이 금지되어 산중에서 겨우 목숨을 유지하고 생계에 허덕이면서 살아왔기에 지암이 제시하는 총본산 건립은 실로 험난한 길이 아닐 수 없었다.

하지만 이미 서울 4대문 안에 총본산의 법당을 세웠으니 절반은 성공한 셈이었다. 이제 남은 교단 합법화의 수순이 남아 있었던 것이다. 그러나 그 권한은 일제 총독부가 가지고 있었다.

조계종의 산파 지암 이종욱

7
조선불교조계종의 출범

一. 신심이 견고하여 사업상에 시작과 끝이 있는 자
一. 금전상에 과실이 없는 자
一. 역경계에 처하여 능히 인내할 자
一. 일과 이치에 명백 원융하여 대중의 마음을 기쁘게 하는 자
一. 불사 문중에 공로가 많되 오만하지 않는 자

· 종정 한암 스님이 지암을 지명할 당시 일제 총독부에 제시한 종무총장의 기준

총본산을 '태고사'라 하다

한국불교계를 대표하는 총본산 대웅전은 건립되었지만, 아직도 총본산의 사격寺格이 정해지지 못했고 일제로부터 법적 인가도 얻지 못했다. 총본산은 1937년 3월 31본산 주지회의에서 결의한 바와 같이 '조선불교선교양종朝鮮佛教禪教兩宗총본산각황사總本山覺皇寺'로 하는 것이 좋다는 의견이었다.

그러나 총본산 건설 사업을 총괄하였던 31본산 주지 대표 지암은 보다 신중하게 이 문제를 생각했다. 그는 만해가 제기한 '본산 주지 인사권과 재산관리권을 가진 총본산제' 즉, '고유한 조선사찰 중에서 상당한 역사와 상당한 사격과 상당한 존엄과 그 외 모든 점으로 보아서 조선불교의 최고기관이 될 만한 신앙적 대상'이 될 사격이 필요하다는 데 공감하고 있었다.[119]

1938년 10월 26일 대웅전 낙성식 다음 날 열린 본산 주지회의에서는 총본산 사격과 사명 문제는 총독부 당국의 인가 조치를 기다리되 이를 촉진할 임시기구를 구성하고 예산을 반영하는 것만 결의하였다.[120] 그러나 이러한 본산 주지들의 결정에 만해를 비롯한 논객들이 비판하기 시작하였다. 즉 총본산은 사찰령에 규정되어 있지 않은바 법적 인가를 얻을 필요도 없이 한국불교도들이 자율적으로 합의하여 시행하면 되는데 무엇 때문에 총독부의 눈치를 보느냐는 것이었다.

1939년에 들어서 총본산의 사격 문제는 더 구체적인 여론이 제기되어 '각황사'와 '태고사' 등 거론되기 시작했다. 당시 지암이 총본산 이름을 '태고사'라 정하게 된 배경을 석주 스님은 이렇게 증언한다.

그러나 기성 사찰 중에서 총본산으로 정할 경우, 그 사찰이 31본산 위에 군림한다고 생각해서 본산 주지들이 반대할 것이 분명하므로 이종욱 스님은 삼각산의 태고사를 이전하는 형식을 취하여 신축된 총본산을 태고사라 명명하였다.[121]

---

119) 姜昔珠・朴敬勛, 『佛敎近世百年』, 中央日報社, 1980, 171쪽 ; 卍海, 「朝鮮佛敎統制案」, 『佛敎』 신2집(1937. 4), 4~9쪽 참조.
120) 卍海, 「總本山創設에 對한 再認識」, 『불교』 신17집(1938. 11), 4쪽.

지암은 31본산 주지들과 협의하여 역사와 전통이 있는 태고 보우국사가 주석하였던 삼각산 태고사를 시내로 이전해 오는 형식을 빌어 총본산의 사명을 태고사라고 확정하고 1939년 5월 사명취득인가 신청을 총독부에 제출하게 되었다. 그러나 일제는 곧바로 인가해 주지 않다가 1940년 5월에 학무국장이 본산 주지 대표 지암을 초치하여 총본산 인가 문제가 최종 결재만 남겨 두었다고 암시한 뒤 7월에야 허가하였다.[122] 이렇게 하여 총본산의 사명은 태고사로 결정되고 일제 당국의 합법적인 인가까지 얻게 되어 사격 문제는 일단락되었다.

'조계종' 종명의 채택

그러나 총본산 건설이 본격화될 즈음에 교계 일각에서 한국불교의 종명宗名 문제가 제기되기 시작하였다. 즉, 당시 중앙불전 교수 김포광은 「조선불교의 종명宗名과 전등급종지傳燈及宗旨에 대하야」라는 글에서 "선교禪敎 양종이란 것은 선교 각종이 병렬하여 있을 때의 총칭이지 일개 교단의 종명은 아니다. 이것은 하루빨리 정정하는 것이 좋으며 오직 구산파에서 합류하여 내려온 조계선종曹溪禪宗이 분명하기에 조계선종이라고 하든지 약해서 조계종이라고 하는 것이 좋으리라"고 주장하였다.[123]

---

121) 강석주 · 박경훈, 『불교근세백년』, 민족사, 2001, 149쪽.
122) 『佛敎』 신25집(1940. 7), 45쪽.
123) 金包光, 「朝鮮佛敎의 宗名과 傳燈及宗旨에 對하야」, 『佛敎時報』 제29호(1937. 12), 1쪽.

　지암 또한 '조선불교선교양종'은 총독부가 정한 종명이므로 바꾸어야 하며, 종명을 새롭게 제정한다면 일본불교에 없는 종명으로 한국불교의 자주적인 종명이 필요하다고 생각하고 있었다. 다시 석주 스님의 증언을 보자.

> 　종명에 대해서도 '조선불교선교양종'은 어찌되었건 총독부가 정해 준 것이므로 바꾸어야겠다는 게 이종욱 스님의 생각이었다. 또 어차피 바꾸기로 한다면 일본불교에 없는 종명을 사용함으로써 일본불교와 분명하게 구별짓고 한국불교의 전통과 특색이 드러나야 한다고 생각했다.[124]

　석주 스님과 박경훈 거사의 이 증언에서 알 수 있듯이 지암은 총본산 건설과 종단 재건에서 한국불교의 전통과 특색을 드러내는 자주적인 입장을 확고히 견지하였다. 이것은 일부 친일문제 연구자들이 주장하는 것처럼 지암이 친일파로만 비판하기 어려운 근거가 된다.

　한편, 지암이 이처럼 일제 식민통치하에서도 종단 건설에서 자주적인 입장을 견지할 수 있었던 배경에는 총본산 건립을 계기로 불교도들이 한국불교의 전통을 자각하고 이를 자주적으로 계승하려는 의식으로 전환되고 있었다는 것을 말해 준다.[125]

---

124) 강석주·박경훈, 『불교근세백년』, 민족사, 2001, 149쪽.
125) 김광식, 「일제하 佛敎界의 總本山 建設運動과 曹溪宗」, 『韓國近代佛敎史硏究』, 民族社, 1996, 445쪽.

조계종의 산파 지암 이종욱

그러나 한국불교를 총괄할 총본산의 종명 문제는 쉽사리 결정할 사
안이 아니었다. 1910년에 이회광 스님이 중심이 되어 원종을 세울 때
에도 이 정체불명의 원종 종명에 반대하는 임제종 운동이 일어나 세상
을 떠들썩하게 한 파란이 있었기 때문이기도 했다. 까닭에 지암은 일
본에도 없고 중국에도 없으며 한국불교의 전통과 특색이 담긴 종명을
당대 불교사 분야에 최고의 권위를 가진 김영수·권상로·임석진과
같은 학승들에게 연구해 보도록 권하였다. 이렇게 하여 찾아낸 것이
'조계종'이라는 종명이다.

'조계曹溪'란 본래 중국 당나라시대 육조 혜능선사가 주석한 지명에
서 유래한다. 혜능선사는 '돈오頓悟사상'을 제창하여 조사선을 정립한
대선사로 문하에 많은 제자들이 선법을 전파하여 그 법맥이 중국에서
도 주류가 되었고, 우리나라에는 구산선문九山禪門으로 이어져 동아시
아에 큰 영향력을 끼친 인물이다. 우리나라의 구산선문은 통칭하여 조
계종이라 칭하는데 그것은 육조혜능의 법을 이었다는 뜻이다. 고려시
대 태고, 나옹, 환암, 무학대사 등을 조계종사曹溪宗師 또는 조계승曹溪僧
이라 칭했고, 조선조 무종산승無宗山僧시대에도 스스로 조계종사라 칭
하는 스님들이 있었다.[126]

지암은 당대 최고 학승들이 조계종이라 하자는 뜻을 존중하여 새로
만들어질 종단의 이름을 '조계종曹溪宗'이라 확정하였다.[127] 일제강점기

---

126) 김상영, 「일제강점기 불교계의 宗名 변화와 宗祖·法統 인식」, 조계종 불학연구소, 『불교근
　　대화의 전개와 성격』(조계종출판사, 2006) 참조.
127) 강석주·박경훈, 『불교근세백년』, 민족사, 2001, 150쪽.

에 채택된 조계종曹溪宗은 특정한 한 종파를 지칭하는 것이 아니고 구산선문 이래 선종을 통칭하는 의미를 담고 있었다. 한국불교를 대표하는 종명이 조계종으로 합의되었지만, 당시 일제는 아직도 총본산 문제를 비롯한 종명 문제를 합법적으로 인가해 주지 않고 있었다.

1940년 11월 28일 총독부 회의실에서 31본산 주지회의가 열렸는데 이 자리에서 선교양종의 종명을 조계종으로 개정하며 '조선불교총본산설립위원회'를 구성하기로 하고 위원장에 학무국장을, 부위원장에 사회교육과장과 이종욱, 그리고 위원에는 31본산 주지들로 구성되었다.[128] 이것은 종명은 한국불교도들이 원하는 조계종으로 바뀌었으나 총본산 설립은 일제 총독부가 직접 장악하여 추진하려 했다는 것을 의미한다. 처음 한국불교계의 자발적인 통일운동으로 출발한 총본산 건설운동이 1938년 10월 총본산 대웅전 낙성으로 일차적인 결실을 맺었으나 1940년대 들어 일제는 한국불교계를 좀더 직접적으로 장악하고자 총본산설립위원회를 총독부 관료가 직접 관장케 하였던 것이다.

1940년 12월 5일 '31본산 주지 대표자 월정사 주지 廣田鍾郁 외 31명의 명의로 신청한 總本寺太古寺法 制定의 件'이 1941년 4월 23일부로 총독부령 125호의 사찰령 시행세칙의 일부 개정에 근거한 '조선불교조계종총본사태고사법'이 인가되어 태고사가 조계종曹溪宗의 총본

---

128) 『佛敎時報』 제65호(1940. 12), 6쪽 ; 「朝鮮佛敎禪敎兩宗의 宗名 改正」, 『佛敎時報』 제66호
    (1941. 1. 10).

조계종의 산파 지암 이종욱

시總本寺로 '공인公認'되었다.[129] 이로써 1929년부터 추진한 한국불교의
총본산 건설운동은 합법적으로 완성된 것이다. 비록 일제강점기라는
악조건이었지만, 한국불교사적 의미로 볼 때 조선조 억불정책으로 선
교양종이 강제 해체된 이후 실로 수백 년 만에 한국불교의 교단이 합
법적으로 건립되었다는 것을 뜻한다.

지암을 비롯한 한국불교계의 대표자들은 조계종이라는 종명을 복원
하고 '조선불교조계종총본사태고사법'을 제정하여 일제의 인가를 얻
어 시행하였는데 이 법 제4조와 5조에 의하면 "본종은 태고 보우국사
를 종조宗祖로 하고, 보우국사의 법손法孫이 아니면 종문宗門을 상속相續
하지 못한다"[130]고 명시하여 한국불교의 독립성을 합법적으로 보장받
았다. 일제강점기 수십 년 만에 한국불교도들의 지속적인 염원과 활동
을 통하여 새로운 한국불교의 교단체계가 합법적인 형태로 확립되었
던 것이다.

이로써 개화기 이후 한국불교의 종명은 원종(圓宗, 1908~1912)과 임
제종(臨濟宗, 1911~1912), 선교양종(禪教兩宗, 1912~1940)을 거쳐 조선불
교조계종(曹溪宗, 1940~1945)으로 정립되었다.

그러나 이러한 역사적 의의에도 불구하고 '조선불교조계종'은 일제
의 통제를 받지 않을 수 없었다. 이것은 곧 1936년대 만해와 지암을 비
롯한 한국불교계의 지도자들이 일제와 일본불교로부터 한국불교를 지

---

129) 朝鮮佛教曹溪宗, 「宗報」, 『佛教』 신34집(1942. 3) 附錄, 1~2쪽.
130) 朝鮮佛教曹溪宗總本寺太古寺, 「朝鮮佛教曹溪宗總本寺太古寺法」, 『朝鮮佛教曹溪宗法及宗
　　令』, 1942.

켜내기 위한 방편으로 제기한 총본산 건설운동이 일제의 식민정책에 의하여 어느 정도 타협적인 방향으로 귀착되었다는 것을 의미한다.[131]

그렇지만 일제강점 말기의 악조건에서 한국불교는 전국 사찰을 총괄하는 총본사를 설립하였고 일본불교의 예속으로부터 벗어나 한국불교의 전통적인 종명을 복원하는 성과를 보여 주었다는 것은 부인할 수 없는 사실이다. 당시 불교계는 이러한 성과를 "조선불교의 획기적인 신기원의 역사를 장식" 또는 "조선불교의 개혁인 동시에 일대 창조"라고 평가하였다.[132]

조계종 종정에 한암 스님 추대

1941년 6월 5일 태고사에서 한국불교계는 '조선불교조계종총본사 태고사법'에 의거하여 조선불교조계종의 제1회 종회를 개최하여 처음으로 조계종 제1대 종정이자 태고사 주지를 선거한 결과 오대산 월정사 조실 한암선사가 19표를 얻어 압도적인 지지로 당선되었다.[133] 일제하 조계종의 초대 종정에 방한암이 당선된 데에는 방한암의 선禪 ·

---

131) 金光植, 「일제하 佛教界의 總本山 建設運動과 曹溪宗」, 『韓國近代佛教史研究』, 民族社, 1996, 452쪽.
132) 「卷頭言」, 『佛教』 신31집(1941. 12) ; 「社說 - 總本寺機構組織을 앞두고」, 『金剛杵』 제25호 (1941. 12) ; 金光植, 「일제하 佛教界의 總本山 建設運動과 曹溪宗」, 『韓國近代佛教史研究』, 民族社, 1996, 452쪽에서 재인용.
133) 「總本寺太古寺住持選擧會」, 『佛教時報』 제71호(1941. 6. 15), 4쪽.

교敎·율律에 정통한 한국불교를 대
표하는 수행자적 이미지가 주효하
였지만, 지암 스님의 지도력이 큰
영향력을 끼쳤다. 지암 이종욱 스
님은 1926년 당대의 고승 방한암을
오대산 상원사로 초빙하여 주석케
한 이후 월정사를 폐사의 위기로부
터 구해냈고, 더 나아가 1940년대
한국불교계의 위기 상황에서 다시
종정으로 추대함으로써 불교도들

초대 종정을 지낸 방한암 스님

의 정신적 중심을 세우고자 하였던 것이다.

지암 스님은 31본산 주지 대표로서 마곡사 주지 안향덕과 선학원 원
보산 이사와 함께 오대산 상원사를 방문하여 한암선사에게 종정 취임
을 권청하였고, 한암 스님은 몇 차례 고사하다가 산을 내려가지 않는
불출산不出山을 조건으로 종정 취임을 승낙하여 1941년 8월에 총독부
의 인가를 받았다.

조계종의 산파자 지암, 종무총장을 맡다

조계종의 종정이자 태고사 주지가 오대산에 머물게 되자 조계종 종
무는 종무총장이 실질적으로 총괄하게 되었는데, 한암 종정은 종무총

장(현재의 총무원장에 해당)에 지암 스님을 지명하였다.[134] 한암 종정 스님은 조계종을 실질적으로 이끌어 갈 종무총장의 자격 조건을 이렇게 제시하였다.[135]

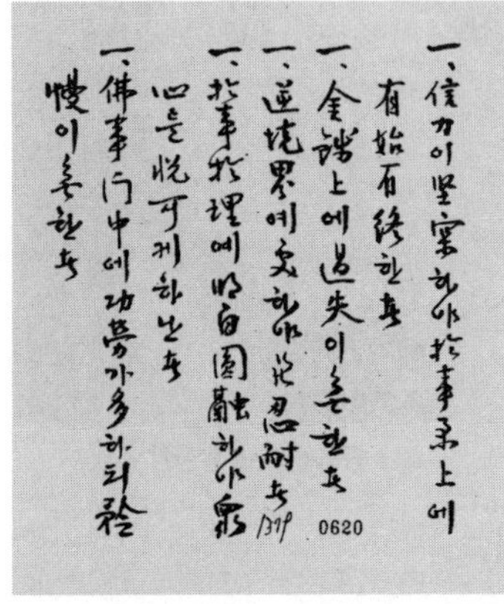

종무총장의 기준을 제시한 한암 스님의 친필

- 신심이 견고하여 사업상에 시작과 끝이 있는 자
- 금전상에 과실이 없는 자
- 역경계에 처하여 능히 인내할 자
- 일과 이치에 명백 원용하여 대중의 마음을 기쁘게 하는 자
- 불사 문중에 공로가 많되 오만하지 않는 자

한암 종정 스님은 이러한 다섯 가지 조건으로 조계종 종무총장 인선을 해야 한다고 제시하면서 이에 부합하는 인물로 지암 이종욱 스님을 지명하였다. 한암 종정이 종단을 이끌어 갈 총장의 5대 덕목은 매우 현실적이면서도 엄격한 기준이었다. 신심이 견고하고 사업을 잘 하면

---

134) 朝鮮佛教曹溪宗,「宗報」,『佛教』 신34집(1942. 3) 附錄, 2쪽.

135) 김광식 박사가 동국대 불교학자료실이 소장한 일제 총독부 문서를 검토하던 중 한암 종정의 종무총장 자격 조건에 대한 친필메모를 발견하였다. 김광식, 「조선불교조계종의 성립과 역사적 의의」, 『조선불교조계종의 창립과 주역 연구 - 조계사 창건 91주년 학술토론회』(2545. 10. 24)에서 처음으로 소개하였다. 위 메모는 한문으로 되어 있는바 필자가 한글로 풀어썼다.

조계종의 산파 지암 이종욱

서 금전적인 문제가 없어야 하며, 어떤 어려움을 만나더라도 인욕할 수 있어야 하고 사리에 밝아 대중을 원융 화합시키며, 문중에 공로가 많으면서 오만하지 않는 스님이어야 했다. 당대 최고의 고승 한암 종정은 이 5대 기준에 가장 적임자로 지암 스님을 지명하였던 것이다. 지암은 폐사 직전의 월정사를 살려 내어 중흥하였고, 31본산을 원융 화합시켜 총본산을 건립하였으며 이를 기반으로 수백 년 만에 처음으로 교단을 재건한 대공로자였다. 그러면서도 늘 하심하고 인욕하여 남과 큰 갈등을 빚지 않았다. 누가 보더라도 당시 조선불교조계종 종무총장에 지암 이종욱 스님이 적임자였던 것이다.

한편, 일제의 총독부도 조계종의 종무총장 인선을 고심하고 자체적인 기준을 갖고 있었던 것으로 보인다. 총독부의 기준은 이렇다.

> 태고사 종무총장, 삼부장 및 고문 전형 방침
> – 총본사 태고사 설립에 관한 특별한 공적이 현저한 자
> – 본사 주지직에 있는 자 또는 본사 주지의 경력이 있는 자
> – 전조선불교의 일원적 통제 기관 운용과 남북 균형을 보지할 자
> – 총본사 태고사의 재정 안정을 확실키 위해 잠정적 조치로 본사 주지의 직에 있는 자를 총본사 간부로 겸임케 함은 지장이 없으며
> – 본건 전형은 총본사 주지(한암 종정)의 의견을 존중함[136]

---

136) 김광식, 「조선불교조계종의 성립과 역사적 의의」, 16쪽 재인용.

　총독부는 총본산 설립에 공로가 있고, 통제할 능력을 갖춘 자 중에 한암 종정의 의견을 존중하여 종무총장과 삼부장의 인선을 하겠다는 복안이었다. 이에 부합하는 인물이 지암 스님이었다. 즉, 지암은 종정 한암 스님과 총독부가 제시한 종무총장 인선 기준에 가장 부합하는 스님이었던 것이다.

　이렇게 하여 일제강점 말기인 1941년 10월부터 조선불교조계종은 소위 이판승理判僧의 대표자로 오대산의 한암 스님이 종정宗正, 사판승事判僧의 대표로 역시 오대산의 지암이 종무총장宗務總長에 취임하여 한국불교의 교단을 이끌어 가는 시대를 열었다. 이로써 1936년 전후에 제기된 한국불교도들의 자주적인 총본산 건설운동은 일제 총독부와 어느 정도 타협적인 형태로나마 조선불교조계종이라는 한국불교의 독자적인 교단체제가 성립하게 되어 1945년 8·15 해방 때까지 존속하게 되었다.

　일제강점 말기에 개신교 교단의 경우 한국 교단이 일본 교단에 완전 예속되어 버렸지만, 한국불교계는 그러한 일본불교의 의도를 저지하고 독자적으로 존립하였을 뿐더러 총본산 형식의 발전적 지향을 보여 주었다는 것은 매우 주목할 일이 아닐 수 없다. 지암 이종욱 스님은 바로 일제강점 말기 이러한 총본산 건설운동과 조계종 재건의 주역[137]이 었던 것이다.

　당시 『불교시보』(1942년 2월호)에는 조계종 종무총장에 취임한 지암

---

137) 姜昔珠·朴敬勛, 『佛敎近世百年』, 中央日報社, 1980, 174쪽.

에 대한 인물평을 이렇게 하고 있다.

종무총장 광전종욱선사는 너무도 유명한 분이라 다시 소개할 것도
없습니다만 이 스님은 일찍이 불교의 경학을 마치고 강원도 오대산
월정사의 주지스님이 되어서 오대산 월정사를 복구하고 그리고 다시
총본산을 만들어 내신 조선불교의 큰 공적을 끼친 스님입니다.

지암, 한국불교 중흥의 초석을 놓다

지암은 한국 불자들이 꿈에도 그리던 교단을 재건하고 총본산을 건
립하여 한국불교의 중심을 세우는 데 성공한 뒤에 한암 종정의 지명으
로 종무총장에 취임하였다. 당시 조선불교조계종의 '종헌'에 의하면
조계종 종정이 총본사인 조계사(태고사) 주지를 겸직하게 되어 있었다.
그런데 종정 한암 스님은 오대산을 나가지 않겠다는 조건으로 종정직
을 수락하였으니, 사실상 종단의 많은 일을 종무총장인 지암이 해야
했다.

그렇다고 한암 스님이 종정 소임을 전혀 보지 않은 것은 아니다. 당
시 오대산에서 한암 스님을 시봉했던 스님들의 증언에 의하면, 한 달
에 한 번 이상 종단의 소임자들이 결재서류를 모아서 오대산 상원사로
가져와서 결재를 청하면 한암 종정은 밤새 서류를 검토하고 결재와 부
결을 표해서 다음 날 돌려주면서 그 이유를 꼼꼼히 설명해 주었다고

한다. [138]

지암은 종단을 재건하고 한암 종정의 지명을 받아 종무총장 소임에 취임하였지만, 오대산 월정사의 주지를 겸직하였다. 지암은 종정 한암 스님과 한 산중에 살았지만, 총장 소임을 맡고부터는 일 년 중 대부분을 서울 총본사인 조계사에서 거주하였다. 그래도 종단의 중요한 사안을 결정하기 전에 오대산으로 종정 한암 스님을 직접 찾아뵙고 지시를 받거나 의논을 한 뒤에 시행하였다. 지암은 서울에서 오대산으로 내려오면 가장 먼저 상원사로 한암 스님을 찾아뵙고 문안인사를 한 뒤에 본사 일을 봤다. 지암은 평소 한암 스님을 생불로 존경하고 따랐다. 종정 한암 스님은 지암의 안목과 능력을 높이 평가하고 존중하였다.

지암은 한국 불교도들이 수백 년 동안 서원하였던 교단 재건을 합법적으로 성취하고 교단의 행정체계와 집행력을 갖추는 데 혼신의 노력을 기울였다. 먼저, 지암은 '종회법'과 '승려법' 등 기본종법을 제정하여 종단의 대의기구를 제도화하고 종단 승적을 체계적으로 관리할 제도를 마련하는 한편, 각종 종령을 제정하여 발포하고 서무에 관한 제반 규정을 제정하였다. 이 규정에 의하면 본말사로 보내는 공문은 발신자를 종무총장으로 하였다. 이렇게 하여 수백 년 동안 무종산승시대라 불리던 교단 없이 본말사의 체계와 총독부가 통제하던 시대를 끝내고 조선불교조계종 총본사가 전국 본말사를 총괄하는 시대가 열린 것

---

138) 졸고, 「조선불교조계종의 주역 연구-종정과 종무총장을 중심으로」, 『조선불교조계종의 창립과 주역 연구 - 조계사 창건 91주년 학술토론회』(2545. 10. 24), 36쪽.

조계종의 산파 지암 이종욱

이다. 지암은 각종 법제를 체계화하면서 가장 먼저 스님들의 승적을 일제히 통일 정비하였다.

다음으로 지암은 조선불교조계종 총본사 조계사에서 전국 본말사의 토지를 종합적으로 관리할 수 있도록 조계종 총본사 토지대장을 만들었다. 1942년 1월 조선불교조계종 총본산 태고사 종무원에서 간행된 「조선불교조계종 종보」 제2호에 수록된 '종무일지'에 의하면 지암은 그

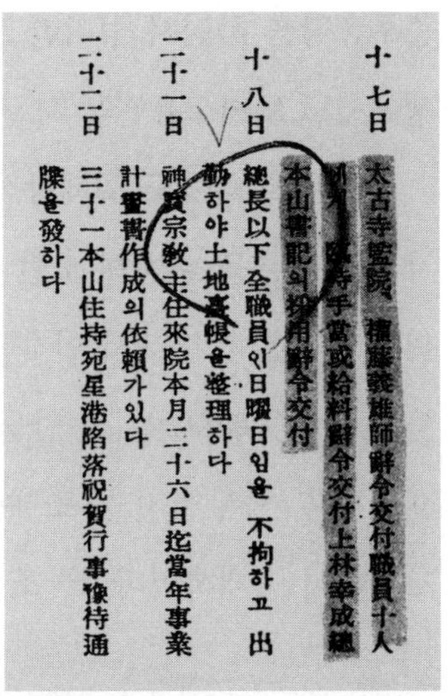

十七日
太古寺監院 權藤義雄師 辭令交付 職員十人
以外 諸寺 手當或給料辭令交付 上林幸成總務
十八日
本山書記의 採用辭令交付
總長以下 全職員이 日曜日임을 不拘하고 出勤하야 土地臺帳을 整理하다
二十一日
神貫宗教主 住來院 本月二十六日迄 當年事業 計畫舊作成의 依賴가 있다
二十二日
三十一本山住持宛 星港陷落 祝賀行事 豫待通牒을 發하다

1월 18일, 총장 이하 전 직원이 일요일임에도 불구하고 출근하여 토지대장을 정리하다(「불교」, 「종무일지」).

누구보다도 삼보정재로서의 사찰 토지의 소중함을 잘 알고 있었다. 이미 월정사에서 두 차례나 토지를 잃어버릴 위기에서 재산을 지켰기 때문이다. 이에 지암은 교단이 재건되어 총본사의 행정력을 갖추면서 바로 전국 본말사의 토지현황을 파악하여 토지대장을 만들어 나갔다. 당시 전국 31개 본사와 1천여 개 가까운 말사가 소속되어 있었으나 천 년 이상 전해 내려온 토지현황을 교단을 재건하고 중앙에서 종합 정리한 것은 이것이 처음 있는 일이었다.

이를 통하여 지암은 전국 31본사와 말사의 토지현황을 한눈에 파악할 수 있게 되었으며, 전국 본말사의 토지관리를 효율적으로 할 수 있는 체계를 갖추게 되었다. 이러한 성과는 해방 이후에도 계승되어 한국전쟁과 정화를 거치며 많은 토지가 유실될 염려가 있었으나 지암이

종무총장을 하면서 정리한 토지대장이 잘 보존되어 왔기에 수많은 분
쟁에서도 토지소유권을 지킬 수 있는 근거가 되었다.[139]

지암은 이외에도 일제강점기에 만해가 발행에 관여하였고, 한국불
자들의 여론을 대변해 오던 월간『불교』지가 재정난으로 편찬이 어려
워지자 이를 종단에서 인수하여 기관지로 간행하면서 부록으로「조선
불교조계종 종보宗報」를 만들어 종단의 각종 방침과 공문, 주지 인사,
재산처분, 종무일지 등 조계종 총본사 종무원의 종책과 정보를 상세히
기록하여 공개하였다.[140] 조계종 종보는 1942년 2월에 간행된『불교』
지에 부록으로 실려 간행되기 시작했다. 당시로는 획기적인 이「조
선불교조계종 종보宗報」에는 총본사 종무원의 활동 내용이 상세히
기록 공개되었는데, 예를 들어 지암 종무총장이 언제 무슨 일로 총
독부를 다녀왔다는 것에서부터 어떤 행사에 참석한 것과 개인적인
용무로 지방을 다녀온 기록까지 상세히 게재되어 있다.

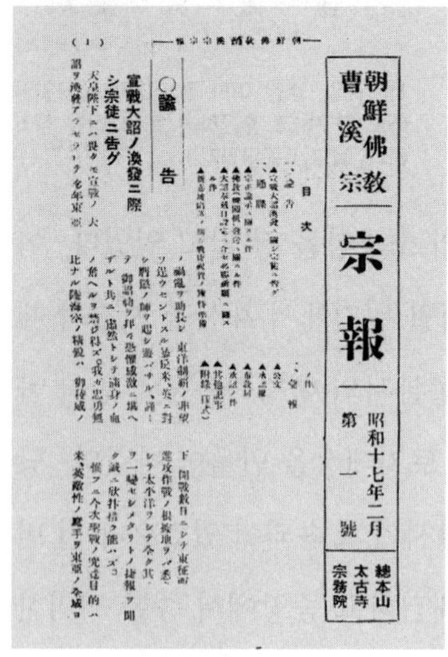

조선불교조계종 종보

---

139) 실제 조계종 총무원에서 2000년 전후 전국 본말사 토지를 전산화하기 이전까지만 해도 일제
　　강점기 지암이 종무총장을 하면서 만들어 놓은『조계종 본말사 토지대장』이 가장 확실하고
　　합법적인 근거로 인정되었다.
140)『佛敎』신33집(1942. 2) 참조.

조계종의 산파 지암 이종욱

이것은 지암이 평소 소임자는 공심으로 살아야 한다는 신념과 일치한다. 지암은 월정사에서 일을 할 때부터 자신이 공적으로 하는 대소사를 대중들에게 알리고 또한, 대중의 뜻을 물어 결정하고 시행하였다. 출장을 갈 때에도 공적인 일은 공금에서 집행하고 사적인 일은 개인 용돈을 사용할 정도로 공과 사를 철저하게 구분하여 일하였다. 까닭에 지암은 항시 금전적인 문제가 투명하였고, 대중들로부터 신뢰를 받았다. 지암은 종단을 재건하면서 이와 같은 공심으로 종무총장 소임을 수행하였기에 종단의 모든 활동을 종도대중에게 공개하여 신뢰 받는 종단 운영의 기반을 만들어 갔다.

8_ 일제강점 말기 지암의 친일과 항일

9_ 8·15 광복과 한국전쟁기

8

일제강점 말기 지암의 친일과 항일

> "해방 前年인 즉 甲申年 三月에 나는 비밀리에 姜泰東, 劉錫鉉 등
> 제 同志와 연락하여 파고다공원 뒤 松竹園(料亭)에서 密會하여 …
> '미군이 제주도에 상륙하거든 국내 청년 約 五百名을 무장동원시
> 켜 敵 日本軍과 交戰하자'는 계획을 수립하고 나는 財政調達을 責
> 任지고 暗中活躍하다가 그만 解放을 맞고 말았다."
>
> · 〈동아일보〉(1958년 3월 1일자), 지암의 「국내 三一運動의 回顧」
>
> "이종욱이 독립운동의 수단으로 친일을 했다는 것은 그야말로 민
> 족적 비극이 아닐 수 없다."
>
> · 친일 연구자 임종국의 「실록 친일파」(돌베개, 1991)에서

지암은 꿈에도 그리던 조선 불자들의 숙원인 교단 재건을 성취하여 한암 스님을 종정으로 추대하고 종무총장에 지명 받아 실질적으로 종단을 책임지고 운영해 나갔다. 그는 일제 식민통치 아래 일본불교에 맞서고 기독교의 선교에 경쟁하기 위해 합법적인 교단 재건에 몸을 던져 성취하였다. 이것은 조선왕조의 억불숭유정책이 시행된 이래 처음으로 합법적인 불교교단 재건이니 그 의의가 지대하다.

그러나 일제의 입장에서 볼 때 조선불교의 독자적인 교단 재건을 수용한 것은 식민지 통치체제에도 불리할 것이 없다는 판단이었기 때문이다. 즉, 조선불교도의 염원인 교단 재건을 마냥 억누를 수 없는바 어

느 정도는 수용하면서 미국과의 태평양전쟁에 인적, 물적 전시동원체
제를 강화하는 수단으로도 도움이 되겠다는 판단이었다. 물론 조선불
교를 일본불교의 교단에 합병시켜 그 통제 아래 두는 것도 좋은 방법
이었지만, 현실적으로 일본불교에도 여러 종파가 있었고 조선불교도
들이 독자적인 교단을 강력히 원하고 그런 역량을 입증한 상황에서는
한걸음 물러설 수밖에 없었다.

이와 같은 조선불교 총본산 건설과 조계종의 재건은 조선 불교도의
염원과 일제의 식민지전략이 타협한 산물이다. 지암은 조선불교 총본
산 주지 대표로서 조선 불자의 염원을 모아 대변하는 한편, 일제 총독
부의 억압을 절충하여 교단 재건을 성취하여야 했다. 이 과정에서 지
암은 총독부를 수시로 드나들면서 관리들과 회의를 하고 의견을 조율
해야 했다.

무릇 상대가 있는 모든 일이 원만히 성사되려면 자신의 입장만큼이
나 상대의 입장을 존중하고 어느 정도는 수용해야 한다. 일제 식민통
치 아래에서 '사찰령'을 제정하여 사찰의 주지 인사권은 물론 재산 처
분권, 포교권 등을 장악하고 있던 총독부의 협조 없이는 총본산 건설
은 물론 교단 재건은 불가능한 일이 아닐 수 없었다.

이런 현실을 누구보다 잘 알고 있던 지암은 조선 불자들의 총의를
모아 총본산 건설운동을 추진하는 한편, 일제 총독부의 정책에 협력하
지 않을 수 없었다. 지암의 이러한 일제 협력 행적에 대하여 당대에도
그렇고 후대에 비판이 적지 않다. 지암은 조선 승려를 대표하여 1919
년 한성임시정부 수립에 참여하였고, 곧바로 상해로 건너가 임시정부

조계종의 산파 지암 이종욱

에 동참하여 연통제 총책임자가 되었으며, 또한 지금의 국회의원격인 의정원의원까지 지낸 입장에서 일제에 협력이라는 치욕의 의미를 모를 리가 없었다. 그러나 지암은 자기 한몸 '친일'이라는 욕을 먹더라도 조선불교도를 결속시켜 나갈 교단 재건이 성취된다면 그로써 족하다고 생각했던 것이다.

일제강점 말기 기독교계의 동향

조선불교도들이 단결하여 총본산 건설운동을 본격화하고 있던 1937년에 마침 일제는 중국과 전쟁에 돌입하였다. 중일전쟁의 시작으로 조선총독부는 식민지 조선의 모든 역량을 전시체제로 전환하였다. 이것은 종교계도 예외가 아니었다. 일제는 항일운동가들에 대한 탄압과 감시는 강화하는 한편 친일 단체를 조직하거나 종교계를 압박하여 전쟁에 협력하도록 강요하였다.

일제 총독부는 3·1 만세운동에서 천도교와 함께 주도적인 역할을 하였던 기독교에 대하여 특별 대책을 수립하였는데 그것이 바로 1938년 2월에 '기독교에 대한 지도대책'과 1940년 '기독교에 대한 지도방침'이다. '지도방침'의 주요 대목은 이렇다.

물심양면에 걸친 조선 기독교의 구미 의존관계를 금절하여 일본적 기독교로 순화갱생하게 할 것

1. 물질적 방면에 대한 지도

① 외국인 선교사회가 경영하는 교육기관 기타 각종 사회사업
을 점차 접수할 것

② 외지 전도국에 대한 재정적 의존관계를 차단하고 내선 기독
교에 의한 재정의 자립을 촉진시킬 것

2. 정신적 방면에 대한 지도

(……)

⑥ 신사참배의 철저

1) 일반 민중의 신사참배에는 교도도 반드시 참배하게 할 것

2) 기독교계 경영 학교 직원 생도는 일반 학교와 마찬가지로
신사에 참배하게 할 것

(……)

⑨ 국체와 아울러 시국인식의 철저를 위하여 강연회 좌담회 등
을 개최할 것

⑩ 각파를 국민정신총동원연맹에 가맹하게 할 것[141]

총독부의 기독교에 대한 방침을 보면, 일제가 서구 열강의 후원을
받고 있는 기독교에 대하여 특별히 신경 쓰고 있음을 알 수가 있는데
총독부는 기독교계를 서구의 지원을 단절시켜 일본적 기독교로 전환
하는 것이 목표였던 것으로 판단된다.

----

141) 김승태, 「기독교계의 일제잔재 청산문제」, 정운현 김삼웅, 『친일파 Ⅲ』, 학민사, 1993, 72~74쪽.

조계종의 산파 지암 이종욱

일제의 이러한 지침은 실제로 관철되었는데, 1938년 9월에 열린 장로회 총회에서 총독부의 강압으로 신사참배를 결의한 것을 계기로 일제에 협력의 길로 선회하였다. 그 이후 "공식적인 기독교 단체는, 정도의 차이는 있었지만, 거의 모두가 부일적 성격을 띠었다."[142] 왜냐하면 일제에 협력하지 않는 단체는 강제 해산조치를 당했기 때문이다.

일제강점기 개신교계의 대표적인 교단인 장로교의 일제 협력 활동을 보면, 1937년 중일전쟁 발발 이후 1940년 8월까지 장로교의 기록에는 전승축하회 604회, 무운장구 기도회 8,953회, 국방헌금 15,803원, 유기 308점, 시국강연회 1,355회, 위문 181회였다. 1941년에는 '조선장로교 애국기 헌납 기성회'가 조직되어 모금을 시작하였는데 1942년 2월에 '육해군에 비행기 1대와 육전기관총 7정'의 대금으로 15만여 원을 냈으며, 그 해 6월에는 '육군환자용 자동차 2대'의 기금으로 2만3천여 원을 조선군사령부에 냈다고 한다.[143]

감리교의 경우 더 적극적이었는데, 1944년 3월에 열린 교단 상임위원회에서는 경성, 제물포, 해주, 평양, 원산, 강릉 등지에 있는 34개의 교회를 폐쇄하고 그 재산을 처분하여 비행기 3대의 헌납 기금으로 바칠 것을 결의했다.

일제강점 말기에 총독부는 조선 개신교 교단을 일본 개신교 교단과 단체 산하로 예속시켰다가 급기야 모든 조선 개신교 교단을 일본 개신

---

142) 김승태, 「기독교계의 일제잔재 청산문제」, 75쪽.
143) 김승태, 「친일인명사전에 수록된 개신교 지도자들」, 『기독교사상』 2011. 8. 36쪽.

교 교단으로 통폐합시켰다. 1943년 조선 장로교는 일본 기독교 조선 장로교단이 되었고, 감리교는 일본 기독교 조선 감리교단으로 편제되었다. 패망 직전인 1945년 7월에 이르러 전 조선 기독교 교단은 일본 기독교 조선교단으로 통폐합 예속되고 말았다.[144] 한편, YMCA, YWCA도 국제기구에 가입되어 있었으나 국제연맹에서 탈퇴하여 일본 산하기구로 가입하였다.[145]

일제는 기독교의 이러한 교단 차원의 일본 기독교로의 예속과 더불어 기독교계 지도자들을 친일 시국 강연회나 어용단체 조직원으로 가입케 하였다. 1937년에 열린 시국 순회강연회에는 신흥우, 윤치호, 박희도, 박마리아, 김활란과 같은 저명한 기독교 지도자들이 동원되었고, 이들은 친일 논설과 임전보국단과 같은 어용단체에도 활동을 강요당했다.

일제강점 말기 천주교의 동향

조선 후기에 모진 박해를 받으며 이 땅에 전해진 천주교는 일제강점 때인 1910년에 신자 수가 73,517명으로 당시 조선 인구가 1천3백만 명이니 0.5% 정도로 극소수에 지나지 않았다.[146] 그러나 270여 명의

---

144) 김승태, 「친일인명사전에 수록된 개신교 지도자들」, 『기독교사상』 2011. 8. 38쪽.

145) 김승태, 「기독교계의 일제잔재 청산문제」, 75쪽.

146) 김재득, 「일제의 종교정책과 가톨릭교회」, 가톨릭대, 『한국 근현대 100년 속의 가톨릭교회 심포지엄 자료집』, 2003, 8쪽.

다양한 국적의 서양의 외국인 선교사들이 활발하게 선교활동을 펼치고 있었고, 가톨릭은 전 세계적으로 로마 교황청의 지시를 받아 활동하여 일제는 무시할 수가 없었다.

로마 교황 비오 11세(1922~1939 재위)는 당시 가톨릭교회의 이익을 위해 이탈리아의 뭇솔리니 파시스트정권과 독일의 히틀러 나치정권을 인정하고 축복기도를 올린다. 또한 로마 교황은 일제의 조선 강점에 대해서도 인정하고 협력하라는 방침이었다. 더구나, 교황 비오 11세는 1922년 4월에 사이토 총독과 그 부인에게 성 실베스텔 훈장까지 수여했다.[147]

이러한 배경에서 교황은 1936년 5월 로마 교황청 포교성 훈령을 발표하여 신사참배를 애국적 행사로 규정하고 참배를 허용한다. 이에 조선 가톨릭교회는 그동안 신사 참배 불가 입장에서 전환하여 일제에 협력하기 시작했다.

조선총독 중 가장 악랄한 통치자로 평가되는 미나미 지로南次郎 총독 시기(1936~1942)에 일제는 가톨릭의 일본 천주교교단을 인가하고 동경 대주교가 일본 가톨릭을 총괄하여 식민지 가톨릭까지 관장하도록 압력을 가했다. 아울러 일제는 가톨릭교회를 압박하여 조선인 신부의 창씨개명, 황군위문, 시국강연회, 국방헌금 모금에 적극 동참하도록 하였다. 한편, 일제는 협력적인 노기남[148] 신부의 경성교구장 임명에 동

---

147) 『뮈텔주교 일기』, 1922. 4. 23일자.
148) 노기남 신부는 일제강점 말기에 가톨릭의 교정을 책임진 최초의 한국인 신부다. 창씨명 岡本鐵治을 쓰는 등 가톨릭의 대표적인 친일인사로 비판받고 있다. 1942년 1월에 경성교구장(현

의하면서도 광주교구와 대구교구에 일본인 신부가 교구장이 되도록 하였다. 경성교구장 노기남 주교는 가톨릭을 대표하여 일제에 협력하였다. 자료에 의하면 가톨릭은 1944년 2월부터 4월까지 전개된 '미영 격멸 비행기 2백대 헌납운동'은 놀랍게도 2백48대분 2,481만 원의 헌금이 만들어졌다고 한다.[149]

불교계의 일제 협력

일제강점 말기에 불교계도 친일 협력을 강요당하는 것은 마찬가지였다. 이 과정에 지암은 조선불교 총본산 건설을 위한 31본산 주지 대표와 총본산 건설 이후 조선불교조계종 종무총장 소임자로서 피할 수 없는 악역을 맡아야 했다. 특히 일제 식민통치 아래에서 조선불교의 독자적이고 합법적인 교단을 인정받기 위해선 추진 주체의 총독부 신임이 관건이라 할 상황에서 지암은 적극적인 일제 협력이 필요하였다.

총본산 조계사의 불사가 한창 진행되고 있던 1937년 7월에 중일전쟁이 본격화되자 총독부가 조선신궁에서 개최한 '국위선양무운장구기

서울대교구장)에 취임하여 그 해 11월에 한국인으로는 최초로 주교로 임명되어 1967년 은퇴할 때까지 25년간 주교직을 수행한다. 광복 이후에도 교구장직을 그대로 유지했다. 김유철, 「깨물지 못한 혀」, 『기독교사상』 2011. 8. 46~55쪽.

149) 『경향』 1944년 5월호에 게재된 것을 김유철의 「깨물지 못한 혀」에서 재인용하였다. 1945년 일제가 항복할 당시 조선 인구는 2500만이며, 가톨릭 신자 수는 18만 명 신자비율은 0.7%였다. 김재득, 「일제의 종교정책과 가톨릭교회」, 15쪽.

원제'에 지암은 조선불교 31본산 주지 대표로 참석하였다. 8월에는 총독부의 지시로 일본제국무운장구 기원법요 및 시국대응강연회를 개운사를 비롯하여 전국 사찰과 포교당에서 일제히 거행하도록 중앙교무원 명의의 공문을 시달하였다. 8월 6일에는 부민관에서 중앙교무원이 주최한 불교계 시국대응강연회가 열렸는데 여기에서 31본산 주지 대표 자격으로 지암은 총독부 관리들과 협의하여 사실상 이 강연회를 기획하였으며, 사회까지 보았다.[150]

특히 1937년 11월 2일에는 중앙교무원 주최로 '북중국황군위문'을 위한 31본산 주지회의가 열려 임시의장에 지암이 선출되어 황군위문을 '일치가결' 하고 위문금은 6천 원 정도로 하고 위문사 3인을 선출한 뒤 단체로 신사를 참배하였다. 이후 불교계 자료를 보면 '출동부대 환송', '신사 참배' 등의 친일행사에 지암 이종욱은 31본산 주지 대표 또는 교무원 서무이사 등 불교계의 대표 자격으로 수시로 참석한 기록이 있다.

한편, 지암은 일제강점 말기로 갈수록 교계 이외에 친일단체에 불교계 대표로 참여한 기록도 보인다. 1938년 7월 『불교佛敎』지 부록「교무원소식」에 "본원을 대표하여 국민정신총동원조선연맹 창립총회 출석 동 보고제 참례차 조선신궁 참석"[151] 하였다.

지암이 총독부의 정책에 본격적으로 협력하기 시작한 것은 1937년

---

150) 「敎界消息」, 『佛敎』 제8호(1937. 10), 45~50쪽.
151) 「敎界消息」, 『佛敎』 제15호(1938. 7), 40쪽.

2월 총본산 건설운동이 본격화되기 시작할 무렵이다. 이때 그는 총본산 건설 31본산 주지 대표로 선출되어 총본산 건설 총책임자로 활동하고 있었다. 총본산 건설은 일제 총독부의 협력 없이는 성취될 수 없는 불사였다. 지암은 조선불교계의 숙원인 총본산 건설을 위해 총독부의 정책에 적극 협력하는 태도를 보여 주었다. 이러한 과정을 통하여 1938년 10월 25일에 드디어 조선불교 총본산 대웅전이 준공되었으나 오전에 3백여 명이 참석한 '준공봉불식'을 간소하게 하고 오후에는 4천여 명이 참석하여 '전사장병위령제'를 성대히 거행해야 했다.[152]

　그러나 이와 같은 불교계의 일제 협력 활동은 당시 일제 총독부가 조사한 시국 관계 전체 집회에 비추어 볼 때 종교단체는 집회수와 인원은 가장 적은 편이었다.

【 시국 관계 집회표(1937. 7~1938. 12) 】

종 별	관공서	애국단체	종교단체	기타	계
강연회	16,648	2,050	561	1,691	20,950
	3,417,977	653,465	86,345	464,753	4,631,540
기원제	14,035	2,061	3,520	2,264	21,880
	4,979,114	924,920	274,888	361,069	6,539,991
기 타	26,215	2,902	794	5,172	35,083
	5,902,924	1,047,064	62,579	791,906	7,804,473
계	56,898	7,013	4,875	9,127	77,913
	14,300,015	2,625,449	432,812	1,517,728	18,976,004

(위: 회수, 아래: 인원)

출처: 김봉우 역, 『일제식민통치비사』, 청아출판사, 1989, 113쪽.

---

152) 「教界消息」, 『佛教』 제18호(1938. 11), 34쪽.

또한, 일제 협력을 위한 헌금 활동에서도 불교계는 기독교에 비해 건수와 금액에서 상당히 미약하였다.

【 시국 관계 헌금 조사표(1937. 7~1938. 12) 】

종 별		건 수	금 액
군사후원연맹가입단체		20,129	804,379
종 교	신　　　도	1,357	10,953
	불　　　교	1,298	29,769
	기　독　교	6,268	39,674
	유사종교단체	1,329	27,044
학 교 관	공　　　립	26,600	174,971
	사　　　립	4,812	32,572
기타단체		55,014	1,284,147

출처: 김봉우 역, 『일제식민통치비사』, 청아출판사, 1989, 114쪽.

조선불교조계종과 일제 협력

또한 총본산 준공 이후 1941년 조선불교조계종이 창립되고 이어 종회에서 선출된 한암 종정에 의하여 종무총장에 지명된 지암은 조계종단을 대표하여 더욱 공식적인 친일활동을 요청받았다. 특히 한암 종정이 오대산에 주석하여 산문 밖으로 나오지 않았기에 종무총장은 실질적으로 종단을 대표하여 각종 대내외 행사에 참석해야 했다. 나아가 종단차원에서 종회의 결의에 의거하여 본말사에 공문을 시달하여 장병 위문금과 군수물자 수집에 동참할 것을 요청하기도 하였다.

당시 불교계가 일제의 정책에 어떻게 협력했는지 그 단적인 사례가 일제 총독부의 기관지였던 〈매일신보〉(1943년 5월 25일자)에 실려 있다.

오늘 20만 반도 불교도는 적극의 압박이 중대함을 통렬히 느끼고 금속류 회수운동에 발맞추어 범종과 동제품의 헌납에 힘 있게 궐기하였다. 부내 총본산 태고사에서는 얼마 전에 전 조선 각지에 있는 말사를 비롯하여 포교당에 결전에 싸워 이기기 위하여서는 동제품을 군부에 헌납하여야 한다는 통찰을 띄우고 금속품 회수운동에 적극적으로 협력할 것을 강조하였던 바 벌써 각지에서는 신도의 정성으로 된 그 헌납식이 진행되었는데, 이날 육군에 헌납된 것은 태고사에 있는 2천6백근의 범종을 비롯하여 봉은사 안양암의 8백근 범종, 수종사 5백근 범종, 백련사 4백50근 범종과 봉원사, 봉국사 등의 적은 범종 12개와 신도들이 거출한 1,245점의 동과 유기제품이다. 그런데 이날 식이 끝난 후 헌납품을 가득히 실은 화물자동차 3대는 안국정으로 나와 총독부 앞 광화문 종로3가 등을 두루 돌아 시내 행진을 하고 조선국 애국부로 향하였다.

1944년 7월 사이판의 일본군이 전멸하는 등 태평양전쟁에서 패퇴를 거듭하자 일제의 식민지 동원체제는 극에 달하였다. 총독부는 조선의 모든 기업, 단체, 종교를 불문하고 전쟁물자를 수집하였는데 불교계도 여기에 호응하지 않을 수 없었다.

이미 1937년 중일전쟁 때부터 친일 기업가와 유지들은 비행기 헌납운동을 대대적으로 벌이고 있었다. 경북 영덕의 유명한 친일 사업가

문명기는 혼자서 10만 원을 내어 비행기 2대를 헌납하면서 비행기 100 대 헌납을 선동하였다. 이리하여 전국의 친일 유지와 재산가들은 비행 기 헌납운동이 일어났다. 그 후 경기도 5대, 경남 30대, 경북 26대, 전 북 20대, 전남 15대가 헌납되는 등 친일의 광풍이 불고 있었다.[153]

　이런 분위기에 더하여 일제가 태평양 전쟁을 일으킨 1940년대에는 식민지 조선에 대한 수탈이 가속화되었다. 조선불교조계종「종보」제 2호(1942년 2월)에 종무총장 '廣田鍾郁' 명의로 '군용기 헌납에 관한 건'이라는 보고서에 따르면, 애국기 헌납운동이 예정 기한 한 달 전에 목표액을 훨씬 돌파하여 전투기 한 대의 대금 5만3천 원과 국방헌금 526원을 조선군사령부에서 '애국기 조선불교호' 헌납식을 거행했다고 하였다. 이것은 1941년 11월에 열린 조계종 제2회 종회에서 결의한 결과를 집행한 것이다. 이후 묘향산 보현사와 양산 통도사에서 비행기 한 대씩 헌납하자 지암은 1944년 4월에 조선불교조계종은「종보」(1944 년 5월)에 각 본사 주지 앞으로 보내는 '애국기 헌납운동에 관한 건' 제 호의 공문을 통해서 "애국기(가칭 제2조선불교호) 한 대 헌납" 목표를 제 시하며 기금 모금을 독려한 결과, 총본사인 태고사 1만 원, 해인사 7,639원, 유점사 6,061원, 범어사 5,324원, 통도사 5,019원, 월정사 3,854원 등등 이 갹출되어 종무총장을 비롯하여 삼 부장은 경성 주재 해군 무관부를 방문하여 이 8만 원을 헌납하였다.[154]

---

153) 임종국,『일제침략과 친일파』, 청사, 204쪽.
154)『朝鮮佛敎曹溪宗報』제32호(1944. 9).

지암의 친일 문제

일제강점기 전반부에 눈부신 항일운동을 했던 지암이 3년간 감옥살이 후 월정사 위기를 해결하는 과정에 사찰과 교단 활동에 뛰어들어 마침내 조선불교도의 숙원이었던 총본산 건설을 성사시켜 조선불교조계종을 재건하고 종정 한암 스님의 지시로 종무총장을 맡아 사실상 종단을 책임지고 나갔다. 이 과정에서 지암은 종단의 책임자로 일제에 협력하지 않을 수 없었다.

1937년도에 총본산 건설위원회 31본산 주지 대표인 지암은 『불교』지의 「교무원 소식」에서 일지 형식으로 모든 행적을 기록하고 있는데 이에 대하여 조계종 불학연구소에서 조사 분석한 자료집에 의하면 다음과 같은 통계가 나왔다.

【 1937년도(『불교』지) 지암 이종욱의 총독부 방문 집계표 】

성 격	회 수	비 고
종 무	13	
친일행사	5	
복 합	1	종무 + 친일
회 의	1	
미 상	2	
합 계	22	1937년도

출처: 조계종 불학연구소, 『지암 이종욱 스님 조사보고서 자료집』, 1998, 11쪽.

일제는 중일전쟁 도발 이후 식민지 조선을 전시 수탈체제를 강화하면서 모든 종교와 단체들을 준군사동원체제로 개편하였다. 이 과정에서 31본산 주지 대표를 맡고 있던 지암은 여러 관변 단체에 불교계를 대표하여 참가해야 했다. 1940년 10월 국민총력연맹 참사 및 사무국 문화부 연락위원, 1941년 9월에는 조선임전보국단 임전대책협의회 채권가두유격대 종로4가 대원이 되어 거리에서 채권을 팔아야 했고, 1944년에는 국민동원총진회 이사, 1945년 6월에는 조선언론보국회 이사의 기록도 보인다.[155]

더구나 지암은 1938년 31본산 주지 대표를 맡은 이후 1942년 조계종 종무총장에 취임하여 광복 때까지 적지 않은 글을 남겼다.

1938년부터 광복 때까지 『불교』와 『불교시보』에 지암 명의의 글은 모두 20편으로 파악된다. 31본사 주지 대표 또는 종무총장 직함으로 나온 '신년사'가 8편, 『불교시보』 창간기념 축사 3편, 종무총장 취임사 2편, 종정 유시 관련 종무총장 기고문 1편, '만주불교대회' 보고서 1편, 임시종회 종무총장 개회사 1편, 승려연성회 훈시 1편 등이며, 시국 관련 친일 성격의 글이 3편이다.[156]

1940년 1월 『불교시보』에 31본산 주지 대표로 '조선불교도의 새로운 각오'라는 제목의 글에서 지암은 교단의 합법적인 인가를 위해 조선불교도들이 단결할 것을 호소하고 있다.

금년 중에는 총본산의 기구가 실현될 것으로 믿고 있는 바이며 또

---

155) 총독부 기관지 〈매일신보〉 1944. 9. 25 ; 1945. 6. 9 참조.
156) 대한불교조계종 교육원 불학연구소, 『독립유공자 지암 이종욱 스님 조사보고서 자료집』 1998.

【 「불교」·「불교시보」 지암 이종욱 명의 글 집계표 】

일 시	제 목	성 격
1938. 1	약진조선과 불교의 발전	31본산 주지 대표 신년사
1938. 8	창간 3주년 축사, 불교시보는 조선불교의 안목	31본산 주지 대표 축사
1939. 1	총본산의 실현과 조선불교의 장래	31본산 주지 대표 신년사
1939. 8	창간 4주년 축사, 불교시보는 조선불교의 경종	31본산 주지 대표 축사
1940. 1	조선불교도의 새로운 각오	31본산 주지 대표 신년사
1941. 1	조선불교의 발전과 총본사에 대한 희망	31본산 주지 대표 신년사
1941. 11	종무총장 취임예사	조계종 종무총장 취임사초
1941. 12	종무총장 취임사	조계종 종무총장 취임 인사초
1942. 1	연두의 감사	종무총장 신년사
1942. 2	종정유시를 봉하야	종무총장 종정유시 지침
1942. 5	조계종 임시종회 개회사 초 '戰捷의 春'	임시종회 종무총장 개회사초
1942. 7	징병제실시의 영을 예대하고	종무총장 친일시사문
1942. 8	暗夜의 燈明	종무총장 불교시보 창간 축사
1942. 11	만주불교대회를 보고-在滿鮮系 불교에 한하야	종무총장 보고강연초
1942. 12	皆兵主義	종무총장 친일시사문
1943. 1	年頭感	종무총장 신년사
1943. 1	聖戰必勝과 佛日增輝	종무총장 신년사
1943. 8	징병제 실시에 대하여 劍禪一如에 透徹을 바라노라	종무총장 강연초
1944. 1	연두감	종무총장 신년사
1944. 11	조계종 중견승려연성회 훈시	종무총장 승려연성회 훈시초

출처: 조계종 불학연구소, 「지암 이종욱 스님 조사보고서 자료집」, 1998, 12쪽.

는 어떻게 하든지 우리가 실현시키지 않으면 아니 될 것이니까. 제산 법려의 대덕이 신년에 새로운 각오를 가지고 전철을 밟지 않도록 힘써 주심을 바라는 바입니다. 현시 전시체제 하에 있어서 전 국가적으로 일억일심의 단결을 부르짖고 있는 이 해에 우리 법려가 교계 발전을 위하여 일치단결이 없다면 이게 될 말입니까? 우리 법려가 일치

조계종의 산파 지암 이종욱

단결하고 和衷협력하여 통제기관을 확립시키고 그 밑에서 인재융통을 하여 흥학포교를 잘해야 이것이 국가를 위한 신앙보국이 되는 줄로 믿습니다. 그런즉 靑邱(조선) 법려 대덕은 신년에 새로운 각오를 가져 주시기를 바라는 바이다.

이 글에서 31본산 주지 대표 지암은 "총본산 기구 어떻게 하든지 우리가 실현시키지 않으면 아니 될 것이니까"라는 강력한 표현으로 교단 재건에 대한 자신의 의지를 강력히 밝히고 있는 것을 볼 수가 있다. 그러니만큼 지암은 총본산 인가를 위해서 조선불교도의 단결과 동시에 일제 총독부 당국과 원만한 관계 유지가 매우 중요하다는 인식을 하고 있었다. 이것이 지암의 일제 협력의 명분이자 동기였다.

1941년 12월에 일본이 진주만을 기습 공격하여 미국에 선전포고를 하자 조선불교조계종 종정 한암 스님은 '宣戰大詔의 환발에 제하야 宗徒에게 고함'이라는 종정 유시를 선포했다. 이에 종무총장 지암은 『불교』(1942년 2월)에 '종정 유시를 봉하야'라는 제목으로 다음과 같은 요지의 일제 협력을 촉구하는 글을 썼다.

去年 12월 12일 종정예하께옵서 '宣戰大詔의 환발에 제하야 종도에게 고함'이란 유시를 선포하심에 대해서 全鮮종도에 이미 통달하였거니와 종도일반은 大詔御旨를 深體하고 종정유시를 銘○하여 위로 황은에 보답하고 아래로 출정장병에 노고를 위하자는 의미에서 다음의 실천요목을 본산 주지宛으로 지시한 바도 있지마는 더욱 그

실시실행에 철저하기를 바라는 바이다.

- 저축실행의 적극화

- 필승 기도법회의 개최

- 민중사상선도의 적극화

- 근로보국의 실행

- 시국에 순응할 시설의 급속실현

이 밖에도 지암은 1942년 3월 25일 열린 조계종 임시종회에서 개회사를 하였는데, 그 요지가 『불교』(1942년 5월)에 '戰捷의 春'이라는 제목으로 게재되어 있다. 지암은 종회에서 일제의 전쟁 협력을 촉구하는 "국가를 先位로 삼고 불타정신이 육화하도록 종단 관념 종단 지도원리를 세워야 한다"고 강조하고 전쟁 물자가 부족하니 "佛要具의 금속물에서 특히 예술 가치나, 급긴한 것이 아닌 한 국방헌납을 실행하기를 바라는 결의안"을 제출하였다.

또한, 1942년 일제가 식민지 청년들을 군인으로 징발하기 위해 징병제를 조선까지 확대하자 지암은 종무총장 이름으로 『불교』(1942년 7월)에 '징병제 실시의 榮을 譽戴하고'라는 친일의 의미심장한 글을 쓰기도 했다.

지암은 또한 일제강점 말기 창씨개명을 하였는데 법명 종욱 앞에 출생지 '광정리'에서 따온 '광전廣田'을 앞에 붙여 '광전종욱廣田鍾郁'이라 하였다. [157)

이렇듯 일제강점 말기 지암의 일제 협력은 부인할 수 없는 사실이

조계종의 산파 지암 이종욱

다. 이에 근거하여 『친일불교론』(민족사)에서 그를 일제강점기 최고의
친일파로 비판하고 있다.

이종욱은 친일행적으로 조선불교계의 제1급 친일기수가 되었을
뿐 아니라 자신이 종권을 장악한 조선불교계 전체를 친일로 전락시
키는 반민족적 행동을 저지른 것이다.[158]

1919년 무렵 그가 항일운동을 한 것은 사실이지만 그는 끝까지 지
조를 지키지 못하고 1920년대 중반에 변절하여 선항일 후친일의 전
형적인 변절자에 해당하는 이종욱, 일제하의 조선불교계를 '왜색불
교' '황도불교'로 몰아넣으며 일제의 황민화정책에 전적으로 협력하
였던 화려한 친일업적을 자랑하는 불교계 제1급, 아니 초특급 친일
파였던 이종욱[159]

이종욱의 친일은 조선불교계 친일의 하이라이트라고 할 수 있는데
그의 친일행적과 조선불교 조계종의 성립 그리고 종명의 제정과 그
존속 여부 등은 재고되어야 하지 않을까 생각한다. 그것은 현 조계종
이 일제 당국에 의해 만들어졌기 때문이다.[160]

임혜봉에 의해 전면화된 친일파 이종욱의 주된 근거는 상해임시정

---

157) 「各本寺住持 創氏改名」, 『佛敎』 제24호(1940. 6), 26쪽. 참고로 당시 31본산 주지는 모두 창
씨를 하였다.
158) 임혜봉, 『친일불교론(하권)』, 민족사, 1993, 482쪽.
159) 임혜봉, 『친일불교론(하권)』, 민족사, 1993, 501쪽.
160) 임혜봉, 『친일불교론(하권)』, 민족사, 1993, 485쪽.

부 당시 항일운동은 인정하면서 출옥 이후 월정사 부채 문제와 총본산 건설운동과 조계종 창립 과정 일체를 변절자의 종권야욕에 기인한 친일행위로 보고 조계종 창립도 일제의 성과로 비판하고 있다. 이러한 비판은 이후 일반 친일문제 연구자들에 의해 그대로 수용되면서 지암은 불교계의 대표적인 친일인사로 인식되고 있으며, 일제강점기 조계종 창립도 반민족적 성과로 비추어지게 하였다.

그러나 나는 지암을 친일파로만 비판하는 것에 동의할 수가 없다. 지암은 일제강점기의 많은 친일파들처럼 자신의 출세나 부귀영화를 위한 행위는 찾아볼 수가 없다. 그는 조선불교도의 오랜 염원이 총본산 건설과 교단 재건을 위해 위법망구爲法忘軀의 정신으로 스스로 31본산 주지 대표와 종무총장을 맡아 오욕을 감수한 것이다. 이것은 바로 자신의 성불이 목전에 이르렀으나 일체 중생이 다 성불할 때까지 자신의 성불을 늦추고 중생의 괴로움을 덜어주기 위해 정진하는 대승보살행과 다름 아니다.

즉, 지암은 일제강점기에 합법적인 종단 건설을 통해 민족의 전통사상과 문화를 수호하기 위해 온갖 비난을 감수하고 스스로 친일행위를 하고자 한 것이다. 그는 내면에 누구보다도 투철한 항일 의지가 있었기 때문에 위장친일을 통하여 일제 총독부 관리들의 신임을 얻어 조선불교도들의 염원을 실천한 것이다.

지암이 친일 비판의 집중적인 표적이 되고 있는 총독부 출입 기록도 내용을 살펴보면 친일 협력보다는 총본산 건설과 조계종 인가 관련 출입 기록이 훨씬 많다.

【 1937~1944년(『불교』·『불교시보』) 지암 이종욱의 총독부 출입 기록 집계표 】

성 격	회 수	비 고
종 무	23(18)	( )은 총본산(조계사) 및 조계종 건립 관련
친일행사 협의	7	
미 상	13	내용을 알 수 없는 출입 기록
합 계	43	1937년도

출처: 조계종 불학연구소, 『지암 이종욱 스님 조사보고서 자료집』, 1998, 24쪽.

또한 지암이 총본산 건설 31본산 주지 대표를 계기로 교계 중앙 무대에 본격적인 활동을 시작한 1937년에서 광복 직전인 1944년 12월까지 『불교』와 『불교시보』에 나온 기록을 종합적으로 분석한 바 총 340건이 집계되었다. 그 중에서 총본산 건설 등 종단 재건 활동 관련 건이 242건(71%)으로 가장 많고, 친일 협력건이 76건(22%)으로 분류되었다.

아래 도표에서 알 수 있는 바와 같이 지암의 친일 협력은 개인적인

【 1937~1944년(『불교』·『불교시보』) 지암 이종욱 기록 집계표 】

성 격		회 수		비 고
종 무 활 동	중앙종무 (194)	일반 종무	123	회의, 공문, 법회, 출장, 인허가
		총본산 건설사업	71	
	월정사		28	월정사 주지
	친일행사 (76)	행사 참여	64	본산 주지 대표, 종무총장 등 직책상 협력
		행사 협의차 방문	7	
		의례적 인사	4	
		강연	1	
	글 게시(20)		20	
미 상 사 무 기 타	사안 미기재		13	총독부 방문
			4	개인 사유
			5	소임 광고 게재
합 계			340	

출처: 조계종 불학연구소, 『지암 이종욱 스님 조사보고서 자료집』, 1998, 23쪽.

사유는 전혀 없으며, 단지 총본산 건설과 조계종 인가 관련되어 일제 총독부에 협력하지 않으면 안 되는 상황에서 소임자로서 협력하는 것에 국한된 것임을 확인할 수가 있다.

이와 같이 객관적인 자료에 기초하여 보았을 때에도 지암은 개인적인 사리사욕으로 친일을 한 것이 아니라 불교계 대표로서 소임상 친일 활동으로 보아야 할 것이다. 더구나 일제강점 말기 함께 항일운동을 했던 독립운동가들과 불교계 스님들의 다양한 증언에 의하면 지암은 친일파가 아니라 항일을 위해 위장 친일을 한 것이라는 주장도 있다.

친일파 연구로 일생을 바친 임종국은 그의 저서 『실록 친일파』에서 지암의 친일과 항일운동을 이렇게 기록하고 있다.

이종욱 강원도 평창 출신이다. 오대산 월정사 주지로 그의 친일행적은 실은 특이한 것이었다.

그는 한성정부가 수립될 때 13도 대표로 참가했다. 대동단사건과 김상옥사건 관련자로 갑종 요시찰이던 그는 3·1 운동 후 한때 상해 임정에도 관계했다. 이런 이종욱이 총독부와 접촉을 시작한 것은 폐사의 위기에 처한 월정사 사채정리 업무를 맡으면서였다. 홍보룡 주지시대의 포교당 건축비 채무가 은행빚 11만 원으로 늘어나자 월정사는 이종욱을 주지로 선임함으로써 해결책을 강구하려 하였다. 하지만 이종욱은 요시찰인이라 주지인가를 받을 수 없었고, 그래서 사채정리 총무위원을 맡았다. 총독부는 이종욱을 회유하기 위해서 동척의 특별대부로 월정사를 폐사의 위기에서 소생하게 했던 것이다.

이 과정에서 총독부 출입이 시작된 이종욱은 뒤미처 그들로부터 월정사 주지 취임의 인가를 받았다.

… (중략) …

그런데 이종욱의 이러한 적극 친일이 실은 독립운동을 은폐하기 위한 위장이었다고 한다. 해방 후 밝혀진 바인데, 이종욱은 적극 친일을 하는 한편 임정과 계속 연락을 가지면서 군자금을 밀송하곤 했다고 한다. 태평양전쟁이 막바지에 이른 1944년 3월에 이종욱은 강태동姜泰東, 김현국金鉉國, 유석현劉錫鉉, 이응진李應辰 등과 함께 항일무력봉기를 계획하였다. 강석주姜昔珠의『불교근세백년』제65화에서 그 자세한 내용을 옮기면 다음과 같다.

그때 일본군의 후방을 교란하기 위해서 게릴라활동을 전개하기로 하고 자금조달의 책임을 스님(이종욱)이 맡고 유석현 씨는 무기 구입의 책임을 맡았었다. 그리고 1945년 9월 18일을 거사일로 잡았다. 이 일자는 이범석李範奭 장군이 이끄는 광복군이 본토에 상륙하기로 한 시기와 일치한다. 계획을 세운 스님은 곧 월정사와 묘향사, 석왕사 등을 돌면서 자금을 조달하는 한편, 김재호金載浩, 김시현金始顯, 김찬金燦 등 동지들을 중국 국민정부와 우리 광복군에 밀파하여 무기반입을 교섭하도록 하였다.

이 계획은 일본이 예상보다 빨리 항복함으로써 실천에 옮겨지지 않았으나 우리 독립운동사에 남을 큰 모의였다. 이러한 사실은 광복 후 임정요인이 돌아옴으로써 밝혀졌지만, 나는 일찍이 선학원에 발을 들여놓은 어린 시절부터 임정에 몸을 담은 유석현 씨에게서 들었다.

임정요인 유석현 씨는 아직 건재중이다. 이종욱이 독립운동의 수단으로 친일을 했다는 것은 그야말로 민족적 비극이 아닐 수 없다.[161]

친일파 연구의 대표적인 학자인 임종국의 이러한 기술은 강석주 스님과 유석현의 증언에 근거한 것이다. 석주 스님은 일제강점기에 총독부의 통치를 거부하기 위해 비구선승들이 결사한 선학원으로 출가하여 광복 이후 불교개혁운동과 정화운동에 참가하여 대한불교조계종 총무원장을 세 번이나 역임한 큰스님이었다. 유석현은 일제강점기 독립운동을 하였고, 광복 이후 항일운동가들의 단체인 광복회 회장을 역임한 독립운동가이다.

이제 친일파연구의 태두인 임종국이 말한 "이종욱이 독립운동의 수단으로 친일을 했다는 것은 그야말로 민족적 비극이 아닐 수 없다"고 판단한 근거를 구체적으로 살펴보자.

일제강점 말기 지암의 항일비밀결사 참여

불교계에서는 지암이 일제강점 말기까지 겉으로는 친일하는 척했지만, 속으로는 민족독립운동을 멈추지 않았다는 다양한 증언과 기록이 있다. 이제 그 기록을 살펴보자.

---

161) 임종국, 『실록 친일파』, 돌베개, 1991, 297~300쪽.

조계종의 산파 지암 이종욱

　　지암이 일제강점 말기까지 항일운동의 입장을 견지하였다는 증언은 불자들에게 조계종의 원로였던 석주 스님과 동국역경원의 산증인인 박경훈 거사의 공저 『불교근세백년』에서 「불교계의 항일투쟁」 편에 기록되어 있다.

　　이종욱 스님은 총독부에 적극적으로 협조하면서도 한편으로는 계속해서 임정과 연락을 갖고 독립운동 자금을 모아 밀송하고, 국내의 동지들과 회동하면서 태평양전쟁이 막바지에 다다른 1944년 3월에는 姜泰東・劉錫鉉・李應辰・金鉉國 씨 등과 함께 군사봉기를 계획했다.

　　그때 일본군의 후방을 교란하기 위해서 게릴라활동을 전개하기로 하고 자금조달의 책임을 스님이 맡고 유석현 씨는 무기 구입의 책임을 맡았었다. 그리고 1945년 9월 18일을 거사일로 잡았다. 이 일자는 이범석 장군이 이끄는 광복군이 본토에 상륙하기로 한 시기와 일치한다. 계획을 세운 스님은 곧 월정사와 묘향사 석왕사 등을 돌면서 자금을 조달하는 한편, 김재호・김시현・김찬 등 동지들을 중국 국민정부와 우리 광복군에 밀파하여 무기반입을 교섭하도록 했다.

　　이 계획은 실천에 옮겨지지 않았으나 우리 독립운동사에 남은 큰 모의였다. 이러한 사실은 광복 후 임정요인이 돌아옴으로써 밝혀졌다.[162]

---

162) 姜昔珠・朴敬勛, 『佛敎近世百年』, 中央日報社, 1980, 180~181쪽.

이 기록은 광복회 회장을 지낸 독립운동가 유석현의 증언에 근거한 것이다. 이와 같은 증언이 1984년 〈중앙일보〉(1월 23일)에 「발굴자료와 새 증언으로 밝히는 일제통치의 뒷무대 − 잃어버린 36년」이란 연재기사에 '朴詩穆 金始顯의 국내진공작전'이란 제목으로 연재되었다.

이 운동은 박시목·김시현 외에 이종욱·권태석·박진목 등 수십 명이 가담했다. 이 작전에 직접 가담했던 박진목(전 통일일보부사장)의 증언.

「당시 국내진공작전에는 국내와 국외에서 동시에 추진됐다. 시목형님은 봉천에서 해외와 국내 간의 연락을 맡아 동지들을 연안으로 보내고 자금 모집활동에 주력했다. 운동의 목표는 만주와 中支에 산재해 있는 독립군과 연안의 조선의용군 중경임시정부 美洲독립단체를 연결, 하나의 단일 독립운동 전선체를 형성하고 대일선전포고를 한다는 것이었다. 그런데 山海關에서 일본관헌에 체포되고 북경에서 시목형님과 김시현 등 50여 명이 검거됐다는 소식을 들었다.

곧이어 국내에서도 검거선풍이 몰아쳤다. 나는 44년 5월 15일 대구경찰서에 수감됐다. 당시 북경에서 체포된 시목형님과 조카 희규는 북경에서 옥사했다.

국내에서 동지를 모아 중국으로 보내는 데는 2개의 루트가 있었다. 하나는 시목형님을 중심으로 한 것과 김시현을 중심으로 한 루트였다. 김시현도 북경에서 체포됐으나 국내에 이송되어 목숨을 구했다.」

조계종의 산파 지암 이종욱

김시현 루트는 이종욱 · 유석현 등이 국내에서 활약했다. 〈중앙일보〉는 유석현의 증언을 이렇게 기록하고 있다.

우리 사건에는 일본인 '기따하라'도 관계했다. 공산주의운동에서 전향한 그는 당시 북경에서 일본의 비밀공작원으로 있으면서 국내진공작전의 연락업무에 관계했다. 나는 한때 친일승려로 지목받았던 이종욱 등과 국내에서 자금과 동지들을 모았다.

우리는 김시현 루트를 이용, 국내외 청년들을 수십 명 보냈다. 평안도 강원도의 산속에는 징병, 징용을 피해 숨어있는 청년들이 많았고 이중에는 천도교인이 많았다. 그래서 우리는 천도교의 이응진 · 김현국 등과 연결, 이들 청년을 규합, 회령 · 무산 · 위원 · 벽동 등지로 모이게 했다. 위원 · 회령에는 각각 일본군이 주둔해 있어 무기와 동지들이 규합되면 선전포고를 하고 게릴라전을 벌일 계획이었다. 자금은 이종욱이 맡았다. 월정사 주지였던 그는 각 사찰을 돌며 자금을 마련했고 김찬을 연안으로 보내 무기반입을 교섭했다. 김찬은 조선공산당의 창당 멤버였으나 해방 후 전향했다. 그런데 무기는 오지 않고 도중에 발각된 것이다.

나는 이때 고양군의 보광사에 피신해 무사할 수 있었다.[163]

---

163) 特別取材班, 「발굴자료와 새 證言으로 밝히는 日帝統治의 뒷무대 - 잃어버린 36年」, 〈中央日報〉, 1984. 1. 23.

1984년 1월 〈중앙일보〉 특별취재반이 항일운동가들을 보다 광범하게 취재하여 발굴한 사실에 의하면 일제강점 말기 지암 이종욱의 비밀 항일운동 참여는 보다 분명하게 알 수가 있다.

이것은 석주 스님과 박경훈의 『불교근세백년』에 기술된 내용과 정확히 일치한다. 유석현, 이종욱이 비밀리에 항일무장봉기를 준비하는데 이종욱은 자금책을 맡았고, 유석현은 청년들을 모아 김시현 루트를 통해 국경지방으로 집결시켜 게릴라전을 추진하기로 했으나 일제가 서둘러 항복하는 바람에 무위에 그쳤다는 것이다.

이 사건에 대하여 지암 자신이 직접 회고한 글이 바로 〈동아일보〉(1958년 3월 1일자)에 게재된 「국내 삼일운동의 회고」이다. 이 글에서 지암은 이렇게 기록하고 있다.

이렇게 세월이 흐르는 동안 日警의 폭악한 강압과 감시는 극도에 달하여 국내에서의 투쟁은 거의 불가능한 상태에 빠졌었는데 해방 전년인 즉 甲申年 三月에 나는 비밀리에 姜泰東, 劉錫鉉 등 제 동지와 연락하여 파고다공원 뒤 松竹園(料亭)에서 密會하여 "己未年 파리강화회의 때에 우리 대표 김규식 박사가 파유되었으나 한국은 交戰國家가 아니라 하여 발언권을 얻지 못한 비분한 예에 감하여" 세계 제2차 대전이 종결된 후 세계강화회의가 열리게 될 때에는 우리도 교전국가의 일원으로써 발언권을 얻어 우리의 독립을 주창하여야 되겠다는 합의하에서 "미군이 제주도에 상륙하거든 국내 청년 約 五百名을 무장동원시켜 敵 日本軍과 交戰하자"는 계획을 수립하고 나는

財政調達을 책임지고 暗中活躍하다가 그만 해방을 맞고 말았다.

이것은 지암이 〈동아일보〉에 자신의 이름으로 기고한 글이다. 이 기고의 내용은 앞서 〈중앙일보〉가 취재한 내용과 일치하며 또한 『불교근세백년』의 기술과도 일치하는 내용이다.

1944년 전후 조계종 종무총장 지암 이종욱 스님은 항일무장조직의 자금책을 맡아 전국 사찰을 다니며 자금을 마련했다는 글과 증언은 많지만, 이와 관련한 직접적인 사료는 아직 발견된 것이 없다. 때문에 친일문제 연구자들은 지암과 유석현 등의 일제강점 말기 무장항일투쟁 결사를 믿을 수 없는 일방적인 주장으로 비판하고 있다.

2005년에 출범하여 2009년까지 활동한 대통령 소속 친일반민족행위진상규명위원회는 친일문제 연구자들의 이러한 주장을 수용하여 지암을 친일반민족행위자로 규정한 것이다.

지암의 항일운동의 자금 모집과 지원

그러나 지암의 일제강점 말기 항일운동에 관해서는 불교계 안에 다양한 증언이 있음을 유의해야 한다. 일제강점 말기 항일운동에 참여하여 옥고를 치렀던 전 봉선사 조실 운경雲鏡 스님이 〈법보신문〉과 인터뷰한 다음과 같은 증언은 당시 정황을 이해하는 데 도움이 된다.

"최근 친일 여부로 논란이 되고 있는 이종욱 스님과도 교분이 있었던 것으로 아는데 이종욱 스님이 정말 친일을 했습니까?"

△ 당치않은 소리. 이종욱 스님만큼 확실한 민족주의자도 드뭅니다. 임정에 군자금을 보내 주고 있다는 이야기도 이종욱 스님에게 직접 들었어요. 그 이야기를 들은 때가 해방 10년 전쯤으로 기억되는데 직접 독립자금을 모으기 위해 적선을 다니고 있다는 이야기도 들었습니다. 월정사와 상원사를 복구하고 중앙교무원 운영을 위해 일본 사람들과 교섭을 한 것을 친일이라고 매도한다면 잘못입니다.[164]

1935년 무렵 이종욱을 만났던 운경 스님의 증언은 독립운동 자금을 위해 직접 적선을 다니고 있다고 말했다는 것이다. 운경 스님은 해방 직전 흑룡사 주지로 있을 때 인근 산속에서 여운형의 건국동맹조직원을 후원한 혐의로 일경에 체포되어 옥고를 치른 인물이니 이 증언도 상당한 신뢰성이 있다.

또한 동국대 총장을 지낸 조명기 박사도 지암의 독립운동에 대하여 이렇게 증언을 하고 있다.

해방이 될 당시의 총무원장이 바로 월정사의 이종욱 스님이에요. 그 스님은 종단 일도 잘 봤지만 어떻게든지 독립운동 자금도 밀송을 하는 등 사실 보기 드문 애국자였습니다. 그런데 해방이 딱 되니까

---

164) 「큰스님을 찾아서 - 봉선사조실 雲鏡 대종사」, 〈法寶新聞〉 1993. 9. 20.

일제시대에 일보던 사람들은 덮어 놓고 친일파라 이거예요.

(……)

이종욱 씨만 해도, 비밀로 독립운동 자금을 보내 주는 등 한 일이 많았습니다. 그런데 직책이 총무원장이라, 사무적으로 당국과 절충을 해야 하니 꼼짝 없이 앞잡이처럼 오해를 받게 된 거지요.[165]

「통도사회의록철」에 수록된 김구하의 기록에 의하면, 일제강점기 통도사 주지였던 김구하는 1920년 전후에 "이종욱에게 인편으로 독립자금 3천 원을 지원했다"[166]고 한다. 비록 시점이 다르긴 하나 일제강점기 이종욱이 전국을 다니며 독립자금을 모연하였던 것은 분명한 사실이다.

한편, 「조계종보」에 의하면, 이종욱이 조계종 창립 이후 1942년부터 1944년까지 10여 차례 이상 전국 각지에 출장을 다녔다는 사실도 주목할 사실이다. 출장지가 만주 2회를 비롯하여 울진, 공주, 광주, 순천, 춘천, 청진, 평양 등으로 전국 각지였으나 출장 목적은 기록되지 않았는데, 항일운동가들의 증언으로 볼 때 독립운동의 자금조달과 관련된 일로 추정해 볼 수 있다.

특히, 지암과 1919년 3·1 운동 직후부터 항일운동을 함께 하였던

---

165) 「8·15 특집좌담 - 일제통치와 8·15 해방」, 『法輪』 1979. 8. 54~63쪽.
166) 鄭珖鎬, 「通度寺會議錄綴」, 『韓國佛敎最近百年史編年』, 仁荷大出版部, 1999, 242쪽. 그 자료에는 지암뿐아니라 "안창호 국무총리시 상해 5천 원, 白最勝(初月) 경성서 혁신공보사장 시 2천 원"도 같이 기록되어 있다.

백초월 스님은 두 차례나 감옥살이를 하다가 1942년경 세 번째로 독립운동 자금 관련으로 체포되어 청주교도소에서 수감 중이던 1944년 6월 옥중 순국하였다. 초월 스님은 1919년 3·1 운동 직후부터 지암과 항일운동을 같이 하였는데, 감옥살이도 비슷한 시기에 하였다. 1930년 지암이 월정사 주지에 취임하여 1935년경 월정사가 어느 정도 안정이 되자 초월 스님을 강주로 초빙하여 강원 학인들을 가르치게 하였다. 두 스님의 관계에 대하여 『순국선열전서』의 저자인 민족시인 조영암은 이렇게 기록하였다.

월정사는 강주로 계시었는데 당시 주지 이종욱 스님은 친일을 가장한 열렬한 의사로서 무장항일을 기획하던 애국지사로 우리의 초월 선사와 함께 계시면서 그 무장항일운동의 심층에도 관여하신 것으로 전해지고 있으며[167]

초월 스님은 일제강점기에 세 차례나 투옥되어 급기야 일제강점 말기에 독립운동 자금을 모으다 체포되어 1944년에 옥사한 스님으로 많은 독립운동가들 중에서도 가장 치열한 항일운동가의 한 사람이었다. 이러한 초월 스님과 지암의 관계 연구는 앞으로 항일운동 연구에서 중요한 과제라 하겠다.

---

167) 조영암, 「救國堂 白初月 大禪師 獄死殉國錄(略記)」, 국가보훈처장에게 보낸 자료.

강원도의 항일지사 지암 이종욱

　지암은 강원도에서 태어나 오대산 월정사를 본사로 성장하여 1910
년대와 1920년대 두 차례의 월정사 위기를 해결하였고, 1919년 3·1
운동을 계기로 본격적인 항일운동에 참여하여 1920년에 상해임시정부
의정원 강원도 대표에 선출되었고, 월정사 대중의 뜻으로 1930년에
주지에 취임하고 이후 중앙교무원 서무이사와 조선불교 총본산 건설
운동 31본산 주지 대표를 하면서도 강원도에서는 여전히 독립운동가
로 평가되고 있었다.

　1937년 춘천의 춘천농업학교 학생들이 독서회를 조직하여 독서로
민족교양을 키우고, 각자의 책상 앞에 한국지도를 붙여놓고 민족상을
새기며 마음을 닦았는데, "1938년 12월에는 오대산 월정사로 독립운
동가 이종욱을 찾아가 민족의 진로에 대해 가르침을 받기도 하였다"[168]
고 한다. 1938년 12월경 춘천의 농업학교 학생들 사이에 월정사 이종
욱이 독립운동가로 민족의 진로에 대한 가르침을 구했을 정도로 추앙
을 받았다는 것은 지역의 여론이 어떠했는가를 보여 주는 근거가 된
다. 1938년 12월은 지암이 월정사 주지로서 31본산 주지 대표가 되어
총본산 건설을 일단락 짓고 조계종 창립을 모색하던 시점이다. 이 시

---

168) 李求鎔 外 共著, 『江原道 抗日獨立運動史(III)』, 광복회 강원도지부, 1992, 468~473쪽. 3·1
　　운동 이후 춘천농업학교는 동맹휴학운동을 전개하며 항일운동에 참여한 전통이 있는데
　　1937년 학생들은 비밀결사로 독서회를 조직하였다. 1940년 10월경 조직이 발각되어 졸업생
　　들이 체포되었고, 1941년 2월경 학생들까지 체포되어 투옥되었다. 이 사건을 '春農讀書會事
　　件'이라 한다.

기에 지암이 지역사회에서 여전히 항일운동가로 추앙되고 있었다는 사실은 주목할 점이 아닐 수 없다.

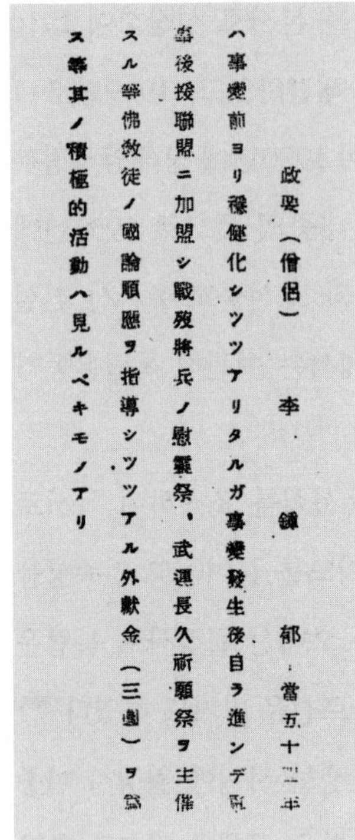

政要（僧侶）　李・鍾・郁　當五十二年

ハ事變前ヨリ穩健化シツツアリタルガ事變發生後自ラ進ンデ居

爾後授聯盟ニ加盟シ戰歿將兵ノ慰靈祭・武運長久祈願祭ヲ主催

スル等佛教徒ノ輿論順應ヲ指導シツツアル外獻金（三圓）ヲ爲

ス等其ノ積極的活動ハ見ルベキモノアリ

1938년 총독부의 지암 요시찰인 조사 기록

일제 총독부는 패망 때까지 항일운동가들을 전국적으로 감시하였다. 1938년 11월 말에 강원도 당국이 작성한 「요시찰인및요주의인」 보고서에는 "평창군 승려 이종욱 정요政要"로 여전히 감시 대상자로 분류되어 관리되고 있었다.[169]

또한 일제강점 말기에 오대산에서 수행하였던 승려들에 의하면, 당시 오대산 상원사 일대에는 학병과 징용을 피해 숨어든 청년들과 식자층들이 여럿 있었는데 주지 지암 스님이 이러한 사실을 잘 알고 있었음에도 해방 때까지 단 한 차례도 일경의 조사나 체포가 없었다고 한다.[170] 지암이 일부에서 말하는 것처럼 "조선불교계를 친일화시킨 특급 친일파 또는 민족반역자"였다면

---

169) 강원도, 『治安狀況』 소화 13년 11월 말 현재, 국사편찬위원회 한국사검색DB(db.history.go.kr).

170) 희태(대전 보광명사, 1998. 11, 2000. 1. 10, 6. 17), 보광(삼척 감로사, 1999. 8), 화산(대구 화광원, 1999. 8), 설산(서울 정토사, 2000. 3. 5), 조용명(부산 동래온천 관광호텔, 2000. 4. 22), 고송(대구 파계사, 2000. 6. 16) 스님은 일제 말기 오대산 월정사와 상원사에서 수행한 스님들로 당시 상황을 생생하게 증언하여 주었다. 이들은 한결같이 이종욱을 친일파로 매도하는 것은 잘못된 것이라고 증언하였다.

조계종의 산파 지암 이종욱

이들에게 은신처를 제공하지는 않았을 것이다.

월정사 보국대로 청년승려들을 지키다

일제는 1937년 중국과의 전쟁을 본격화한 이후 조선에 대한 전시동원체제를 시작한 이래 1941년 미국과 전쟁을 일으키고 식민지의 인적, 물적 수탈을 강화해 나갔다. 이때 전국의 청장년들을 징집하여 군인을 만들거나 근로보국대라 하여 준군사조직으로 편제하여 탄광 등에서 강제 노역을 시켰다. 당시 〈매일신보〉(1938년 7월 24일자)에 의하면 강원도는 1938년 7월 근로보국대가 2,137대에 11만7천여 명의 조직이 보도되고 있다. 월정사 스님들도 당연히 근로보국대 조직 대상이었다.

지암은 이 문제를 조실이자 종정인 한암 스님께 의논하였다. "지금 나라 형편이 좋지 못해 승려들도 전부 보국대로 끌고 가는데 어떻게 하면 좋겠습니까?"라고 묻자 한암 종정은 "절에서 일을 만들어 안 가는 방향으로 해 보세요."라고 했다고 한다.

이에 지암은 월정사에서 상원사 가는 계곡 옆에 있던 밭을 논으로 만들어 쌀을 군량미로 지원하겠다는 구실로 월정사 본말사의 청장년 승려 30여 명을 모아 보국대를 조직하여 개간 일을 시켜 실제 월정사 본말사 승려들은 한 명도 군대에 끌려가지 않게 지켰다.[171]

---

171) 김광식, 『그리운 스승 한암 스님』, 민족사, 81쪽.

학병을 거부한 건봉사 학승을 지원하다

또한, 건봉사 출신 설산 스님의 증언에 의하면, 1943년 10월 28일에 혜화전문대학을 다니던 설산이 학병에 끌려가지 않기 위해 기차선로에 발가락 4개를 절단하는 자해를 하고 병원에 실려 갔다. 당시 일제의 헌병과 동대문경찰서는 이것이 학병모집의 저항운동으로 받아들여져 강원도 경찰국까지 동원하여 병원에 입원한 자신뿐 아니라 지도교수였던 김동화까지도 수차례 조사를 하였다.

이때 평소 잘 알고 있던 심우장의 만해 스님이 조선일보 기자를 통해 몰래 5원을 보내왔고, 동아일보 기자 출신으로 총무원 직원을 하고 있던 통도사 장용서가 와서 지암 스님이 보냈다면서 은밀히 30원을 전해 주고 갔다. 30원은 당시 한 달 하숙비에 해당하는 큰돈이었다. 그뿐만 아니라 병원에 3개월 동안 입원한 경비가 100원 이상 나왔는데 당시 종무총장 지암 스님이 건봉사와 협의해서 모두 해결했다. 이때 설산은 지암 스님의 사람을 아끼는 깊은 뜻과 항일의 의지를 느낄 수 있었다고 회고한다.[172]

이러한 증언에 덧붙여 일제강점기 상해임시정부 연구의 권위자로 이름난 전 성신여대 이현희 명예교수는 지암 이종욱에 대하여 이러한 평가를 내리고 있다.

---

172) 설산 인터뷰, 2000. 3. 5, 평창동 정토사에서 증언. 박설산, 『뚜껑 없는 조선 역사책』(삼장), 1994. 239쪽 참조.

8·15 당시 부일 혐의로 3년간의 승권 정지처분을 받았으나 동 11월에 김구가 귀국하여 '지암의 자금조달이 없었다면 임정이 유지될 수 없었다'라고 증언하여 그 혐의가 다 풀렸다.

(……)

그러므로 상해 대한민국 임시정부를 중심으로 한 국내외에서 지암의 지속적인 항일활동은 분명히 객관적으로 올바르게 평가되어 폄하되지 않아야 한다. 그의 불가피한 선택적인 친일문제는 맹목적이고 지탄성토를 위한 친일논란이 아닌 불교계를 살리려는 고차원에서 재인식되어야 하는 고민과 지혜를 발휘해야 할 것이다. 그는 90평생 중국내외에서 30여 년간 민족독립운동에 심혈을 기울인 뛰어난 애국지사로 우리 사학계는 평가하고 있음을 확인한다.[173]

---

173) 이현희, 「대한민국 임시정부와 지암 이종욱」, 『지암 이종욱의 독립운동과 조선불교조계종 학술세미나 자료집』, 지암불교문화재단, 2007.

9

8·15 광복과 한국전쟁기

「敎務日誌」
8월 17일, 태고사 총장 이하 총사직
8월 18일, 조선불교준비대회 결성
8월 20일, 태고사 종무인계

· 「신생」 1946년 4월호 9쪽

8·15 광복과 종무총장의 사임

1945년 8월 15일, 일제는 항복을 선언하였다. 36년 동안 총칼을 앞세워 식민통치를 하던 일제 총독부가 패망하자 한국인들은 거리로 뛰쳐나와 희망찬 독립만세를 외쳤다.

무릇 시작이 있으면 끝이 있는 법이다. 지암은 언젠가 반드시 일제의 식민통치가 끝나리라는 믿음으로 비록 은밀하게 지하에서 독립운동가들과 무장투쟁을 모의하고 자금책을 맡아 자금을 모으는 등 준비를 하였지만, 제대로 힘도 못쓰고 일제가 물러가자 허망하기조차 하였다.

조계종의 산파 지암 이종욱

‘무장봉기가 조금만 앞섰던들 우리가 얼마나 떳떳했을까?’

지암은 당시를 회고할 때는 늘 이렇게 말하곤 했다. 그러나 바야흐로 이제 간악한 일제가 물러가고 민족의 광복이라는 새 시대가 열렸다. 지암은 일제 식민지시대의 암흑기에 조선불교도의 염원인 교단 재건의 원력을 앞장 서 성취하였지만, 그 과정에서 일제에 협력하지 않을 수 없는 허물을 지었다는 것을 스스로 잘 알았다. 이에 지암은 광복의 새 시대 교단은 새 인물이 맡아 운영해 나가야 한다는 생각으로 조선불교조계종 종무총장에서 스스로 물러나기로 결심하였다.

1945년 8월 17일 조선불교조계종의 종무총장 지암 이종욱 이하 모든 소임자들이 사직하였다.

그런데 8·15 광복 이후 당시 종교계에서 스스로 물러난 종교단체 수장은 불교계가 유일하다. 개신교나 천주교, 천도교, 유교 어떤 종교단체에서도 식민지시대를 책임지고 스스로 물러난 사례가 없었다. 그러나 지암은 식민지시대가 끝나고 주권을 회복한 새 시대는 새로운 지도자가 나서야 한다는 신념에서 스스로 물러난 것이다. 지암은 늘 독송해 온 『금강경』에서 부처님이 "모든 상相을 상 아님으로 보면 여래를 본다"는 이치에 따라 ‘종무총장’이라는 상도 소임도 미련이 없었다. 일제 식민지의 암울한 시대에 조선불교의 전통사상과 문화를 지키는데 조금이라도 도움이 되기를 바라는 원력에서 대중과 더불어 공심으로 종단을 맡았던 것이지 어떠한 사사로운 마음도 없었던 것이다.

교단 지도부가 광복 이틀 만에 사임하자 8월 18일 서울 일대 유지 승려들이 교단인수와 혁신을 위해 조선불교혁신준비위원회를 조직하여 전국승려대회를 추진하였다. 대회는 전국 본산별로 대표 5인씩 참석을 독려하여 9월 22~23일 조계사에서 드디어 승려대회가 열렸다. 대회에는 본산 대표 60여 명이 참가하였는데, 이 중에는 월정사 대표로 지암도 있었다. 승려대회에서 첫 안건이 부일협력자를 징계하는 것이었다. 안타깝게도 일제강점기 교단을 재건하여 책임지고 이끌었던 지암이 원흉으로 지목되어 승권정지 3년을 만장일치로 결의하였다. 나아가 대회 참가자들은 일제 식민통치의 산물인 사찰령과 이에 근거한 태고사법과 본말사제도의 폐지를 선언하고 이를 대체할 새로운 교단제도로 교헌敎憲을 제정하여 중앙총무원과 각 지방에 도별 교구 교무원제도를 결의하였다. 아울러 교단 이름도 '조선불교조계종'을 '조선불교'로 개정하고 종정을 교정으로 명칭을 바꾸어 교정에 박한영 스님을 추대하고 중앙총무원 원장에 김법린을 선출하고 막을 내렸다. 이리하여 마침내 광복 이후 조선불교를 이끌어 나갈 새 지도부가 출범한 것이다.

승려대회에서 부일혐의 징계와 복권

그런데 광복 이후 첫 승려대회에서 부일협력자로 징계를 받은 지암의 심경은 어떠했을까? 당시 이 대회에 참가한 분은 뒷날 〈불교신문〉에 이렇게 회고하였다.

해방이 되자 전국 승려는 서울에 모여 대회를 열고 새로운 사람들

조계종의 산파 지암 이종욱

로 총무원 간부를 구성하는데 그 시절에는 종회가 아니고 교무위원회라 하여 필자도 범어사 대표로 참석하였는데, 제1 첫 안건이 부일협력자를 골라내어 3년간 승권정지를 결의할 때 제1호에 해당되는 사람이 월정사 이종욱 스님이었던 것이다.

이분은 월정사 주지로 있으면서 중앙교무원장을 장기간 역임할 때 총독부에 부지런히 드나들어 일인들에게 아부하였다는 죄명으로 가혹하게도 3년간 승권정지를 만장일치로 결의하였던 것이다. 그러나 이종욱 스님은 얼굴색 하나 변하지 않고 웃으면서 결의에 승복하였다. 구구한 변명이라고는 하나 없다.

그런데 그해 11월 우리나라 임시정부 요인들이 들어올 때 김구 선생이 비행기에서 내리자마자 처음 찾는 사람이 이종욱 스님이었다. 이종욱 스님이 아니었다면 임시정부가 유지될 수 없었다는 것이다.

이 스님은 월정사 돈과 국내 여러 군데를 비밀히 다니면서 자금을 모아 가지고 남몰래 임시정부에 다달이 보내었던 것이다. 이러한 애국운동을 속으로 하다 보니 겉으로는 일인들에게 아부하는 것처럼 하지 않을 수 없었다.

이러한 애국자를 3년간 승권정지로 결의했던 우리들이 진실로 부끄럽기 짝이 없었다. 또한 이종욱 스님도 변명 한 마디 없이 웃으며 달게 받는 그 깊고도 넓은 도량이 오늘도 오직 그립기만 할뿐이다.

(김어수, 「漫想漫筆」, 〈불교신문〉 1984년 8월 1일자)

당시 승려대회에 범어사 대표로 참가하였던 김어수 스님은 지암이 부일혐의로 징계를 받고도 구차한 변명 한 마디 없이 웃으면서 그 결정을 수용했다고 한다. 그런데 그 몇 달 뒤에 상해임시정부 요인들이 귀국하여 지암이 은밀히 독립운동을 하였다는 사실을 증언하여 그 누명과 오해가 풀렸다는 것이다.

지암은 승려대회의 징계 결의가 억울하고 부당하다고 생각했을 법한데도 웃으면서 이를 당당히 받아들인 것은 마음에 부끄러움이 없었기에 언젠가 진실은 밝혀지리라 믿었기 때문이다. 과연 몇 달 뒤 임정 요인들의 적극적인 옹호로 지암의 부일혐의는 풀렸고, 오히려 일제에 협력하는 척하면서 은밀히 항일운동 자금을 매달 지원해 왔다는 사실이 알려져 지암의 독립운동 면모가 더 널리 알려지게 되었다.

이리하여 승권정지 결의는 없었던 일로 되어 지암은 월정사 주지직을 그대로 유지하였을 뿐만 아니라 강원도 교무원장에 취임하게 된다.

『초발심자경문』과 『보조법어』를 처음 한글로 번역하여 책을 내다

지암은 종무총장직에서 물러난 이후 모처럼 월정사에서 휴식과 성찰의 시간을 가지게 되었다. 그때 처음 월정사에 강원을 세우면서 원을 세웠던 오랜 숙제가 떠올랐다. 출가하여 스님이 되면 가장 먼저 배우는 것이 『초발심자경문』인데 안타깝게도 모두 한문으로 되어 있어 쉽게 공부하기가 어려웠다. 지암은 늘 이것을 아쉬워하면서 언젠가 한글로 번역해서 책을 만들어 누구든지 쉽게 공부하게 하자는 뜻을 세웠

조계종의 산파 지암 이종욱

었는데, 그동안 월정사 수호와 교단 재건활동으로 여념이 없었으나, 이제 중앙 교단 소임에서 물러난 이때 지암은 이 책을 번역하는 데 집중할 수가 있었다. 한문 현토는 한암 스님이 한 것을 기초로 지암은 한글로 번역하여 책을 냈다. 이렇게 지암은 우리나라에서는 처음으로 한글 『초발심자경문』을 책으로 펴낸 것이다.

아울러 지암은 초심과 더불어 고려시대 결사운동을 통하여 교단을 혁신하였던 보조 스님의 법어집을 번역하여 많은 사람들이 읽을 수 있게 하려고 『보조법어』도 한글로 번역하여 책으로 냈다. 역시 한문 현토는 한암 스님이 해놓은 것을 기초로 하였다.

지암이 1945년에 펴낸 한글 『초발심자경문』과 『보조법어』는 우리나라에서 첫 한글 번역본으로 매우 의미있는 불사였다.[174] 지암은 종무 수행만 한 것이 아니라 이와 같이 늘 학문과 수행에 뜻을 두고 일상에서 실천하였던 것이다.

해방 정국의 혼란과 지암의 활동

해방 직후 한반도를 둘러싼 정세는 급격히 요동치고 있었다. 우리 힘으로 광복한 것이 아니라 미국과 소련 등 외세가 일본을 물리친 결과 그들은 한반도를 분단시키고 다시 점령하여 자신들의 뜻대로 하려

---

174) 대한불교조계종 교육원, 행자교육원 교재 『行解入門』, 1999, 98쪽.

하였다. 1945년 12월 말 모스크바에서 미국·영국·소련의 외상들이 모여 "한반도를 5년 동안 미국·영국·소련·중국의 신탁통치하에 둔다"는 결의를 하였다. 이 소식을 들은 이 땅의 백성들은 좌와 우를 불문하고 한 목소리로 반대하였다.

지암 또한 이 소식을 듣고 조용히 산중에서만 지낼 수는 없었다. 36년 동안의 식민지배도 서러운데 또다시 신탁통치라니 지암을 비롯한 많은 국민들은 이를 받아들일 수 없는 조치였다.

1945년 12월 30일 반탁전국대회를 계기로 반탁운동이 전국에 확산되었다. 지암은 '신탁통치반대 국민총동원위원회'가 조직되자 강원도 대표가 되어 참가하였다. 그런데 좌익 지도자 박헌영이 평양을 방문하고 온 1946년 1월 4일에 좌파진영은 돌연 신탁통치 찬성으로 돌변하였다.

이에 우파 민족진영에서는 '반탁'을 기초 범국민조직을 결성하였는데 이것이 '대한독립촉성국민회'다. 독촉국민회는 김구와 이승만을 지도자로 모시고, 회장에는 지암과 상해임시정부 활동을 같이 했던 이시영이 추대되었다. 이시영은 지암을 총무부장으로 지명하였다. 이렇게 하여 이시영과 지암은 다시 독립운동의 결의로 독립촉성운동을 펼쳤는데, 당시 상황은 〈자유신문〉(1946년 6월 11일자)에 이렇게 기록되어 있다.

독촉전국대회

| 천여대표 참집리 성대히 개최 |

대한독립촉성국민회 전국 대표대회는 10일 오전 10시부터 정동예배당에서 전국 지방대표 1천1백63명 참집하에 개최되었다. 회장 이

시영 씨의 "각도의 민의를 대표한 제위가 잘 협의하여 국민운동의 대방침을 결정하기 바란다"는 의미의 개회사 대독이 있고, 민주의원 안재홍 씨의 축사와 신익희 씨의 격려사가 있고 임시집행부 선거와 이종욱 씨로부터 선언문 낭독 규약 수정 위원 선거 등이 있고,……

선언문

단조의 성혈이 얽히고 '가' '갸'의 문자로 연하는 삼천만동포의 혼을 통하여 우리는 다음의 몇 가지를 엄숙히 선언함.

　　-. 우리는 대한의 완전한 자주독립을 위하여 최후까지 싸울 것을 선언함
　　-. 우리 운동은 정당 정파를 초월한 순연한 국민운동임을 선언함
　　-. 우리는 남북과 좌우의 통합을 기하여 사력을 다할 것을 선언함

이와 같이 지암은 '대한독립촉성국민회'에서 이시영 회장과 함께 총무부장에 선출되어 전국대회에서 '선언문'을 낭독하는 핵심적인 역할을 하게 되었다. 이러한 활동과 국민적 여론의 뒷받침으로 결국 모스크바 삼상회의가 결정한 신탁통치안은 무산되었다.

미군정의 기독교 편향정책과 불교계의 내분

일제가 전쟁에서 항복을 선언하였지만, 한반도는 바로 국권을 회복

하지 못하고 남한은 미군, 북한은 소련군의 점령지가 되었다. 이리하여 한국은 사실상 점령군이 일본에서 미국과 소련으로 바뀌었지 신식민지 상태를 벗어나지 못하였다.

특히 남한에 진주한 미군은 총독부를 대체하는 군정청을 설치하여 일제 총독부의 관제나 법령을 거의 그대로 이용하여 통치하기 시작했다. 더 나아가 미국은 민족종교계통을 억압하고 서양종교인 기독교를 우대하는 종교 편향정책을 펼쳤다.

일제강점 말기인 1942년 총독부 통계자료에 기록된 조선의 종교 교세는 불교가 한국불교 31본사 2,200여 말사 24만 명, 일본불교가 9종단 236사 36만 명으로 모두 60만 명의 신도 수(일본인 포함)로 가장 많은 신도를 확보하고 있었다. 개신교는 25교파 5,400 교회에 38만 명(일본인 포함)의 신도 수로 2위, 천주교는 18만 명으로 3위의 신도 수를 보여주고 있었다.[175)

광복 직후 한국사회의 종교 교세는 이와 같이 치열한 경쟁 상황에 놓여 있었다. 이러한 현실에서 국가의 종교 정책은 매우 중요한 변수였다. 그런데 미군정은 출범하자마자 예수의 탄생일인 크리스마스를 공휴일로 지정하였다. 당시 남한 인구에서 기독교 신자는 1%도 되지 않았음에도 이 정책은 곧바로 시행되었다.[176) 더 나아가 미군정은

---

175) 대한불교조계종, 『조계종사 - 근현대편』, 2001, 154쪽.
176) 1946년 8월 남한 인구는 1천9백여 만 명이었으나 개신교 신자는 약 10만 명이었다(개신교는 이북에 교세가 더 컸다).
　　강인철, 『한국기독교회와 국가 시민사회 - 1945~1960』 한국기독교역사연구소, 1996, 176쪽.

1945년 12월에 개신교의 건의로 형무소에 목사를 정식 공무원으로 임명하는 형목제도를 시행하였다.[177]

이와 같은 개신교 특혜정책은 1945년 10월에 미군정이 임명한 11명의 행정고문 중에 목사 3명을 포함 6명(55%)이 개신교 신자였고, 또한 군정 각 부처의 초대 한국인 국장 13명 가운데 7명(54%)이 개신교 신자로 전원이 미국 유학 출신으로 채워진 미군정의 기독교인 편향적인 인사정책의 산물이었다. 미국은 8·15 광복 직후 남한 점령을 준비하면서 일제시대에 추방되거나 미국으로 귀국한 선교사들을 다시 오게 하여 군정청의 고문으로 위촉하여 미군정의 광범한 사업에 활용하고 있었다. 1946년에는 미군정이 최고위직으로 임명한 한국인 50명 가운데 35명이 기독교 신자일 정도로 심각하였다.[178]

기독교 신자가 1%도 되지 않는 나라에서 고위 관리의 70%가 기독교인들이 차지하였으니 미군정청의 불교정책은 불을 보듯 뻔한 것이었다.

당시 조선불교계에는 최우선 과제가 일제가 만든 '사찰령'의 폐지였다. '사찰령'은 총독부가 한국사찰을 관리 통제하기 위해 만든 식민지 통치 악법이었다. 일제는 이 '사찰령'으로 원종과 임제종 같은 자주적인 교단 재건 흐름을 억압하고, 전국 모든 사찰의 주지 인사와 재산 처분권을 장악하였던 것이다. 때문에 광복시대에 '사찰령' 폐지를 통한

---

177) 강인철, 전게서, 187쪽.
178) 1945년 12월 당시 미군정청의 인사행정처장은 정일형 목사였다. 강인철, 전게서, 176~187쪽.

교단의 사찰 통제는 가장 시급한 사안이었다. 사찰의 주지 인사권과 재산 처분권 등 교단의 기본적이고 핵심적인 권한이 국가권력에 의하여 통제되는 상황에서 불교 신행과 포교의 자유는 불가능한 것이기 때문이다. 당시 광복 이후 한국사회에는 개신교와 천주교가 선교사와 미군정의 편파적인 지원으로 활발한 선교활동을 벌이고 있었기 때문에 이에 경쟁해야 할 불교계는 교단과 사찰의 자주권을 되찾아 활발한 활동을 해야 할 상황이었다.

이에 조선불교 총무원은 1945년 9월 승려대회에서도 폐지를 결의한 이 '사찰령'의 완전한 폐지를 위하여 1946년 7월과 8월 두 차례나 공식적인 진정서를 제출하였으나 답이 없었다. 그러다 그해 11월에 군정청은 일제 총독부가 만들었으나 미군이 폐지하지 않은 '사찰령' 등의 법령은 존속시킨다는 군정령을 발표하였다.

총무원은 지속적인 폐지운동을 벌였으나 미군정은 오히려 1947년 1월에 각 도지사에게 사찰 재산을 처분할 경우 기존의 '사찰령'에 의거하여 허가를 받도록 하라고 지시하였다.

1946년에 미군정이 과도기적인 남한의 입법을 위해 과도입법의원을 구성하였을 때 총무원장 김법린은 입법의원에 선출되어 참여한 것을 계기로 1947년 3월에 입법의원 25명의 연서를 받아 '사찰령'과 '사찰령 시행규칙', 그리고 '포교규칙'을 폐지하고 '사찰재산임시보호법' 제정을 입법의원에 제안하여 8월 8일 제126차 본회의에서 '사찰령 폐지 및 사찰재산임시보호법'을 통과시켰다. 이렇게 하여 한국불교는 사찰의 인사권과 재산관리권을 되찾는 희망을 가졌으나 미군정은

10월에 이 법안의 인준을 사실상 거부하는 '보류' 결정을 내려 불교도의 희망을 물거품으로 만들었다.

다른 한편, 일제강점기에 많은 일본불교의 각 종파들이 100곳 이상의 사찰(포교당)을 국내에 건립하여 포교활동을 하였는데, 광복 이후 총무원은 이를 인수하여 활용하고자 하였으나 미군정은 이 역시 적산재산으로 분류하여 불교계에 넘겨주는 것에 소극적이었다.

총무원이 미군정과의 관계에서 성과를 만들지 못하자 불자들의 불만이 나타나기 시작하였고, 더불어 일부 총무원 소임자들이 일본 사찰의 불하과정에서 비리사건으로 도덕성에 심각한 타격을 입었다. 이에 선학원을 중심으로 비구 선승禪僧들과 청년승려, 그리고 혁신적인 불교도들이 결집하여 교단의 전면적인 개혁을 요구하기에 이르렀다. 이러한 교단 혁신운동은 초기에 조선불교혁신총연맹으로 결집하였으나 나아가서는 조선불교 총본원이라는 사실상 총무원을 대체하는 교단 대안세력으로 자임하고 나섰다. 이러한 총무원과 총본원 사이의 갈등은 대화가 단절되고 물리적 충돌까지 빚어지는 심각한 양상으로 치달았다.

특히 불교계에 총무원과 총본원의 대립은 해방정국에서 좌우 대립으로 상징되는 정파간의 대결 구도와 맞물려 극심한 갈등을 빚었다. 급기야 총무원은 총본원을 빨갱이 좌파집단으로, 총본원은 총무원을 친일수구파집단으로 매도하는 지경에까지 이르렀다. 당시 미군정과 이를 계승한 이승만 정권은 총무원이 총본원을 빨갱이집단으로 매도한 것에 편승하여 선학원과 불교혁신세력을 탄압하기 시작했다. 이에

경봉 스님과 석주 스님을 비롯한 선학원의 지도부는 경찰에 연행되어
모진 고초를 겪어야 했다. 이러한 탄압으로 총본원에 참여한 불교 혁
신계는 월북하거나 활동이 위축되어 갔다.

당시 총무원을 중심으로 한국불교계가 사찰령 철폐가 좌절되고 내
분에 빠진 것은 미군정 정책의 본질을 정확히 인식하지 못한 결과였
다. 미군정은 기독교 중심의 정책을 구사하면서 일제시대의 사찰령 유
지를 통하여 교묘한 불교 억압책을 구사하고 있었는데, 불교계는 이를
바로 보지 못하고 내분에 빠져 소모적인 갈등으로 소중한 역량을 허비
하고 있었던 것이다.

남한 단독정부 수립과 이승만 정권의 기독교 편향정책

8·15 광복 직후 미·소 강대국이 한반도를 38선으로 분단시킨 뒤에
남과 북의 정부수립에 착수하였다. 미군정은 1948년 5월 총선거를 통
하여 이승만이 주장한 남한 단독정부 수립을 추진하였는데, 분단정부
수립을 반대한 김구의 상해임시정부 계열과 공산당과 사회당 등 좌익
계열은 물론 김규식 등 중도파 정치세력도 불참한 가운데 5월 10일 남
한 단독정부 수립을 위한 첫 국회의원 선거가 실시되었다.

이 제헌의원 선거에 개신교는 조직적으로 참여하였는데 조선예수교
장로회, 기독교청년회, 한국기독교연합회 등이 대표를 후보 등록하여
8명의 개신교인이 국회에 진출하였다. 불교계도 불교청년당 등 10여

명이 후보 등록을 하고 선거에 참여하였으나 경남 사천에서 총무원 총무부장 최범술과 전남 고흥에서 불교청년당 유성갑 등 2명만이 국회의원에 당선되었다.[179]

이렇게 구성된 제헌국회에서 최고령 의원으로 추천된 이승만은 임시의장으로 첫 회의에서 공식적인 식순을 무시하고 이렇게 말했다.

> 대한민국 독립민주국 제1차 회의를 여기서 열게 된 것을 우리가 하나님에게 감사해야 할 것입니다. 종교사상 무엇을 가지고 있든지 누구나 오늘을 당해 가지고 사람의 힘으로만 된 것이라고 우리가 자랑할 수 없을 것입니다. 그러므로 하나님에게 감사를 드리지 않을 수 없습니다. 나는 먼저 우리가 다 성심으로 일어서서 하나님에게 우리가 감사를 드릴 터인데 이윤영 의원 나오셔서 간단한 말씀으로 하나님에게 기도를 올려 주시기를 바랍니다.[180]

이승만은 이어 대통령에 선출되어 거행된 대한민국 대통령 취임식도 기독교식으로 진행하였다.[181]

---

179) 강인철, 전게서, 246쪽.

180) 제1대 국회 제1회 회의록, www.assembly.go.kr/renew09/main.jsp

181) 강인철, 「이승만-'기독교국가' 꿈 꾼 친미 반공의 화신」, 『복음과 상황』 1993년 2월호, 123쪽. 대한민국 초대 대통령 이승만은 대통령이 된 후에도 매일 취침 전에 부인과 저녁예배를 드리고 아침식사 전엔 성서의 한 구절을 읽었다. 1949년 한국을 방문한 미국 감리교 지도자가 기독교에 어떤 중요성을 부여하고 있느냐고 묻자 "우리는 한국의 민주적 발전에 대한 모든 희망을 기독교운동에 기초하고 있습니다. 우리가 다른 어디에 희망을 걸 수 있겠습니까? 기독

이승만 대통령의 기독교편향은 초대 내각 구성에도 드러났다. 이승만은 제헌국회 개원식에서 감사기도를 올리게 한 이북 출신의 감리교 목사인 이윤영을 초대 국무총리로 지명하였다. 그러나 제헌국회의원들은 이윤영 목사의 총리지명안을 재석의원 193명 가운데 반대 132표로 부결시켜 버렸다. 이승만 대통령은 21개 부처 장관 가운데 9명(42%)이나 개신교 신자로 임명하였는데, 그 중 2명은 목사였다. 이승만 정권의 이와 같은 개신교 중심의 편중 인사는 정책에도 나타나 미군의 크리스마스 국경일 지정과 개신교 목사만의 교도소 형목刑牧제도는 그대로 계승하면서 더 나아가 1951년 2월에 개신교와 천주교만으로 군종제도를 시행하여 1954년부터 현역장교로 임용되었다.[182]

제1공화국은 헌법에 정교분리를 명시했음에도 불구하고 이승만 대통령에 의하여 기독교 편향정책이 노골적으로 시행되어 대한민국 국민 1천9백만 명의 0.5%에 불과한 10만 명의 개신교 신자로 기독교공화국이나 다름없게 만들었다.[183]

교운동은 우리의 유일한 희망입니다."라고 답했다. 또 이승만은 반공포로석방에 대해 항의하러 온 미국특사에게 "근 일주일 동안 기도한 끝에 하나님의 계시를 받아 이번 조처를 감행했다"고 답했다. 대통령 이승만의 이와 같은 독실한 신앙심은 국가운영에도 지대한 영향을 주어 개신교에 특혜를 집중시키고 다른 종교들을 직간접적으로 억압하여 사실상 개신교를 국가종교로 만들어 갔다. 강인철, 전게서, 162쪽.

182) 형목제도는 미군정기에 개신교 목사만으로 도입되어 전국 18개 형무소의 교무과장직에 목사가 공무원으로 임용되어 합법적으로 활동하다가 1960년 4·19혁명으로 민주당 정부가 들어서 종교형평에 맞지 않다 하여 폐지하였고, 군종제도에 불교 스님의 참여는 1969년에 가능하였고, 부처님 오신 날의 공휴일 지정은 1975년에 성사되었다.

183) 강인철, 전게서, 176쪽.

조계종의 산파 지암 이종욱

해방 이후 정치권과 불교계의 혼란, 그리고 지암의 입장

지암은 광복을 맞아 종무총장직에서 물러난 때가 62세였다. 이제는 꿈에도 그리던 광복의 새 시대를 맞아 새로운 젊은 지도자들에게 종단을 맡기고 일선에서 물러나 역경을 하며 후학을 키우고 여생을 마무리하고자 했다.

그러나 민족과 불교계 현실은 점점 비관적으로 흘러가고 있었다. 희망찬 광복의 새 시대는 미 · 소 군정과 분단민족이라는 새로운 고해로 변해갔고, 불교계는 화합해서 현실을 타개해 나가기도 벅찬데 소모적인 내분과 갈등의 소용돌이에 휘말려가고 있었다.

지암은 이러한 현실을 우려하며 은인자중하던 중 1945년 12월 모스크바 삼상회의에서 "한반도를 5년 동안 미 · 소의 신탁통치 하에 두기로 한다"는 결의를 듣고 분심이 일어났다. 일제강점 36년도 억울한데 다시 5년이나 신탁통치를 받아야 한다니 도저히 묵과할 수 없었다.

지암은 월정사가 있는 평창군에서 신탁통치 반대운동을 벌여나가면서 그 힘을 강원도 차원에서 조직하여 강원도 대표로 서울의 반탁운동 세력과도 힘을 모아나갔다. 그리하여 1946년 독립운동가 이시영이 회장으로 활동한 대한독립촉성국민회에 총무부장으로 참여하였다.

지암은 김구, 이시영 선생과는 1919년 상해임시정부 당시에 항일운동을 같이 한 동지였다. 당시 지암은 내무부 참사와 국내 특파원이었는데, 김구는 내무부국장, 이시영은 재무부국장으로 함께 하여 서로 잘 알고 있었다. 지암은 전국 사찰을 돌며 은밀히 자금을 모아 상해임시정부로 보내준 인연이 있었다. 1945년 11월 김구와 이시영 등 상해임시정부 요인들이 환국한 뒤에 지암을 찾아 1946년 1월 2일 함께 독립운동의 비밀근거지였던 북한산 진관사를 찾아 참배하기도 하였다.[184]

그러나 당시 한반도를 둘러싼 정세는 급변하고 있었다. 미·소 강대국의 첨예한 이해가 대립하였고, 국내에도 남과 북으로 분단되어 대립할 뿐만 아니라 남한 안에도 좌·우의 여러 정파가 백가쟁명식의 주장이 난무하였다. 이러한 과정에서 점차 미군정은 남한만의 단독정부 수립이라는 현실적인 주장을 하는 이승만의 입장에 부합하는 정책을 채택하여 1948년 5월에 남한 단독정부 구성을 위한 총선거를 시행하였던 것이다.

지암은 남과 북으로 갈라져 분단국가를 세우는 1948년 5월 선거에는 참여하지 않았다. 당시 김구, 김규식 등 중도와 좌파 계열의 정치세력도 선거를 거부하였고, 제주도는 선거에 반대하는 4·3민란이 일어났다.

새로운 불교시민운동을 조직하다

지암은 1949년 봄에 이승만 정권의 무능과 기독교 편향, 그리고 정치사회 단체의 좌우 이념 갈등을 넘어 불교적 가치로 구세대비하는 불

---

184) 박희승, 「자료 발굴-이종욱의 '초혼문' 과 '대동단 활동의 동기' 」, 『불교평론』 2001년 봄호 참조.

조계종의 산파 지암 이종욱

교운동을 모색하였다. 당시 지암은 조선불교 강원도교구 교무원장이
자 월정사 주지 소임을 맡고 있었던바 이 운동을 강원도 교구차원에서
추진하였다. 당시 불교계 월간지인 『불교공보』(1949년 6월호)에는 이렇
게 기록하고 있다.

> 연심호국회鍊心護國會 조직組織
> - 춘천 중심 각계 망라
> 강원별교구 교무원장江原別敎區敎務院長 이종욱李鍾郁 화상은 일반에
> 게 불교를 통한 교화를 실행해 오려고 연심호국회를 조직하여 목하
> 회원을 모집 중에 있는바 지금까지는 춘천에 칠백 명, 홍천에 삼백
> 명, 평창에 사백 명으로 나날이 늘어간다 하며 사업은 국민정신을 진
> 작하는 의미로써 강연 또는 문자 교화를 각금 행하기로 하고 회의강
> 령은 다음과 같은데 이 회의 특색은 회장이니 무엇이니 하는 임원은
> 하나도 없고 회원 가운데는 전 강원도지사 이정규李晶珪 씨를 비롯한
> 관공청직원이 많이 입회하였다고 한다.
> ◆ 강령
> -. 불교의 무아주의無我主義로써 몸과 마음을 국가와 민족에 받칠 것
> -. 불교의 무쟁주의無諍主義로써 동족간에 상쟁相爭이 없게 할 것
> -. 불교의 섭선주의攝善主義로써 국가와 민족에게 해독害毒 수치羞恥
> 될 일을 하지 말고 이로운 일을 적극 수행할 것[185]

---

185) 『佛敎公報』 1949. 6.

지암은 해방정국의 혼란기에서 불교사상으로 뭔가 세상에 도움이 될 방도를 찾다가 이런 시민단체를 조직하였다. 이 연심호국회는 강령에 나타난 바와 같이 불교의 무아無我, 무쟁無諍사상으로 국가와 민족을 구하고 동족 사이에 화합하는 것을 목적으로 하였다.

여기에 지암의 사상이 잘 드러나 있다. 지암은 서산, 사명대사와 마찬가지로 도탄에 빠진 민족과 국가를 위하여 이기심을 버리고 서로 화합하는 방향을 천명하고 나아가고자 하였다. 지암이 관할하고 있던 강원도교구 차원에서는 상당한 조직원을 확보하였고, 또한 관공서 공무원들이 많이 입회하였다는 것은 그 영향력도 상당하였음을 알 수가 있다.

제2대 국회의원 당선과 의정 활동

지암의 이러한 활동에도 불구하고 제1공화국이 출범한 뒤 이승만 정권의 독단적인 국가운영과 동족 간의 내분은 끝없이 확산되어 갔다. 1949년 6월에 백범이 현역 군장교에 의해 암살을 당했다. 지암에게는 큰 충격이었다. 백범은 한 때 마곡사에서 출가하여 불교를 공부하였다. 곧 환속하였으나 당시 불교계에는 승려 출신의 독립운동가이자 유력한 정치인으로 기대와 신망이 컸다. 지암은 상해임시정부에서 독립운동을 함께 한 인연이 깊었던 까닭에 더 충격이었다. 백범이 광복 후 귀국하여 지암을 찾았으며,[186] 1946년 정월에 지암은 백범, 이시영 등

조계종의 산파 지암 이종욱

상해임시정부 요인들과 진관사를 방문한 인연도 있었다.

이런 현실에서 지암의 고민도 깊어 갔다. 미군정의 기독교 편향정책을 그대로 계승한 이승만은 여전히 사찰령을 유지하여 불교계에 대한 통제를 계속하였다. 특히, 이승만 정권은 북한의 '무상몰수 무상분배'의 토지개혁에 영향을 받아 1949년 6월에 시행한 농지개혁에서 '유상몰수 유상분배' 제도를 도입하였는데, 당시 불교계의 주요 재정기반이 방대한 사찰농지였던 까닭에 이를 작은 보상으로 몰수당하는 것은 심각한 타격이었다. 사찰은 대부분은 천 년 이상의 역사 속에서 많은 토지를 시주받아 관리하여 왔는데, 이를 몰수당한다는 것은 크나큰 충격이었다. 그 누구보다 지암은 일제강점기에도 월정사 토지를 온몸으로 지켜온 터라 충격 더 컸다.

그런데 교단은 아무런 역할을 하지 못했다. 여전히 미군정과 이승만 정권의 실체를 바로 보지 못한 채 작은 이해관계와 이념 대립으로 갈등하고 있었다. 그런 사이 김법린이 총무원장에서 물러나고 박원찬과 김구하 스님이 이어 받았으나 사찰령 폐지와 농지개혁에 교계의 힘을 모아 대응하기에는 역부족이었다.

이에 지암은 가만히 앉아 있을 수 없다고 판단하고 다시 현실에 참여할 방도를 찾았다. 지금은 국권을 되찾아 민주국가를 세웠으니 비록 승려의 신분이지만, 민주주의에서는 국회가 가장 중요한 결정권을 행사하니 국회에서 역할을 찾아보기로 하였다. 이미 정부와 국회에는 많

---

186) 김어수, 〈불교신문〉 1984. 8. 1.

은 목사들이 참여하고 있고, 일부이지만 스님들도 제헌국회에 당선되어 활동하였으니 미력하나마 힘을 보태자는 생각으로 지암은 1950년 5월에 실시된 제2대 국회의원 선거에 평창지역 무소속 후보로 출마하여 압도적인 지지로 당선되었다.[187]

제2대 국회의원 선거는 특이하게도 의원 정수 210명 중 지암을 포함한 무소속이 60%에 달하는 126명이 당선되었다. 당시 집권 여당인 대한국민당은 24명, 야당인 민주국민당이 24명이 당선되어 집권여당은 심각한 타격을 입었고, 윤치영, 서상일, 조병옥, 김준연 등 보수우익계 정치인이 대거 낙선하고 조소앙, 안재홍, 원세훈, 여운홍, 장건상 등 민족주의계와 사회주의계 인사들이 대거 무소속으로 국회에 진출하였다. 민심은 이승만 정권의 부정과 실정에 염증을 느끼고 있던 터에

이종욱 스님을 비롯한 불교계 의원들의 회동소식(《경향신문》 1946년 11월 1일자).

제1대 선거에 불참하였던 중도파 정치인들이 대거 무소속으로 출마하자 국민들의 절대적인 지지를 받았던 것이다.

종교계의 제2대 국회의원 선거 참여는 기독교청년회와 대한기독교침례회 대표 2명이 당선되었고, 불교계에선 지암 외에 대구의 박성하, 부산의 허영호 스님 등 3명이 국회에 진출하였다.

---

187) 1950. 5. 30, 제2대 국회의원 선거에서 평창 지역은 이종욱 11,525표로 차점자 이형진 6,331 표와 큰 표 차이로 당선되었다. 유재인, 『강원도 비사』 강원일보사, 1974, 131쪽.

조계종의 산파 지암 이종욱

그런데 제2대 국회의원 종교 비율을 조사한 자료에 의하면, 제2대 국회의원 총수 210명 중 개신교 신자는 54명으로 25%나 되었다.[188] 이 것은 제1대 국회 21%보다 증가한 것이다. 특히나 당시 우리나라 전 국 민 중 개신교 신자 비율이 1%에 지나지 않던 시대에 이처럼 많은 국회 의원을 확보한 것은 그만큼 개신교의 영향력이 컸다는 것을 의미한다.

조선불교계의 유력한 지도자이자 월정사 주지로 강원도 교무원장인 지암은 무소속으로 국회에 가게 되었다. 그러나 지암은 국회의원에 당 선되고 개원한 지 1주일 만에 전쟁이 터져 부산으로 피난을 가야 했다. 전쟁이라는 극도로 어수선한 상황에서도 국회는 활동을 했다.

1950년 12월 12일 국회 본회의가 열려 '일선장병 성탄축하 위문에 관한 결의안'을 처리할 때 지암은 이렇게 의견을 밝혔다.

● **이종욱 의원** : 저는 일선장병을 위문하는 데에는 절대 찬성합니 다. 그러나 이 제목에 있어서는 저는 반대합니다. 그냥 덮어놓고 성탄 기념일이라고 하니까 우리 단군할아버지 성탄기념일이라고 합니까? 어떤 장군의 기념일이라고 합니까? (웃음) 나는 기미년에 상해 갔을 때에 도산 안창호 씨가 미국에서 건너왔을 때에 國事次로 예배당에서 그분 환영회를 할 때에 거기서 그때에 우리가 대한민국 국민대회에서 환영하고 하는 데에 거기서 그분에게 대한 祝禱를 했습니다.

내가 그때에 거기서 반대했습니다. 했더니 기왕 지난 일이 되어서

---

188) 강인철, 전게서, 177쪽.

하기는 했지만 그때에 여러분이 다 우리가 민족정신을 살리기 위해
서 이렇게 해서는 안 된다고 해서 찬성하는 것을 들었습니다. 오늘도
역시 그냥 성탄축하에 일선장병을 축하한다고 하는 것은 조금 우리
민족 전체에 있어서 아직 시기상조라고 아니할 수 없는 까닭에 그 위
에다가 '예수' 성탄기념이라든지 혹은 그 밖에 이름 좋게 '크리스마
스'에 의지한 그것을 붙여야 되겠습니다. 덮어놓고 성탄기념이라고
하는 것은 나는 반대합니다.

지암의 이 의견에 다른 의원도 동의를 표했다. 장병 중에는 불교, 유
교신자도 있고 또 성탄이라 했을 때 석가나 공자도 해당되는데 예수탄
생일을 '성탄'이라 하는 것은 온당하지 않으니 '크리스마스'로 하자고
하여 '제일선 군경 크리스마스 위문에 관한 결의안'으로 정정하게 되
었다.

이 사례에서 보듯이 지암은 국회뿐만 아니라 상해임시정부 운영에
서도 종교적 형평성을 강조하고 있다. 나아가 지암은 국회의원으로서
쌀값과 식량 등 민생 문제에 깊은 관심을 가지고 국회에 해당 국무위
원의 출석을 요구하는 긴급동의안을 제출하여 성사시키기도 하였다.
이에 관하여 「국회회의록」에는 이렇게 적혀 있다.

식량대책에 대한 긴급질문
● **이종욱 의원** : 제가 말씀드리려고 하는 것은 매우 간단합니다.
경북과 기타 강원도 경기도 이렇게 지금 아사자가 속출하고 있는 이

러한 상황인데 그보다도 지금 쌀값이 이렇게 매우 급하니 농림부장
관에게 이 대책에 대하여 어떠한 복안이 있는가 이것을 묻고 싶어서
발언을 하려고 한 것이올시다. 이 미가米價가 이렇게 폭등되는 것을
어떻게 처리해서 이 폭등이 안 되도록 완화시킬 정부의 대책이 있는
가 이것을 묻고 싶습니다.

(1952년 3월 3일. 국회정기회의속기록, 식량대책에 관한 긴급질문)

● **이종욱 의원** : 지금 농촌 식량문제가 논의되는 것을 듣고서 한
가지 여러분에게 보고를 여쭙겠습니다. 제가 있는 곳이 상공부 뒤의
묘심사라는 절에 있습니다. 그런데 어제 저녁에 유골이 百二十四주
가 급작스럽게 들어왔습니다. 그래서 온 군인에게 물어봤습니다.
"제주도에서 왔습니다." 이렇게 말해요. 그러면 "제주도에서 전쟁도
아니 하는 곳에 웬 군인이 이렇게 한꺼번에 많이 죽었다는 말이냐?"
이렇게 물으니까 "영양부족으로 모두 이렇게 자꾸 죽습니다." 이래
요. 이것이 기막힙니다. 지금 농촌의 식량부족으로 농민이 살 수 없
는 이 차제에 엎친 데 덮친 격으로 군인의 말을 하기가 어렵다고 할
는지 모르나 젊은 청년을 한꺼번에 데려다가 가만히 두어 둔 군인이
저렇게 죽어나가니 하물며 일선에서 싸우는 군인의 배곯는 것을 내
가 동부전선에 가본 경험상 말할 수 없는 형편이고, 이것을 무슨 별
변통을 해야지 청장년을 싸움도 아니하고 데려다가 자꾸 영양부족으
로 죽는다. 이것을 듣고 그냥 있을 수가 없어서 여러분이 참고해서
군인에 대한 식량을 특별히 이 예산시기에 강구해 줄까 하고 보고 여

쭙니다. 참고해 주시기를 바라마지 않습니다.

(1953년 4월 7일. 국회정기회의속기록)

아울러 지암은 국회에서 「근로기준법」을 다루는 자리에서 자신의
노동에 대한 견해를 말한 것도 있다.

● **이종욱 의원** : 근로기준법에 대한 생각하는 바 제 마음 가운데에
있는 것을 이 자리에서 간단히 말씀드리려고 합니다. 이것은 다른 것
이 아니고 우리 전체 국민이 고루고루 잘 살기 위해서 제깐에는 평시
에 생각하였던 마음입니다. 이것은 무엇인가 하니 다수의 노동자들
을 사용하는 기업체에서 순이익금이 십할+割이라고 하면 칠할七割은
기업체가 갖고 삼할三割을 가지고 만일 기업체가 특수한 기술자를 사
용하는 기업체라고 하면 그 순이익금 중의 일할一割은 어느 정도 기술
자에게 이익을 주고 이할二割을 그 노동자에게 분배해서 이익금으로
해 가지고 통장을 만들어서 그 사람이 몇 해를 있든지 몇 달을 있든
지 나갈 때에는 그 통장에 쓰여 있는 그 금액을 그 사람에게 내 주도
록 하는 그런 약한 노동자의 생활보장을 완전히 하도록 이것은 노동
기준법 전체에 대한 제 생각을 말씀드려 두는 것이올시다.

(1953년 4월 15일. 국회정기회의속기록, 근로기준법안)

지암의 국회발언을 통해서 볼 때 평소 노동자에 대한 생각이 드러나
있다. 기업은 이익금이 생기면 이 중 얼마는 노동자의 생활보장을 완

조계종의 산파 지암 이종욱

전히 되게 해 주어야 한다는 것이다. 이것은 사회적 약자에 대한 배려로 스님의 자비정신을 구현하려는 입장이 그대로 드러나 있는 것을 알 수 있다.

이시영 부통령의 사임과 정치에 대한 지암의 실망

1951년 전쟁이 일진일퇴를 거듭하는 와중에 이승만 정권이 청장년 수십만을 군에 동원하여 국민방위군으로 편입하는 조치를 내렸으나 국방부장관 등이 식량과 피복 등의 예산을 횡령하여 5만 명이 굶거나 영양실조에 걸려 아사하는 심각한 문제가 국회에서 폭로되었다. 3월 28일 당시 이시영 부통령이 이 사건 처리에 대한 불만[189]으로 국회에 사표를 내자 지암은 이시영과 상해임시정부 활동을 같이 하며 각별한 관계였던 터라 이를 만류하고 부통령에게 힘을 실어 주는 긴급동의안을 제안하는 지원활동을 하였다.

● **의장대리(장택상)** : 지금 긴급동의가 들어 왔습니다. 긴급동의안 주문은 부통령 사표를 봉환奉還하자는 긴급동의입니다. 이종욱 의원

---

189) 한승인, 『독재자 이승만』, 일월서각, 1984, 139쪽. 상해임시정부의 저명한 독립운동가 출신인 이시영 부통령은 평소 이승만 대통령의 독단적인 국정운영에 불만이 누적되어 있었다. 제1공화국 초대 내각의 인선 과정에서 이승만은 자신의 측근인 임영신을 국무총리로 임명하려 하자, "대통령께서 혼자 맡아서 다 하시오. 나는 물러갑니다. 나라 일을 사랑방 일로 아시오." 하고 문을 닫고 나와버렸다고 한다.

외 31인의 긴급동의입니다. 제안자 이종욱 의원 나와서 설명해 주시면 좋겠습니다. 이종욱 의원 소개합니다.

● **이종욱 의원** : 오늘 청천벽력과 같은 부통령 각하의 사면서辭免書와 겸해서 서한을 우리에게 보여 주신 것으로 말하면 우리 국민은 다 근심하고 당신이 연로하시니까 몸이 괴로우시어서 사표하시지 않은 것만도 그 글에 다 나타나 있으며 동시에 지금 친히 여기 임석하셔서 하시는 말씀을 여쭈어 들어보아도 역시 어떻게나 하면 이 나라 이 난국에서 우리 민족을 이 난제를 안온한 언덕에 올려놓고 이 도탄에 든 국민을 건지겠느냐고 하는 여기에 귀착점을 가지시고서 사면을 하신 것으로서 관찰되어집니다.

제가 긴급히 동의를 요청한 소위를 말씀드리면 우리는 그냥 의미 없이 사면이 그렇게 사면하실 것 없이 그냥 갖고 가지고 계셔 주시기를 바랍니다 하는 그런 것은 아니올시다. 사면을 봉해서 다시 각하에게 돌려드리는 동시에 우리는 당신께서 편지하신 말씀도 여기에 하신 말씀으로 말하면 간단하고도 명료한 그 말씀에 의지해서 우리는 우리 국회로서는 힘이 미치는 대로 역량을 최급속도 발휘해서 각하의 의지를 받들어 드리기로 하고 이 사면은 도로 받들어 올리고져 하는 것을 이 사람이 동의하는 동시에 여러분이 찬성해 주셨습니다. 이것으로써 긴급동의를 제안하는 이유의 한 가지 간단하게 말씀드리는 바입니다.

그러나 지암의 이런 활동에도 불구하고 이시영은 이승만 정권에 환

조계종의 산파 지암 이종욱

멸을 느끼고 사임하고 만다. 이에 지암도 국회의원으로서의 활동에 한 계를 인식하기 시작하였다.

특히, 당시 이승만 정권은 한국전쟁에 대한 대처능력 부족 등으로 국회의원들과 국민들의 지지를 잃어 갔는데, 그럼에도 불구하고 이승만과 그 추종세력은 장기집권을 획책하였다. 이승만은 야당과 무소속이 득세하고 있는 국회를 통한 대통령 선거로는 당선 가능성이 없자 느닷없이 대통령 직선제 개헌안을 국회에 제출하였다. 1952년 1월 정부의 직선제 개헌안을 부결시킨 국회는 4월에 내각책임제 개헌안을 제출하여 이승만 대통령과 정면으로 대립하였다. 그러자 내각책임제 개헌 반대 관제데모가 일어나고 백골단, 땃벌떼 등 정체불명의 폭력단이 국회해산을 요구하며 국회를 포위하기도 하였다.

이승만 대통령은 이를 구실로 4월 25일 부산, 경남 일대에 비상계엄을 선포하였고, 국회는 소위 '부산정치파동'에 휩싸이게 되었다. 7월 4일 경찰이 국회를 포위한 가운데 헌병버스가 야당의원들을 국회로 실어나르는 강압적인 분위기 속에서 직선제 개헌안이 가결되었다.

지암은 승려 신분으로 혼자서 국회의원이 되어 현실문제를 해결하는 데 한계를 절감하였다. 이때를 전후하여 뜻밖에 비보가 전해졌다.

종정 한암 스님이 입적하고 월정사가 잿더미로 변하다

지암이 국회에 진출하여 부산으로 피난 와서 의정활동을 할 무렵인

1951년 3월 21일 조선불교 교정이자 오대산 월정사 조실인 한암 스님이 열반하셨다. 지암은 이 소식을 듣고 하늘이 무너지는 마음이었다.

일찍이 지암은 1925년경 위기에 빠진 오대산 월정사를 구하기 위해 당대에 선지식으로 추앙받던 한암선사를 봉은사에서 오대산 조실로 모셔와 상원사에 주석케 하면서 생불로 정성껏 모셔왔다. 월정사의 위기를 해결하고 지암이 중앙으로 진출하여 한국불교계의 숙원이었던 총본산 건설과 조선불교조계종을 재건하면서 조계종의 초대 종정으로 추대하여 모셨다.

해방 이후에 조선불교로 변화하여 교정에 한영 스님이 추대되어 활약하다 열반하시자, 다시 한암 스님이 교정에 추대되어 지금까지 한국불교의 최고 지도자 위치에 계셨던 것이다. 지암은 교단 일로 서울에 다녀오면 반드시 먼저 상원사에 계신 한암 스님께 문안인사를 드리고 와서 일을 봤다. 지금까지 오대산 문제에서부터 한국불교의 전반적인 일에서 막힐 때마다 한암 스님과 의논하여 해결해 왔다.

지암이 한암 스님을 생불로 모셔왔듯이 한암 스님 또한 지암을 깊이 신뢰하고 존중하였다. 조계종을 재건하여 종정이 된 한암 스님은 종무총장에 지암 이종욱 스님을 지명하여 사실상 교단운영을 일임하였다. 당신은 산문을 나가지 않겠다는 불출산의 원칙으로 사신 분이기에 중앙의 대소사는 지암 종무총장을 믿고 맡긴 것이다.

두 분의 신뢰를 상징하는 이런 일화가 있다. 1941년경 총본산 건립을 마무리지어 갈 무렵 전국 본산이 재산 1할을 종단운영 재원으로 갹출하기로 했는데, 통도사 구하 스님이 잘 협조가 되지 않았다. 통도사

조계종의 산파 지암 이종욱

는 당시 제일 살림이 큰 절이었기에 영향력이 컸다. 이에 지암이 이 사정을 한암 스님께 설명드리고 협조를 구하니 한암 스님이 불출산의 원칙을 깨고 통도사로 내려가 사형사제지간인 구하 스님을 만나 협조를 끌어냈다고 한다.[190]

한암 스님은 1950년 6월 전쟁이 나자 오대산의 많은 사람들이 남쪽으로 피난을 떠났지만, 당신은 "내가 이 나이에 가면 어디를 가겠느냐? 너희들이나 피난을 가거라. 나는 여기에서 절이나 지킬 것이다" 하시며 상원사를 떠나지 않았다.

이에 시자들이 모시고 있었는데, 1951년 1월 3일, 상원사에 군인들이 몰려와서 절을 불태우라는 명령을 받았다며 한 장교가 한암 스님에게 절을 떠나라 하였다. 이들은 당시 1군단장 김백일 장군의 명령으로 중공군에 밀려 후퇴하면서 오대산 일대에 적이 은거할 수 있는 집은 완전히 불태우라는 지시를 받고 상원사에 오기 전에 이미 월정사에 불을 질러 그 연기가 상원사에서도 보였다. 이에 한암 스님은 평상시처럼 잠시만 기다리라 하고는 가사와 장삼을 수하고는 법당에 가서 앉으셨다. 군인들이 "스님! 이러시면 안 됩니다. 나가세요!" 하니, 한암 스님은 "너희들은 군인이니 상부의 명령으로 이 절에 불을 놓으면 되고, 나는 중으로 부처님 명령에 따라 절을 지키면 되지 않느냐. 본래 중들은 죽으면 당연히 불에 태우는 것이다. 그러니 걱정 말고 불을 질러라" 하셨다.

---

190) 김광식, 「현해 스님 인터뷰 - 큰일과 대의명분을 위해서 자신을 희생시키신 분」, 『그리운 스승 한암 스님 - 한국불교 25인의 증언록』, 민족사, 2006, 194쪽.

이 말을 들은 장교는 "이 스님은 보통 스님이 아니고 도인이 분명하다"며 절은 태울 수는 없고, 그래도 연기를 만들어 흔적은 보여야 하니 법당 문짝이라도 뜯어다 태우겠다 하니, 한암 스님은 그것은 허락하셨다. 이렇게 하여 상원사는 국군의 소각작전에도 지킬 수가 있었다.

이 일을 겪고 난 다음 한암 스님은 당신이 가야 할 때가 왔다고 스스로 열반을 준비하셨다. 스님은 입적 보름 전부터 일절 음식을 거절하셨다. 가시는 날에도 한암 스님은 좌복에 참선하는 자세로 돌아가셨다. 한암 교정의 앉아서 열반하신 모습은 때마침 수덕사 스님 출신의 국군 정훈장교가 상원사에 인사를 드리러 왔다가 사진을 찍어 부산 총무원으로 보내어 세상에 널리 알려지게 되었다.

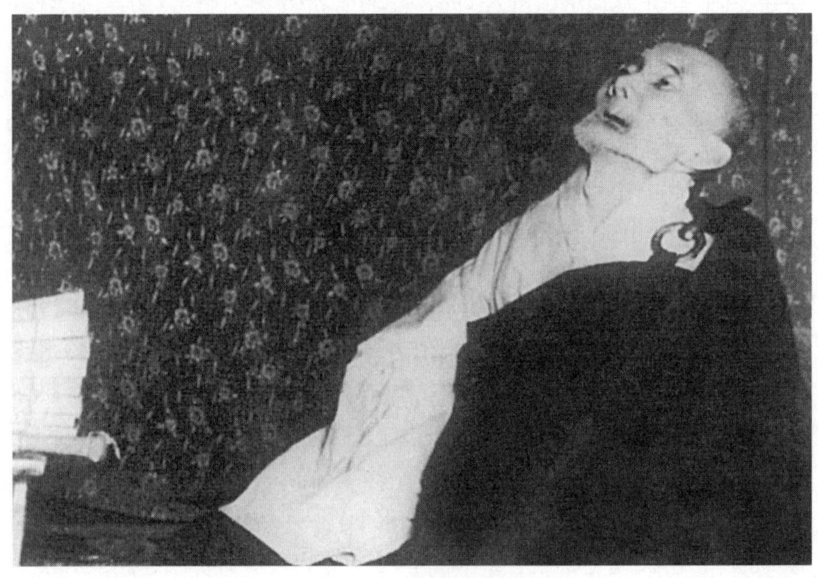

한암 스님 좌탈입망의 모습

조계종의 산파 지암 이종욱

그러나 이처럼 한암 스님이 목숨을 걸고 지킨 상원사는 무사하였지만, 천년고찰 월정사는 불에 타 하루아침에 잿더미로 변하고 말았다. 당시 월정사를 지키던 스님들은 군인들이 상원사처럼 절의 문짝을 뜯고 구들장을 파놓으면 불을 지르지 않겠다고 해서 그렇게 하고 피난을 갔는데, 절 아래 월정삼거리 지서에서 경찰들이 사람을 시켜 마침내 월정사에 불을 지르게 하였다고 한다.

한암 교정이 열반에 들자 1951년 6월 20일 피난지 부산 경남교무원에서 조선불교 교단 차원의 봉도식奉悼式과 49재가 거행되었다. 이날 사십구재에는 지암 스님이 법주가 되고 석암 스님과 자운 스님이 독경사가 되어 의식을 거행하였는데 종단 지도부와 백낙준 문교부장관이

6 · 25때 국군의 지시로 잿더미가 된 월정사 터(9층석탑과 석조보살상만 남아 있다)

참석하여 조사를 하였다. 마지막으로 조사를 한 지암 스님은 구구절절한 말씀을 잇지 못하고 응응 목 놓아 울었다고 한다. 당시 사십구재의 광경을 〈불교신문〉(1951년 10월)은 이렇게 기록하고 있다.

특히 월정사 주지 이종욱사師의 조사는 마이크의 전파를 따라 나오는 마디마디의 애끓는 구절과 두 눈에서 폭주하는 비루와 함께 말끝을 맺지 못하는 종욱사의 울음소리에 전원 조객은 누구나 다 낙루치 않은 분이 없었다.

지암은 마음으로 존경하고 의지했던 한암 스님의 열반과 자신이 출가하여 전 생을 받쳐 지키고 가꾸어 왔던 월정사가 잿더미로 변한 비통한 상황이 겹쳐 슬픔을 주체할 수가 없었다. 무릇 모든 형상이 허망하다는 것은 알지라도 깊은 인연이 사라져 다시 볼 수 없음을 어찌 할 수 있으랴! 참으로 슬픈 일이 아닐 수 없었다.

그러나 한 인물이 가면 다시 새로운 인물이 나오는 법이다. 교정 한암 스님의 사십구재가 끝난 지 한 달이 지난 1951년 6월에 총무원은 중앙교무회를 열고 한암 스님의 후임 교정으로 백양사의 만암종헌 스님을 추대하였다. 새 교정에 추대된 만암 스님은 해방 이후 백양사를 중심으로 고불총림을 만들어 수행과 교화가 승가의 본분사라며 수행 중심으로 사풍을 진작하여 많은 불자들로부터 신뢰를 받은 분이었다.

5장

10

다시 총무원장이 되어 사찰 토지를 되찾다

· 지암어록

다시 총무원장에 선출되다

한암 스님이 떠나고 월정사가 잿더미가 되어 지암은 마음 한 구석에 허전함을 채울 수가 없었지만, 다시 현실로 돌아가 치열한 활동을 해 나갔다.

그러던 중 1951년 가을에 피난지 부산 경남교무원에서 열린 조선불교 제10회 중앙교무회에서 지암 스님은 다시 불교 지도자들의 뜻으로 총무원장에 선출되었다. 광복 직후 교단 소임에서 스스로 물러난 지 6년 만이었다. 지암은 세수 68세로 모든 소임을 놓고 뒷방으로 물러나야 할 때였지만, 교단이 직면한 난제를 해결해 나가는 데 지암의 지혜와 능력 그리고 경륜을 높이 평가하여 다시 총무원장직을 맡겼다.

연로한 지암이 다시 총무원장에 추대된 데에는 몇 가지 배경이 있었다.

당시 불교계 지도자들은 심각한 위기의식에 휩싸여 있었다. 일제강점기에 각고의 노력 끝에 총본산 건설에 성공하여 전국 본말사가 통일적인 교단제도를 갖추었고, 광복 이후 일제의 잔재인 사찰령을 폐지하고 조선불교로 교단을 혁신하여 불교 중흥을 이루고자 하였으나 미군정과 이승만 정권은 사찰령을 유지하는 등 기독교 중심의 종교편향 정책으로 불교계는 어려움에 처했다.

또한 북한의 무상몰수 무상분배라는 혁신적인 토지개혁에 영향을 받아 남한에서도 1949년 6월에 유상몰수 유상분배의 원칙으로 시행된 농지개혁의 영향으로 전국의 모든 사찰이 대대로 물려받아 지켜온 많은 농지가 값싼 지가증권을 받고 몰수되었다. 사찰 운영의 기반이었던 농지가 소작인들에게 넘어 가니 스님들에게 그 충격이 컸다. 이것은 생존의 문제로 직결되었다.[191] 사찰은 많은 사찰 소유 농지를 사하촌 주민들에게 소작을 주어 거기에서 세를 받아 절을 유지하여 왔다. 그런데 당장 사찰 농지를 국가가 가져가고 조그마한 보상의 지가증권을 받고 보니

---

191) 대부분의 사찰이 농지개혁으로 타격을 입었으나 봉선사는 운허 스님의 지혜로 대안을 만들었다. 운허 스님은 만주에서 독립운동을 하다가 우연한 인연으로 출가하였다. 광복이 되자 봉선사 주지와 경기도 교무원장을 맡았는데 독립운동 동지들이 나오라 하여 1945년 조선혁명당 총무부장을 맡아 정치활동을 하였다. 운허 스님은 앞으로 한국불교가 절을 유지하려면 예전과 같은 방식으로는 안 된다며 봉선사 주변의 토지만 남겨 놓고 다른 토지는 처분하여 학교를 세웠다. 그것이 지금 봉선사가 운영하고 있는 광동중·고등학교다.

조계종의 산파 지암 이종욱

당장 생활이 문제가 되었다. 이제는 사찰 선원에 안거 수행하는 선승들의 양식을 대기가 어렵게 되었다. 이에 선승들의 불만도 높아갔다.

더구나 전쟁이 일어나 산중의 많은 사찰이 월정사처럼 전화를 입어 불타거나 많은 스님들이 죽기도 하였다. 많은 천년고찰과 문화재들이 하루아침에 잿더미로 변해갔고, 스님들이 생명의 위협을 받고 있었다.

이에 불교계는 교단을 중심으로 화합하고 지도력을 발휘하여 정부의 정책에 대응해야만 했었나 하는 내분과 갈등으로 대외적인 영향력을 발휘할 수가 없었던 것이다. 실제 해방 이후 6년 동안 조선불교 총무원장은 김법린, 박원찬, 김구하 스님 등 세 분이나 거쳐 갔다. 한 마디로 교단의 지도력이 확보되지 못한 것이다.

이러한 교계의 현실에서 지암은 일제강점기의 엄혹한 상황에서도 총본산 건립을 주도하였고, 일제와의 교섭을 통해 조선불교조계종의 합법화를 성취하여 한국불교를 반석 위에 올려놓은 공적이 있었으며, 더구나 지금은 국회의원에 당선되어 정치력을 발휘할 수 있는 좋은 여건을 갖추고 있었기에 적임자로 추대된 것이다.

68세의 지암도 일신의 편안함보다 한국불교와 교단의 수호와 중흥이 우선이었기에 원장 소임을 기꺼이 다시 맡았다.

지암이 특유의 지도력을 발휘하여 난국을 타개하다

6년 만에 교단의 책임을 맡은 지암은 먼저 총무원의 체계부터 정비하였다. 비록 부산에 피난 와 있는 처지이지만, 불교도들과 소통을 강화하기 위하여 〈불교신문〉을 다시 부활시켜 주간으로 발행케 하고 불교계 기사를 넘어 일반 소식도 싣도록 하고 인력도 보강하였다.

또한, 전국 사찰과 승려의 전쟁 피해 상황을 조사하였다. 전쟁으로 많은 사찰이 불에 타거나 스님들이 죽어갔다. 이러한 상황을 각도 교무원을 통하여 조사하고 집계해 나갔다. 이를 바탕으로 전쟁의 어려운 여건에서도 승려 법계고시를 시행하여 승풍진작을 지속적으로 추진하였다. 아울러 총무원의 부족한 재원을 확보하기 위하여 '승니의무금'으로 1인당 5천 원씩을 받았다.

더 나아가 총무원은 경남교무원에 교화활동을 강화하기 위하여 피난 와 있는 종립 동국대학교 교수진을 활용하여 불교강좌를 시행하였다. 당시 〈불교신문〉에 의하면, 7일간 불교특별강좌에 남녀청강자가 1천2백여 명으로 대성황을 이루었다. 더불어 동국대 교수진을 중심으로 최남선, 양주동, 김동화 등 민족문학자 백여 명이 모여 민족문학을 연구하기 위하여 민족문학의 원천인 불교를 연구하고자 해동불교문화림을 조직하였다.[192] 그리고 총무원 주최로 전국 종립 중학교장회를 소집하여 교육방침과 교재에 관하여 토의케 하였다.

한편으로 총무원은 전쟁시기에 전국 불자들의 애국정신과 자긍심을 드높이기 위해 밀양 표충사에 구국고승 사명당의 동상을 건립하는 사업회를 발족시켜 전국적인 모금운동을 추진하였다. 총무원은 그 사업

---

192) 〈불교신문〉 1951. 10.

비로 십일억 원을 책정하였는데, 정부와 국민 모금 5억 원과 스님·신도 모연 6억 원으로 충당했다.

지암이 총무원장에 취임하여 교단 체계를 정비하고 활발하게 사업을 추진하여 그 소식을 〈불교신문〉을 통하여 전국 불자들에게 알려 나가자 불교계 분위기가 달라지기 시작하였다.

총무원은 이를 기반으로 정부와 교섭하여 문교부장관 이름의 사찰 주지 신분증을 교부받아 가람 수호와 문화재 보존에 활용하도록 하였다. 당시에 전국 사찰은 전쟁 중에 군인이나 경찰이 작전에 따라 사찰을 불태우거나 소개하였는데, 주지스님들의 신분이 증명되지 않아 가람 수호에 어려움이 많았다. 이를 타개하기 위해 총무원은 문교부장관 명의의 신분증을 발급받아 활용토록 하였다.

지암은 1952년 9월 25일부터 10일간 일본 동경 서본원사에서 개최된 제2차 세계불교도대회에 조선불교 총무원장과 국회의원 자격으로 한국을 대표하여 참가하였다. 비록 전쟁 중의 어려운 여건이었지만, 세계불교도들에게 한국불교의 존재를 알리고 교류의 길을 터 나갔다 (〈동아일보〉 1952년 9월 19일자).

지암, 사찰의 농지를 되찾다

1949년 6월에 제정된 농지개혁법과 1950년 3월에 그 시행령이 공포되어 1950년 10월에 본격적으로 실행된 농지개혁으로 불교 사찰은 크나큰 위기를 맞았다. 본래 사찰은 신도의 시주와 대대로 시주로 기증된 불공답佛供畓에서 나오는 소작료에 의하여 유지되었다.

그런데 남한 단독 이승만 정부가 수립된 이후 국가가 추진한 농지개혁은 경작자 소유의 원칙 아래 '유상몰수 유상분배'를 입법화하고 시행하였기에 사찰은 대대로 시주 받아 전해 온 불공답을 몰수당할 처지가 되었다. 사찰이 대대로 전해 온 시주물인 불공답을 하루아침에 잃게 되는 상황이 되었으니 사찰은 존립에 심각한 위기를 맞게 된 것이다.[193]

본래, 정부가 국회에서 만든 '농지개혁법'에는 종교단체와 교육기관, 고아원 양로원 등은 소유 농지는 "정부로부터 확인을 받으면 매수 및 분배 대상에서 제외('농지개혁법' 6조와 '동법 시행령' 11조)"되었다. 왜냐하면 이러한 소유지를 일시에 잃게 되면 그 기관, 단체의 경영 및 운영에 지장을 가져오게 되어 사회적으로 큰 문제가 될 것이기 때문에 농지개혁 대상에서 제외했던 것이다.[194]

그러나 법의 예외 조항이 있었음에도 불구하고 실제 집행과정에서 정부는 사찰의 입장을 전혀 고려하지 않고 집행하였고, 사찰 또한 세상 물정에 둔감하여 사찰 토지를 지키는 적극적인 대응을 하지 못했다. 이런 상황에서 1951년 9월, 지암은 불교계 지도자들의 뜻으로 다

---

193) 김광식, 「1945~1980년 간의 불교와 국가권력」, 동국대 불교문화연구원, 『불교학보』 제58집 별쇄본, 221쪽 ; 김광식, 「농지개혁과 불교계의 대응」, 『한국 현대불교사연구』, 불교시대사, 2006 참조.
194) 한국농촌경제연구원, 『농지개혁사연구』 1989, 638쪽.

시 총무원장에 취임하게 되어 이 사찰 토지의 전면 유실 문제에 대한 대책을 마련해야 했다. 지암은 이미 월정사에서 사유 토지를 지킨 경험이 있었다. 이런 사실을 알고 있던 불교계 지도자들은 지암이 총무원장을 맡아 이 문제를 해결해 주길 바랐던 것이다. 지암은 불교 사찰의 재산을 지키기 위해 국회의원 신분도 활용하여 이승만 대통령을 비롯한 정부 당국자들에게 수행과 국보·보물 등 문화재를 보존 관리하고 있는 사찰의 특수성을 설득하고 사찰 토지의 반환을 요구하였다.[195]

당시 사찰의 어려운 상황과 이를 해결하기 위한 불교계의 노력은 한국농촌경제연구원에서 펴낸 『농지개혁사연구』에 이렇게 나와 있다.

원래 사찰의 기본적인 유지 재원은 대체로 신도들이 시주(기부)한 불공답佛供畓(田)에서 나오는 소작료에 의존하고 있었다. 이 논밭을 농지개혁으로 일시에 잃게 되자 사찰유지는커녕 승려들의 생계마저도 어렵게 되었다. 상황이 이렇게 되자 불교계의 지도자들은 기회 있을 때마다 대통령과 정부요로에 사찰 농지의 반환을 건의 또는 진정했다.

실제 사찰이 일시에 농지를 잃게 되자 운영기반이 붕괴되어 갔다. 불교계가 일대 위기를 맞게 된 것이다. 지암 총무원장을 비롯한 불교 지도자들은 대통령과 정부 당국자들에게 사찰 소유 농지의 특성을 고려한 예외 조항을 만들어 반환을 강력히 요구하였다.

---

195) 조계종, 『조계종사 - 근현대편』, 조계종출판사, 189쪽.

이러한 노력이 주효하였는지 1952년 이승만 대통령은 국무회의에서 두 차례 지시를 내렸다.[196]

사찰 보호 특히 부동산 처분으로 인한 재원고갈에 관하여 사찰유지에 관한 대책을 강구하라(1952년 4월 1일. 제25차 국무회의에서 대통령 유시).

그러나 대통령이 두 차례나 지시하였음에도 불구하고 농림부는 아무런 대책을 내놓지 않았다. 이에 지암 원장은 대통령의 사찰보호 대책 유시가 나오자 즉각 다음날인 1952년 4월 2일에 사찰유지대책위원회를 구성하고 후속 대응책 마련에 나섰다. 위원회는 사찰 농지를 문교재단의 농지와 동일하게 취급, 사찰의 지가증권으로 기업체 인수에 대한 편의, 적산사찰의 재산을 불교에 무상으로 양여, 전화로 소실된 사찰 복구에 특별 융자, 국보사찰 및 중요사찰의 유지비의 일부를 국고에서 지출 등을 정부 당국에 요구하였다.[197]

정부는 불교계의 적극적인 문제제기와 대통령의 지지 유시, 그리고 불교교단의 사찰유지대책위원회의 요구사항을 참고로 관계 부처 장관들이 그해 5월 13일에 '사찰보호 유지책'을 수립하였다. 이 사찰 유지책은 1952년 5월 20일 국무회의를 통과하였는데 요지는 이렇다.

---

196) 한국농촌경제연구원, 『농지개혁사연구』 639쪽.
197) 김광식, 「1945~1980년 간의 불교와 국가권력」, 221쪽.

조계종의 산파 지암 이종욱

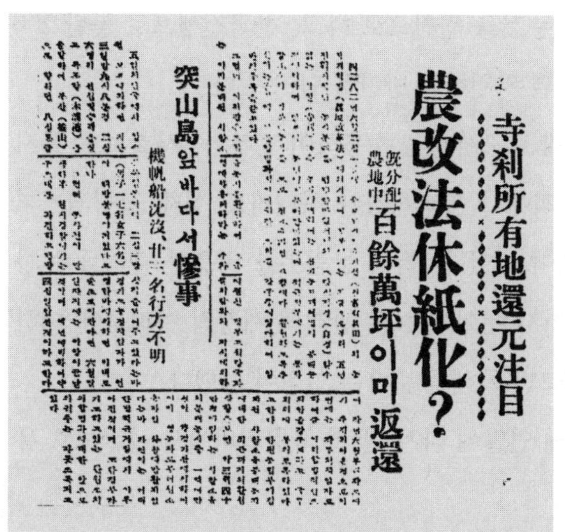

정부가 사찰토지의 반환을 고심
하고 있다는 기사(《동아일보》
1954년 6월 7일자).

-. 사찰 자경농지 공인에 관한 건

-. 사찰소유 농지에 대한 특별 보상액 결정의 건

-. 사찰 또는 사찰유지 재단의 유지 운영에 대한 특별 융자에 관

한 건

-. 귀속 사원 사용권 이양에 관한 건

-. 사찰 복구에 관한 건

즉, 정부의 내무부와 문교부, 농림부는 사찰에 대하여 자경농지를
전혀 인정하지 않던 방침에서 수정하여 사찰의 자경농지를 인정하고,
사찰소유 농지는 '문교재단 소유농지 특별보상법'의 일부 조항을 개정
하여 문교재단에 준하는 특별보상을 하며, 전 일본인 불교 재산인 귀

속 사원은 사찰로 넘기는 것을 원칙으로 하고, 한국전쟁으로 불탄 200
여 개 사찰에 대하여 특별 지원하는 방안을 담고 있다.

그러나 이처럼 불교계 요구사항을 수용하여 정부가 '사찰보호 유지
책'을 수립하여 국무회의에서 통과시켰다 하더라도 실제 집행되기까
지는 여러 가지 어려움이 있었다. 특히 농림부를 비롯한 관리들은 사
찰이 민족문화의 산실이자 문화재 보존 관리의 재정적 어려움에 대하
여 이해하지 못하고 불교만 특혜를 준다는 인식이 강했다.

이승만 대통령은 그해 연말에 다시 한 번 국무회의에서 사찰보호 유
지를 지시하였다.

사찰에 대하여는 자경할 수 있는 정도의 일정한 농토를 반환하는
등의 방법으로 사찰보호를 기하라(1952년 12월 15일. 제109차 국무회의
에서 대통령 유시).

불교계의 지속적인 민원과 구체적인 대안 제시에다 대통령의 강력
한 의지천명이 계속되자 농림부는 더 이상 외면하지 못하고 문교재단
소유농지 특별보상법 시행령을 개정하여 1953년 5월에 공포하였다.
이것은 불교계의 민원이 제기되고 대통령의 첫 유시가 내린 지 1년이
더 지나서야 성사된 것이다.

그러나 정부의 이러한 조치에도 불구하고 이미 이전에 사찰 농지를
유상으로 불하받았던 많은 농민들은 토지의 반환에 비협조적이었다.
천 년 이상을 전해 온 사찰의 토지라 하더라도 이미 국가법령에 의거

하여 합법적인 취득을 하였던바 되돌려 줄 이유가 없었던 것이다.

이승만 대통령은 정부의 여러 조치에도 불구하고 사찰 토지의 복원이 어려움을 겪자 또 다시 사찰 농지의 반환 방법까지 제시한 담화문을 직접 작성하여 언론에 공표하였다.

사찰을 보호 유지하자!

나라마다 사찰과 교회당 등 건물은 그 나라 문화재 遺傳하는 국보이므로 종교상 관계는 막론하고 누구나 다 공유물을 보호하는 직책이 있는 것인데 우리나라에서는 농지개혁법이 실시된 이후 사찰에 소속한 전답을 다 국가에서 매수해서 농민에게 나누어 주었으므로 그 절의 중들은 먹을 것이 없어 다 흩어져 버리고 몇 백 년 된 문명의 遺傳物을 다 포기하게 되었다. 또 무식한 백성들이 뜯고 깨뜨려 가져가고 보니 지붕이나 장벽이 퇴락되는 것을 수리할 생각은 고사하고 다 각각 제 물건이 아니라고 해서 그저 버려두고 있는 실정이다. 얼마 안 되어 다 퇴락되고 썩어져 없어지고 말 것이니 … (생략) …

우리나라 사찰들은 동양의 다른 나라 사찰들과 달라서 도시나 민간가옥에 섞여 있지 않고 보통 궁벽하고 名勝한 산천 속에서 세상과 떠나서 거기서 … (생략) …

이 모든 사찰을 구호하려면, 먼저 각 사찰의 소속으로 그 절 접경에 있어서 중들의 自農으로 일꾼을 한둘 얻어서 그 안에서 농사지어 살 수 있는 땅은 정부에서 도로 내주어 중들이 농사해서 살 수 있게 만들어 주어야 결단 난 건물을 보호라도 하는 사람들이 있겠고, 또

그 중들은 새는 지붕을 고칠 수도 있게 될 것이며, 또 민간에 다니며
불공이나 시주를 얻어서 수리할 기부금도 얻을 수 있게 될 것이다.
그러니 토지들을 이전에 사서 이미 농사짓는 사람들에게 이것을 알
려주고 그 사람들에게 받은 돈은 되돌려 주고 이 땅을 사찰에 붙어주
되 그 토지는 앞으로 國有物로 해서 어디 팔거나 양도하지 못하도록
해야 할 것이다. 만일 이 절에서 가서 살며 경작할 중이 없으면 정부
에서 俗人이라도 얻어서 사찰을 보호하도록 해 주어야 될 것이다. …
(생략)…**198)**

독실한 개신교 장로 출신의 이승만 대통령이 낸 이 '사찰을 보호 유
지하자!'는 담화문은 국보·보물의 문화유산을 보호 유지 관리하는 사
찰의 역할에 대하여 존중하고 이를 정부가 적극 배려하고 뒷받침할 것
을 촉구하는 전향적인 의지를 천명하고 있다.

실제로 사찰은 오랜 역사 동안 농지를 시주받아 가람과 민족문화유
산을 유지 보존하여 왔다. 해인사나 통도사, 송광사 같은 큰 사찰의 경
우 수백 명의 스님들이 수행을 하고 가람과 문화재를 지키는 데 많은
식량이 필요하였다. 그러나 정부 관리들은 사찰 농지의 이러한 역사와
특성을 전혀 고려하지 않은 채 '경자유전'과 '유상몰수 유상분배'라는
원칙 아래 획일적으로 농지개혁을 추진했던 것이다. 불교계 또한 일부
인사들은 사찰 토지의 이러한 특성을 인식하지 못하고 '무상몰수 무상

---

198) 한국농촌경제연구원, 『농지개혁사연구』 639~640쪽.

조계종의 산파 지암 이종욱

분배'를 주장하는 등 혼란을 자초하여 종단조차 확고한 입장을 가지고 정부에 대응하지 못한 책임도 있었다.

어쨌든 정부 수반인 대통령이 사찰 토지 반환의 강력한 의지천명은 불교계 입장에서 큰 힘이 되었다. 지암 원장은 정부를 더 강력히 압박하기 위하여 전국 사찰에 지침을 시달하여 '사찰자경농지 확인신고서'를 일괄 작성하여 보고토록 하고 이 전국 사찰 농지 확인신고서를 문교부를 경유하여 농림부로 바로 일괄 접수하였다.

대통령의 거듭된 강력한 지시와 불교계의 적극적인 탄원을 받은 농림부는 내무부와 문교부 협의를 거쳐 1953년 7월에 '사찰자경농지 사정요령'을 제정하여 농림 · 내무 · 문교 3부 장관 연명으로 각 도지사에게 지침에 따른 처리를 이렇게 지시하였다.

(전략) 이번 전국의 자경농지 확인신고서를 불교 중앙총무원에서 일괄하여 문교부를 경유 당부에 제출하였기에 귀 관하 사찰분을 별지와 같이 송부하오니 농지개혁법 제6조1항5호 규정에 의한 개별적 자경농지 확인 신고 수속절차를 생략하고 사찰유지상 필요한 최저한도의 자경농지를 별지 사정요령에 의거 … (생략) … 사정하여 '사찰실태조사'(양식 1)를 작성, 관계서류를 첨부 速急副申進達하심을 무망함(1953년 7월 6일 『農地』 제1764호 '사찰자경농지 조사보고에 관한 건').[199]

---

199) 한국농촌경제연구원, 『농지개혁사연구』 640쪽.

【 사찰자경농지 보유면적 한계는 아래 기준에 의함 】

요 령	단 위	평 수	비 고
① 본당(대웅전)	건평(평당)	50평	
② 부속건물	건평(평당)	30평	
③ 국보	1점당	500평	
④ 천연기념물	1점당	300평	
⑤ 승려	1인당	200평	

〈사찰자경농지 사정요령〉

자경농지로 인정할 수 있는 농지

① 농지개혁법 공포 전(1949년 6월 21일 이전)의 사찰소유농지

② 이해관계자(경작자)의 포기 승낙한 농지

③ 사찰소재지로부터 2㎞ 이내에 있는 농지

대통령의 강력한 담화문과 내무 · 문교 · 농림 3부 장관 연명의 사찰 농지 반환지침의 기준은 본당(대웅전) 건평 1평당 농지 50평, 부속건물 건평 1평당 30평, 국보(문교부지정) 1점당 500평, 천연기념물 1점당 300평, 승려 1인당 200평이었다. 즉 사찰의 스님 수, 법당과 당우 수와 넓이, 국보 등 문화재의 수에 따라 사찰 농지 소유 면적을 정하고 이를 재분배하였다. 이렇게 하여 천년고찰은 대대로 전해 온 사찰 유지 전답을 되찾을 수 있는 정부의 기준을 확보하게 되었다.

그러나 정부의 이러한 지침에도 불구하고 이미 분배받아 경작하고 있던 농지를 경작자들이 포기하게 하는 것은 쉬운 일이 아니었다. 여기에는 일정한 공권력의 개입이 불가피하였다. 이에 지암은 1953년 7월

27일 불교중앙 총무원장 이종욱 명의로 각 사찰 주지에게 경작자들에게 포기승낙서를 받는 구체적인 요령을 담은 강력한 지시문을 보냈다.

포기승낙서

右는 현 경작자별로 별지에 날인을 받되 만일 그들이 불응시에는 소괄 지소장에게 그 전말을 상세히 진술하여 경찰에게 적절한 방법으로 경작자로부터 날인을 받아 달라고 신고할 것

右 경작자가 불응할 시 조처할 것은 旣히 내무부를 통하여 또는 당원에서 직접 전국 각지 경찰서장에게 無違시달된 것이니 양지하시압

지암 원장은 이와 같이 사찰의 토지를 반환 받기 위하여 정부를 강력히 압박하고 적절히 활용하여 어느 정도 사찰의 토지를 되찾을 수 있게 된 것이다.[200)]

1954년 6월 7일자 〈동아일보〉에 의하면, 농림부가 집계한 사찰소유 농지 환원 상황은 약 340만 평의 대상지 중 100여만 평이 행정기관에 의하여 사찰로 환원되었다고 한다. 1957년 정부자료에 의하면, 사찰에서 자경농지로 신청한 사찰이 225개 사찰 262만여 평의 전답이었는데, 확인된 면적은 231만여 평으로 기록되어 있다.

사찰 토지를 대부분 잃어버리게 된 절대적인 위기 상황에서 그나마 이를 되찾게 된 것은 당시 지암 원장의 원력과 김법린 문교부장관의

---

200) 대한불교조계종 교육원, 『조계종사 - 근현대편』, 조계종출판사, 2001, 189쪽.

역할이 긴요하였다. [201]

1957년 정부 통계자료에 의하면 당시 사찰자경농지 확인상황은 이렇다.

【 사찰자경농지 확인상황(1957년 12월 31일) 】 단위 : 평

구분 시 도	사찰 수	신청면적			확인면적		
		전	답	계	전	답	계
서 울	6	3,465	52,207	55,672	3,465	43,777	47,242
경 기	30	54,640	152,584	207,224	54,640	152,584	207,224
충 북	18	121,620	125,760	247,380	121,620	125,760	247,380
충 남	45	130,147	200,610	330,757	129,085	198,682	327,767
전 북	19	77,375	138,490	215,865	77,375	138,490	215,865
전 남	18	29,045	133,166	162,211	29,045	133,166	162,211
경 북	48	43,966	286,279	330,245	42,387	281,782	324,169
경 남	26	11,948	445,188	457,136	11,948	445,188	457,136
강 원	이남 1	8,729	1,085	9,814	5,003	246	5,249
	수복지구 14	38,933	566.686	605,619	15,704	306,000	321,104
계	225	619,868	2,102,055	2,621,923	489,672	1,825,675	2,315,347

출처: 한국농촌경제연구원, 「농지개혁사연구」, 641쪽.

그러나 정부의 이러한 뒤늦은 사찰 농지 반환 조치에도 불구하고 농지는 이미 상당수 소유권이 넘어 간 것으로 보인다. 농지개혁 시행이 4년이나 경과하여 사찰은 강제로 농지를 매수당하고 받은 지가증권을

---

201) 김법린은 제3대 문교부장관(1952. 10. 30 ~ 1954. 4. 20)이었다. 김법린은 범어사에 승적을 둔 승려로 중앙학림(동대의 전신)을 졸업하였고, 3·1 운동에 참가하여 상해임시정부와 연계된 불교청년운동을 하였다. 일제강점 말기 불교계 항일운동조직인 만당결사를 하다 감옥살이까지 한 독립운동가다. 광복 이후 조선불교의 총무원장과 동국대학교 총장을 역임하였다.

조계종의 산파 지암 이종욱

활용하여 목포 대광유지, 광주 전남여객, 강원도 강원여객, 경남 밀양 모직 등에도 투자했으나 경영부실로 얼마 되지 않아 흐지부지되었다.

당시 '생산불교'라는 이름으로 사찰의 스님들이 벌인 이 사업들은 대부분 경영에 실패하거나 종단정화 과정의 혼란기에 소유권이 불명확해져 상당수 삼보정재가 유실되고 말았다.

종립 동국대학을 종합대학교로 승격시키다

광복 이후 불교교육 분야에서는 혜화전문학교의 종합대학 승격이 과제였다. 일제의 탄압으로 폐쇄당한 혜화전문은 광복 이후 다시 문을 열어 대학승격을 추진했다. 당시 미군정은 고등교육을 4년제 단과대학과 종합대학교로 차등하여 관리했는데, 종합대학교 승격에는 3개이상의 단과대학과 일정한 재원이 필요했다.

이때 경성제대는 서울대학교로 개신교계의 연희전문과 이화여전은 연세대학교와 이화여자대학교로 종합대학 승격을 하였고, 보성전문은 고려대학교로 승격되었다. 불교계도 혜화전문을 종합대학교로 승격시키는 것이 숙원이었다.

1946년 5월에 총무원은 중앙교무회를 열고 38선 이남의 사찰에서 재산을 얼마간 출연하여 혜화전문을 동국대학교로 승격을 추진하였다. 그러나 혜전은 종합대학 승격 조건인 3개 단과대학에 미치지 못하는 3개 학과밖에 없었고 재단 기본재산도 부족하여 1946년 9월에 4년

제 동국대학으로 할 수밖에 없었다. 하지만 불교계는 동국대의 종합대학교 승격을 포기할 수 없었다. 1947년 11월에 총무원은 중앙교무회에서 조계학원을 동국학원으로 개명하고 전국 사찰림 2할을 학교 기본재산으로 출자하기로 결의하였다.

그러나 불교계가 내분에 휩싸이고 전쟁이 나자 전국 사찰의 동국학원 재산 출연은 지지부진하였다. 총무원의 집행력이 약화되었을 뿐더러 사찰이 재산을 내놓는 것을 꺼려했기 때문이다.

이러한 상황에서 총무원장에 취임하여 동국학원 이사장을 겸직하게 된 지암은 교육과 인재양성의 중요성을 너무나 잘 알고 있었기에 동국대학의 종합대학 승격을 본격적으로 추진하여 나갔다. 먼저 지암은 학교의 발전을 위해선 재원이 확보되어야 한다는 생각으로 전국 사찰의 재산 출연을 적극적으로 독려하였다. 지암 자신이 주지로 있던 월정사의 오대산 동쪽 소금강 근처 산림 1백만 평을 학교에 기부하여 먼저 모범을 보이면서 통도사와 송광사 등 전국 사찰을 설득하여 나갔다(지금도 조계종 종립 동국학원의 기본재산에서 월정사에서 기부한 토지가 가장 많다).

1951년 가을에 열린 제10회 교무회에서 동대 기금으로 각 사찰이 사유림 2할을 급속 양도하되 그 대가를 현금으로 납부할 때에는 매평당 1원 하던 것을 30원으로 올려 납입할 것을 결의하여 독려하였다.[202] 그 결과 사찰림의 2할을 기부하기로 결의한 사찰은 381개에 달하였다.[203]

---

202) 〈불교신문〉 1951. 12. 11.
203) 『동국대학교 백년사』 224쪽.

한편 지암은 전국 사찰의 방대한 사찰림의 관리와 개발을 위해 동국 대학에 임학과 개설을 추진하여 1951년 12월에 인가를 받았다. 이것 은 사립대학 최초의 임학과 개설이었다. 당시 신문보도에 의하면 남한 사찰에만 사찰림이 3십3만 정보에 달하며, 이중 2할인 6만6천 정보가 동국대학이 소유하고 있었다.[204] 까닭에 동국대의 임학과 신설은 월정 사나 통도사, 범어사가 자진해서 소유 사찰림을 동국대 임학과의 연습 림으로 제공하겠다 할 정도로 교계는 환영하는 분위기였다.

1952년 10월 말에는 광복 이후 조선불교 총무원장을 역임한 범어사 의 김법린이 문교부장관에 임명되었다. 지암은 이 인연을 활용하여 동 국대의 종합대학 승격에 주력하였다. 지암은 학교 당국자들과 협의하 여 학부를 불교대학·문과대학·법정대학·농림대학으로 늘리고 대 학원 석사과정을 증설한 동국대학의 종합대학 승격안을 1953년 2월초 에 최종 인가를 받았다. 당시 사립대학 중에서 농림대학이 설립된 곳 은 동국대가 처음이었다.

이리하여 광복 이후 불교계의 숙원이었던 종립 동국대의 종합대학 승격이 확정되었다. 이 과정에서 학교 당국자들의 노력은 물론 조선불 교의 총무원장이자 동국대 이사장인 지암 스님과 당시 김법린 문교부 장관의 역할과 지원이 긴요하였다. 최근 동국대에서 펴낸 『동국대학 교 백년사』(226쪽)에는 이렇게 기록하고 있다.

---

204) 〈불교신문〉 1951. 11. 19.

전쟁의 상처가 아물기도 전에 우리 학교가 획기적인 발전을 이룩한 데는 학교 당국의 비상한 노력과 더불어 명진학교 출신인 이종욱 재단 이사장과 중앙학림 출신인 김법린 문교부장관의 헌신적인 노력이 있었기에 가능하였다.

지암이 다시 총무원장에 취임한 뒤 눈부신 활약으로 불교계는 매우 활발발한 분위기로 변하였다. 사찰의 농지 소유 문제와 동국대학의 종합대학 승격 문제 등 중요한 현안들이 해결되었다. 광복 이후 국권회복의 호시기에도 해결하지 못한 이러한 숙원 과제들을 지암은 전쟁의 혼란기에 원만하게 처리한 것이다.

지암의 인품과 도량을 보여 준 일화

지암은 서울에서 31본산 주지 대표와 종무총장 소임을 살 때에 동대문 밖 창신동 달동네에 13평짜리 토굴에 머물렀다. 1950년 5월 국회의원이 되고도 그 토굴을 이용하였다. 전쟁이 터지자마자 지암은 바로 부산으로 피난을 떠났다.

곧이어 인민군이 서울을 점령하고 인민위원회가 통치하게 되자 한 젊은 스님이 날마다 창신동 지암의 토굴을 지켰다. 이 스님은 매우 총명하여 지암의 도움으로 동국대를 다녔기에 처음에 주변 사람들은 지암이 걱정이 되어 그런 줄 알았다. 그러나 이 젊은 스님은 서울을 점령한 인민위원회에 가담하여 불교 지도자이자 국회의원인 지암을 색출하여 인민군에 넘기고 출세하려고 했다. 그래서 그 스님은 날마다 토굴에 와서 지암을 찾고자 한 것이다. 그런데 몇 달이 지나 전세가 역전되어 인민군이 물러가고 국군이 서울을 수복하자 이 스님은 북으로 가지 못하고 남았다.

지암이 서울에 돌아와 이 소식을 들었을 때 주변 사람들은 그 스님의 배은망덕한 처신을 욕하면서 당장 잡아다 부역죄로 처벌해야 한다고 하자 지암은 그저 웃기만 했다. 그런데 얼마 뒤에 정말로 그 스님이 경찰에 체포되어 조사를 받게 되었다. 지암은 그 소식을 듣자마자 바로 젊은 스님을 구하기 위해 직접 경찰서로 가는 등 여러 경로를 통해서 영향력을 발휘한 결과 그 스님을 무죄 방면시켜 주었다. 주변 사람들이 저런 배신자는 그냥 두어서는 안 된다고 말하자 지암은 이렇게 말했다고 한다.

"그 사람은 불제자가 아니냐? 이 나라에 누가 부역하고 싶어 하는 사람이 어디에 있느냐? 더구나 승려가 되어 누가 배신, 배은자가 되고 싶어 하는 사람이 있겠느냐? 시대를 살다보니 마지못해 이러지도 저러지도 못하는 생활이 되어진 것이고 본심은 그런 것이 아니었을 것이다. 그리고 승려의 자격을 갖추려면 행자생활, 사미생활, 비구생활, 보살생활 이렇게 이어가다 보면 어언 십오 년 이십 년 세월이 흘러가는 법인데 그 스님도 출가한 지 이십 년이 다 되어가고 있지 않는가? 시주물이 그만큼 쓰여진 것이다. 또 젊은 학승이 아닌가?

그렇게도 신심있게 노력한 스님 아닌가? 다 우리의 국운이요, 민족의 슬픔이다. 누가 누구를 탓할 것인가! 힘이 있는 자는 힘 없는 자를 도와야 하는 것이 진리이거늘 평등성의 행동을 못하는 자 누구의 탓인가?"

이렇게 하여 지암의 은덕으로 풀려난 그 젊은 학승은 훗날 더욱 더 정진하여 종립 동국대 학장도 지내고 탁월한 설법력으로 교화에 큰 업적을 남긴 대학승이 되었다.

그런데 지암이 다시 총무원장을 맡아 산적한 교단의 숙원 과제를 하나하나 해결해 나갈 그 즈음에 한국불교를 뒤흔들 근본적인 문제가 서서히 자라고 있었다. 그것은 바로 사찰의 한 귀퉁이 선방에서 정진만 하던 선승들의 움직임이었다. 일제강점기와 광복 이후 산중에서 수행만 하던 선승들이 서서히 교단 전면에 등장하기 시작했다.

다시 조계종의 총무원장으로 교단을 책임지고 있던 지암은 전혀 예상하지 못한 새로운 운명을 맞이하게 되었다.

11

종단정화와 대한불교조계종의 출범

宗師가 月精寺 住持 35년 여에 당하여 末寺管理, 布教教育 등 위대한 業績을 거론할 여지가 없거니와 특히 漢岩 宗正을 輔翼하여 20여 년간 안으로 禪院을 外護하고 밖으로 總務院長 및 東大 理事長 등을 歷任하면서 宗政을 領導해온 그 卓越한 안목과 博厚한 力量은 누구도 追從을 不許했던 것이다.

· 탄허 스님이 지은 지암의 비문 중에서

선승禪僧들의 움직임과 승단 정화운동의 촉발

숭유억불의 조선왕조 5백 년이 끝나고 등장한 일제강점기 36년 동안 한국불교계에 전례 없는 새로운 풍조가 나타났는데 그것은 '대처승帶妻僧'이었다. 불교의 교조인 석가모니부처님은 깨달음의 진리를 실천하는 제자들의 공동체를 승가僧伽라 하고 계율을 정했는데, 이 승가는 독신 비구·비구니들의 수행공동체를 말하는 것이었다. 2천5백 년 불교사와 1천6백 년 한국불교사에서 승려는 청정 독신 비구·비구니승을 말하는 것이었다.

그런데 일제강점기를 거치면서 전통의 독신 비구승은 소수화 되고 '대처승'이 절대 다수가 되어 갔다. 일본불교는 오래전부터 승려의 대처제도가 허용되어 왔는데, 일제 총독부는 한국불교에 일본불교계의 대처승제도를 도입하여 확산을 조장하였다.

한국불교의 청정 승가 전통은 일제강점기를 거치면서 심각한 위기에 직면하였다. 일제강점 말기 통계에 의하면 전국 승려 수를 7천 명으로 집계하고 있는데, 그중 독신 비구승은 선원 방함록을 기준으로 약 500명 정도로 추산되었다. 당시 사찰에 선승禪僧을 제외한 스님들의 절대 다수가 결혼을 하여 처자식을 거느리고 살고 있었던 것이다.

반면에 사찰의 선원을 중심으로 수행에만 전념하던 선승들은 대부분 독신 비구승들이었다. 이 비구승들은 비록 소수였지만, 부처님의 가르침과 지계 정신에 의거하여 수행한다는 자부심이 강하였고, 일본불교의 수준을 낮게 보고 대처승에 비판적인 입장이었다.

이미 1920년대에 선승들은 독자적으로 서울에 '선학원禪學院'이라는 사찰령 통제를 벗어난 거점을 확보하고 전국적인 교류를 시작하였다.[205] 3·1 만세운동에 불교계를 대표하여 참가한 용성 스님은 선승 127명의 서명을 받아 일제 총독부에 승려의 대처제도 폐지를 건의하기도 하였다. 선승들은 1934년에 선학원을 재단법인 선리참구원으로 전환시켰으며, 한국불교의 전통이 선종에 있다는 자부심으로 '조선불

교선종'을 선포하고 종헌宗憲을 제정하기도 하였다. 1941년에 선승들은 선학원에서 유교법회를 개최하여 비구 선승들의 수행 정신을 선양하였다.

광복 이후 선승들은 다양한 형태로 불교 정신의 회복을 추진하였다.

먼저, 선학원 계통의 경봉, 석주 스님 등의 선승들은 광복 이후 교단 지도부가 개혁에 미온적이자 청년불자들과 혁신계 등과 연대하여 혁신동맹에 참여하다가 대처승 중심의 총무원에 대항하여 총본원을 조직하고 대치하였다.

다음으로 해인사의 가야총림과 백양사의 고불총림 등 산중 사찰의 흐름이다. '총림叢林'이란 선종의 수행도량으로 선원, 강원, 율원, 염불원을 갖춘 종합 수도원을 말한다. 광복 이후 총림의 복원을 통한 수행승풍의 진작 논의는 교단차원에서 추진되었다. 1947년 11월에 송광사에 주석하던 효봉 스님을 가야총림의 조실로 모시고, 청담 스님이 입승, 구산 스님이 도감을 맡아 운영에 들어갔다.

당시 백양사에 주석하던 만암 스님도 독자적으로 고불총림을 시작하였다. 광복에 즈음하여 불조혜명을 잇고자 백양사를 중심으로 고불총림古佛叢林을 조직하였다. 만암 스님은 백양사의 본·말사와 포교당을 아울러 청규를 제정하고 독신 비구승을 정법중, 대처승을 호법중으로 구분하여 점진적인 정화를 추진하였다.

이러한 흐름과 달리 1947년 희양산 봉암사에는 전혀 새로운 결사운동이 추진되었다. 성철, 자운, 보문, 우봉 스님이 '부처님 법대로 살자'는 정신으로 공주共住규약을 제정하고 결사를 시작하였다. 그 후 청담, 향곡, 월산, 혜암, 법전, 지관, 도우, 의현 스님 등 참가자가 20~30명으로 늘어났다. 이 결사는 화두참선을 중심으로 능엄주를 보조수행법으로 공부하였다. 또한, 조선조에 8천민으로 강등된 스님들의 위의를 세우기 위해 신도들이 스님에게 3배하는 예절이 시행되었고, 장삼도 자운 스님이 송광사에 전해오던 보조 스님의 장삼을 본떠 지금과 같은 형태로 만들어 입었다. 비록 한 도량에서 몇몇 선승들에 의하여 시작된 결사였지만, 이것은 '부처님 법대로 살자'는 불교정신을 천명하여 승단의 정화와 현대 한국불교 중흥의 불씨가 되었다.

그러나 안타깝게도 선학원과 봉암사 결사운동 그리고 가야총림·고불총림의 교단개혁과 승풍진작 흐름은 1950년 전쟁의 발발로 중단되고 말았다. 하지만 결사와 총림을 통하여 부처님 법대로 살고 수행승풍을 진작하려는 정신은 이후에 새로운 형태로 표출되기 시작했으니 그것이 바로 승단정화僧團淨化운동이다.

교단 이름을 '조선불교'에서 다시 '조계종'으로

1949년의 농지개혁과 1950년 전쟁의 발발은 사찰에도 심각한 타격을 주었다. 사찰은 대대로 모아온 농지에서 나온 소출로 수행 생활을 해왔는데, 사찰 농지를 지가증권을 주고 강제 수용하여 경작자들에게 배분해 버리니 당장 스님들의 생계가 위협을 받았다. 특히, 사찰의 선원에서 참선 수행에만 전념하여 온 선승들은 농지개혁으로 사찰의 수

조계종의 산파 지암 이종욱

입이 타격을 입자 식량난에 직면하였다. 당시 사찰의 주지는 대부분 대처승들이었기 때문에 사찰 수입은 대체로 처자식을 부양하는 데 먼저 사용하고 남은 경우에만 선원에 식량을 대어 주었다.

이러한 상황에서 전쟁까지 터져 사찰에서 선원은 운영을 중단하고 선승들은 뿔뿔이 흩어지게 되었다. 까닭에 선승들은 수행에 전념할 수 없게 된 교단 현실에 문제의식을 가지게 되었다.

1952년 봄에 선학원의 대의 스님은 선승들이 수행에 전념할 수 있게 조선불교의 교정 만암 스님에게 몇 개의 사찰을 달라는 건의서를 냈다. 이에 만암 교정은 이 건의를 계기로 평소 고불총림을 운영하면서 대처승을 호법중으로 수용하되 점진적으로 정화를 해 나가는 방안을 총무원장 지암에게 지시하였다. 지암은 1952년 가을에 통도사에서 정기중앙교무회를 열어 이 문제를 안건으로 다루고 만암 교정의 지시를 수용하여 대안을 만들기로 결의하였다.

이어 1953년 4월에 지암 총무원장은 불국사에서 열린 법규위원회 회의에서 이 문제를 본격적으로 논의하여 총무원 차원에서 수좌(선승) 전용 사찰을 월정사, 직지사, 동화사, 보문사, 신륵사 등 18개 사찰을 지정 결의하였다. 그러나 지암 총무원장이 자신의 재적사찰인 월정사를 내놓는 등 고심어린 결단으로 18개 사찰을 수좌 전용사찰로 제공하겠다는 법규위원회의 결의와 발표는 수좌승과 대처승 양쪽의 반발을 낳았다. 수좌승들은 총무원이 발표한 18개 사찰에 삼보사찰이 한 곳도 포함되지 않았고, 숫자도 작은 것에 불만이었다. 또한 대처승도 왜 다른 절은 놔두고 우리 절을 내놓아야 하느냐며 반발하였다.

지암 총무원장은 참으로 곤혹스러웠다. 그야말로 진퇴양난이었다. 같은 불자들이 신념과 처지에 따라 편이 갈라져 심각한 갈등을 하니 수습이 난망하였다. 총무원은 18개 사찰의 비구 수좌승 할애를 추진하였으나 협조가 되기는커녕 오히려 총무원을 성토하였다. 이에 비구 수좌승들도 속히 사찰의 양도를 촉구하는 등 갈등은 더 깊어만 갔다.

그러나 지암은 교단의 책임자였다. 이 문제를 바르게 풀지 못하면 엄청난 비극이 올 수밖에 없었다. 지암은 교정 만암 스님과 깊이 의논하여 양쪽 다 수용할 방안을 모색해 나갔다.

그러던 중 1954년 5월 20일 이승만 대통령이 불교정화를 촉구하는 담화문을 느닷없이 발표하였다. 이 대통령은 담화에서 교단과 사찰은 독신 비구승이 담당하여 운영하고 대처승은 사찰 밖으로 나가라는 것이었다. 대통령의 갑작스러운 정화 지지 담화는 소수의 비구 수좌승들에게 큰 힘을 불어넣었다.

사실 대통령이 정교분리가 헌법에 명시된 자유민주주의 국가에서 불교교단 문제에 개입한 것은 헌법을 위반한 심각한 문제였다. 독실한 기독교 장로였던 이승만 대통령의 불교 내분 개입은 심대한 파장을 예고하는 것이었다. 교단을 책임지고 있던 지암 원장은 위기의식이 깊어갔다. 서둘러 교단 내분을 수습해야 했다. 이제 칠십이 넘은 지암은 교단에서 마지막 소임이라 판단하고 수습에 전념하였다.

그리하여 대통령의 정화지지 유시가 발표된 지 한 달 후인 1954년 6월 20일에 중앙교무회를 열어 교정 만암 스님이 지시하고 선학원의 대의 스님이 건의한 내용을 바탕으로 그간 논의한 수습안을 종합하여 조선불교 교헌敎憲 개정안을 상정하여 통과시켰다. 교헌 개정의 핵심은 교단 명칭을 '조선불교'에서 다시 '조계종'으로 복원하고, 교헌을 종헌으로, 승려를 비구는 수행단, 대처승은 교화단으로 이원화하는 것이었다. 이러한 종헌 개정과 동시에 비구 선승들의 수행도량으로 48개 사찰을 할애하는 방침을 정했다. 이것은 당초 불국사 회의 때 18개 사찰이었던 것을 48개로 늘려 비구승들을 더 배려하고자 하였다.

총무원장에서 물러나다

중앙교무회에서 이러한 총무원의 입장이 확정되자 지암 원장은 이제 자신의 소임이 끝났다고 생각하고 사임하였다. 지암은 어느덧 71세가 되어 있었다. 일선에서 물러나 절 뒷방에서 유유자적해야 할 나이에 다시 종단을 맡아 동분서주하여 난제를 해결하고 '조계종'을 다시 복원하면서 종단 내분의 수습책까지 확정하고 물러난 것이다. 무릇 물러나야 할 때를 모르고 집착하는 모습은 추한 법이다. 지암은 8·15 광복 때와 마찬가지로 1954년 '조계종' 복원이 확정되면서 스스로 물러났다.

그러나 종단은 지암의 기대와 달리 내분은 분규로 치닫고 있었다.

종단차원에서 비구 선승들에게 사찰 운영권을 넘겨주기로 확정한 48개 사찰의 대처승들은 이 총무원의 방침을 결사적으로 반대하였다. 어찌 보면 대처승뿐 아니라 그 가족들의 생계가 걸린 문제이니 물러난다는 것이 쉬운 일은 아니었다. 종단이 방침을 확정하여 어느 정도 기대를 하고 있던 비구 선승들은 사태가 이렇게 부정적으로 흘러가자 종단이 확정한 사찰의 양도가 불가능하다는 판단을 하고 보다 근본적인 승단의 정화를 모색하기 시작했다.

1954년 6월 21일 선학원에는 정화를 주도하던 비구 선승들이 모여 금오 스님을 위원장으로 하는 불교정화운동 발기위원회를 결성하여 며칠 뒤에 정화운동을 본격화할 조직으로 불교교단정화대책위원회를 출범시켰다. 9월에는 전국비구승대회를 열어 비구승 중심의 종단을 천명하고 독자적인 종헌을 제정하고 총무원 집행부 구성과 종회의원 선출까지 하였다. 종정에 만암 스님을 그대로 추대하고, 부종정은 동산 스님, 도총섭은 청담 스님이 선출되었다.

1954년 11월 4일 이 와중에 이승만 대통령은 정화를 지지하는 2차 담화문을 발표한다. 비구측의 정화를 지지하는 메시지였다. 비구승들은 힘을 얻어 다음 날인 11월 5일 선학원에 집결하여 바로 태고사로 진입하여 종단 인수를 요구하고 '태고사' 현판을 '조계사'로 바꿔 달았다. 종단의 이름이 '조계종'이므로 '조계사'라 한 것이었다.

그러나 대처측은 비구측의 종단 인수를 거부하면서 물리적인 충돌이 일어나 분규 양상으로 치달았다. 이에 비구 선승들은 종단을 인수할 때까지 물러나지 않겠다며 결사의 각오로 조계사 마당에 솥을 얹고 법당에서 단식기도에 돌입하였다. 이러한 기세에 놀란 대처측은 물리적인 저지와 충돌로는 사태를 수습할 수 없다고 판단하고 마침내 11월 23일 종권을 비구측에 넘겨주기 위해 종단집행부의 총사직을 단행하

조계종의 산파 지암 이종욱

였다.

　이러한 비구측의 결사적인 정화추진과 사찰의 기득권을 지키려는 대처측의 대립과 갈등은 1955년 8월 전국승려대회를 기점으로 완전히 비구측으로 기울었고, 4·19와 5·16을 거치며 정권이 바뀔 때마다 엎치락뒤치락 하다가 1962년 박정희 군사정권이 집권하여 군부의 강력한 의지로 비구 중심의 종단재건이라는 비구·대처측의 타협이 이루어져 '통합종단 대한불교조계종' 출범으로 일단락되었다.

정화로 월정사를 떠나다

　1954년 6월 총무원장에서 물러난 지암은 오대산 월정사로 돌아왔다. 그러나 정화 바람은 오대산으로도 불어 닥쳤다. 당시까지는 큰절인 월정사는 지암 스님을 중심으로 대처승들이 운영하고, 상원사는 한암 스님과 그 제자들인 비구승들이 맡아서 운영하였다. 특히 지암은 한암 스님과 그 제자들을 잘 모셨기에 큰 갈등 없이 화합하여 산중에서 지내왔던 것이다.

　한암 스님은 승단 정화에 여느 비구스님들과는 입장이 달랐다. 광복 직후 정화운동을 주창해 왔던 청담 스님이 상원사로 찾아와 대처승을 내쫓아야 한다고 하자, 한암 스님은 "더러운 것 다 버리고 깨끗한 곳에 살 수 있을 것 같으냐?" 하시면서, "일은 급하게 해서는 안 된다. 사람을 키워 가면서 해야지. 그러면 불교가 오히려 망한다"라고 말씀하셨

다고 한다.[206]

그러나 한암 스님이 가고 없는 지금, 상황은 변했다. 승단에 매섭게 불기 시작한 정화 바람은 오대산에도 몰아쳤다. 상원사에 은거하던 비구승들은 선학원과 중앙 종단의 방침에 따라 월정사로 내려와 지암 스님만 남고 나머지 대처승을 다 나가라 요구하였다. 월정사 비구승들은 월정사와 종단의 대공로자에 대한 마지막 예우는 갖추고자 했다.

그렇지만 71세의 지암은 한 마디도 하지 않고 그냥 월정사를 떠났다. 당신을 따르는 많은 대처승 제자들을 보내고 혼자 있을 수는 없었던 것이다. 지암은 노구를 이끌고 상좌가 있는 원주 보문사에 잠시 머물다 다시 떠나 정처 없이 산천을 유람하다가 전라도 선운사 도솔암에 발길이 닿았다.

거기에서 한 총명한 청년을 만났는데 그가 바로 천운 스님이다. 천운은 이미 내장사에서 한영 스님 문하에 출가하였다가 군에 입대하여 복무하고 제대한 직후였다. 이미 은사 한영 스님은 입적하셨기에 다시 출가와 환속을 고민하던 차에 지암 스님을 도솔암에서 만난 것이다. 그 자리에서 천운은 지암 스님을 스승으로 모셔야겠다는 마음이 일어나 재출가를 결심하고 다시 비구계를 받은 뒤 돌아가실 때까지 모셨다.

---

206) 김광식, 「현해 스님 인터뷰」, 『그리운 스승 한암 스님』, 민족사, 2006.

12

아름다운 회향

지암의 마지막 원력 주문진에 포교당을 열다

1960년이 되자 지암은 77세가 되었다. 지암은 노년이 되자 고향 생각이 자주 났다. 지암은 가람 수호가 안정된 이후에는 절에서 사비를 들여 부모님 재를 꼭 지내왔다고 한다. 남다른 효심을 가진 지암은 이제 삶을 마감할 때가 되니 마지막으로 고향을 찾아 뒷정리를 하기 위해 양양 상광정리를 찾았다. 고향은 언제나 편안했다. 지암은 조부모님과 부모님 묘소에서 유골을 수습해서 화장을 하고 명주사에서 천도재를 지냈다.

지암은 세상에 태어난 인연의 마을에서 정리할 일을 마치고 돌아오는 길에 주문진에서 하루 묵게 되었다. 그때 인연있는 지인들과 어부들이 찾아와 주문진에는 아직도 절이 없다며 절을 세워줄 것을 간청하였다. 지암은 자신이 오랫동안 월정사 주지를 하면서 교구 내의 시군소재지마다 포교당과 유치원을 세워 불법홍포에 힘을 쏟아 왔지만, 정작 주문진읍은 미처 세우지 못했다는 기억이 되살아났다. 자신이 태어나 자라고 출가까지 한 고향 가까운 읍내에 불법홍포가 부진하다는 생각이 들자 지암은 발걸음을 뗄 수가 없었다.

지암은 마지막 남은 힘을 다해 이곳 고향 땅 주문진에 포교당을 세우겠다는 원을 세웠다. 지암은 우선 임시 거주처를 알아보니 마침 오막살이 빈집이 있어 처소 겸 포교당으로 정하고 80세 노구를 이끌고 전법에 나섰다. 상좌들은 말렸다. 그 연세에 이렇게 고생하지 마시고 잘 모시겠다고 청하여도 지암은 요지부동이었다.

"이것이 내 마지막 원력이다. 하다가 죽더라도 하는 데까지 해 보겠다."

1962년 개창 당시의 동명사와 지암 스님의 친필 '東明寺' 사액

조계종의 산파 지암 이종욱

하는 수 없이 상좌 중에 막내인 목운 스님과 손상좌인 성담 스님이 옆에서 시봉하면서 활동을 도왔다. 지암은 오막살이에 천막을 치고 임시법당을 세워 그 이름을 동명사東明寺라 지었다.

지암의 말년 수행

지암은 80세가 되었으나 수행을 멈추지 않았다. 거동이 불편했으나 의식은 성성했다. 지암은 말년에 틈틈이 화두를 챙기면서 『금강경』 독송을 수행으로 삼았다.

『금강경』은 '공空'을 강조하는 대승불교의 핵심경전이고, 조계종에서 소의경전으로 삼고 있다. 부처님은 『금강경』에서 "선남자 선여인이 보살심을 발하여 이 경이나 이 경의 사구게 만이라도 받아 지니고 읽고 외우고 다른 이를 위해 연설해 주면, 그 복이 무한한 삼천대천세계를 칠보로 가득 채워 보시하는 공덕보다 더 크다"고 말씀하셨는데, 이와 같은 가르침을 실천하는 수행이 금강경 독송 수행이다.

지암은 평소에도 제자들에게 『금강경』의 가치를 높이 말하였고, 또 『금강경』 한 구절을 가지고 설법하는 법도 가르쳤다. 지암의 금강경 독송 수행은 1일 4독을 규칙적으로 하였는데, 하루 중 오전 5시, 10시, 오후 4시, 8시 등 네 번 시간을 정해 놓고 『금강경』을 소리 내어 독송하였다. 지암은 입적하기 직전까지 단 하루도 이 1일 4독을 어긴 적이 없었다. 혹 외출 때에도 경을 보자기에 싸서 가지고 다니면서 정한 시간이 되면 버스나 기차 안 등 장소를 가리지 않고 독송을 하였다.

독립운동가들의 초혼문을 짓고 천도재를 봉행하다

1962년에 지암은 79세로 이제 살 날이 얼마 남지 않았다고 생각하였다. 그 해 백중날 지암은 동명사에서 젊은 시절 항일운동을 함께 하였던 위국선열지사들의 극락왕생을 기원하는 천도재를 조촐하게 봉행하였다. 사찰은 백중날에 전통적으로 망자의 영혼을 달래어 극락왕생을 기원하는 천도재를 거행하는데 당시 지암은 특별히 자신과 인연한 항일지사들의 천도재를 '위국선열초혼爲國先烈招魂 및 백중천도식百衆薦度式'으로 거행하였던 것이다.

지암은 노년에 수전증으로 글씨를 쓸 수가 없어 천도재에 읽을 '초혼문'은 구술하고 한 신도가 대필하여 지었는데, 이 '초혼문'은 지금도 남아 있어[207] 당신의 절절한 심정을 읽을 수가 있다. 이 '초혼문'에는 1962년 당시 79세의 노년에 먼저 간 1919년 3·1 운동과 상해임시정부 등 항일운동 동지들의 영혼을 위로하고 극락왕생을 기원하는 애절한 내용으로 이루어져 있다.

'초혼문'의 첫 내용은 3·1 운동 직후인 1919년 4월에서 1921년 3월

---

207) 박희승, 「자료 발굴-이종욱의 '초혼문' 과 '대동단 활동의 동기'」, 『불교평론』 2001년 봄호 참조.

까지 지암이 상해임시정부에서 내무부 참사와 의정원 의원직을 맡아 국내 독립운동조직을 위해 '연통제'를 추진할 당시 내무부 총장으로 '연통제'를 구상하였던 안창호가 이종욱에게 국내에 잠입하여 '연통제' 조직을 부탁하는 광경을 회상하면서 도산을 추모하고 있다.

아울러 지암은 '초혼문'에서 대동단 총재 김가진과 전협, 정남용, 전진원 등의 공로를 치하하고 위로하는 추모의 마음을 표현하였다. 특히, 지암은 대한제국 대신 출신의 김가진이 국내를 탈출하여 상해임시정부로 망명할 때 직접 안내 동행하였던 터라 더 각별한 심정을 담았다. 전협은 대동단 단장이며, 정남용은 건봉사 스님 출신으로 대동단 총무를 맡아 독립운동에 눈부신 활약을 하다가 일경에 체포되어 옥사하였다. 지암은 20대 중반의 꽃다운 나이의 정남용 스님이 "종로구치소에서 적의 매에 못 이겨 즉석에서 사망하였다"고 회상하고 위로하였다.

또한 지암은 상해임시정부의 내무부 참사였을 때 같은 내무부 경무국장이던 김구와 재무부장이었던 이시영을 회고하며 그 공적을 위로하였다. 특히, 지암은 이 '초혼문'에서 1946년 1월 2일 백범 김구가 이시영과 자신을 진관사로 가자고 제안하여 함께 구파발 진관사에 방문하여 독립운동을 회고한 사실을 회상하고 있다.

지암은 '초혼문'에서 항일운동조직인 청년외교단의 연락원인 전진원全鎭源을 천도하였다. 지암이 상해임시정부의 지령으로 국내에 잠입하여 연통제 국내본부를 조직할 때 전진원은 경의선 철도기관차를 운전하던 역무원으로 청년외교단원인 동시에 상해임시정부의 비밀교통국의 연락원이었다. 그는 1919년 중반경 상해임정의 교통국이 설치한

만주 이륭양행에 도착한 임정의 각종 비밀문서, 자료, 물품 등을 서울 만리동에 거주하던 지암에게 전달하여 활동을 돕다 체포되어 옥고를 치른 인물이다.

지암은 이 천도재에서 항일운동 당시 자신과 인연하였던 모든 이들을 호명하며 극락왕생을 간절히 기원하였다. 이를 통하여 지암은 얼마 남지 않은 인생을 하나하나 정리하였다.

그런데 지암은 말년에도 철저히 수행자다운 면모를 잃지 않았다. 1960년 무렵 맏상좌인 대운이 원주 보문사 주지로 있을 무렵 지암은 2년여 동안 보문사에서 주석했다. 이때 대운은 스승의 나이 어느덧 80세를 바라보니 행장이라도 정확히 정리해 놓아야 하겠다는 생각으로 지암에게 "오늘은 스님 역사를 좀 기록해야겠습니다" 하니, "왜 내 행장을 꾸미려느냐?" 하고 말했다. 대운은 다시 "행장을 꾸미고 안 꾸미는 것은 별 문제이오나 상좌가 스님 역사는 알아야 하지 않겠습니까?" 하니, 지암은 그 뜻을 수긍하고 탄생에서부터 유년기, 득도, 수학, 교육, 사찰수호, 종단통일에 이르기까지 비교적 자세히 설명해 주었다.

하지만 지암은 독립운동에 관해서는 구체적인 이야기를 하지 않고 "월정사에 불교전문강원을 설립하고 스스로 교편을 잡은 것은 월정사 본말사의 청년승려 교육도 중요하지만 나 자신이 불교학을 좀더 깊이 연구하기 위함이었는데, 기미년에 불타는 애국충정을 못 이겨 독립운동에 뛰어들었기 때문에 불교학 연구계획은 수포로 돌아가고 말았다" 라고 말하며 이야기를 그쳤다. 이에 대운이 "독립운동하시는 과정에서 하신 일과 겪은 사연을 구체적으로 이야기해 주십시오"라고 말하니, 지암은 "승려의 행장은 불교학이나 불도 수행 또는 사찰수호, 종단발전, 중생교화가 필요하고 값있는 것이지 독립운동 같은 것은 비록 국가, 민족을 위한 일이긴 하지만 중이 꼭 해야 할 일은 아니야"라고 말을 아꼈다.[208]

종단에서 지암의 입적처로 화엄사를 배려하다

1968년 지암이 세수 85세, 법랍 73세가 되었다. 지암도 이제 기력이 쇠약해졌다. 그래서인지 지암은 만년에 시자에게 이런 말도 남겼다.

내가 젊어서 주지가 되었을 때 월정사의 노장들이 뒷방에 계시면서 부탁하기를, 밤에 화장실 다니기가 불편하니 화장실을 좀 가까운 곳에 지어달라고 부탁을 했는데, 그때는 위생도 그렇고 해서 냉정하게 거절했는데 지금 나이가 들고 보니 노스님들 말씀이 일리가 있다는 생각이 든다. 그때 내가 잘못 생각했었다.

생로병사의 이치는 생명이 있는 존재는 누구도 피할 수 없는 법이다. 지암도 노년이면 피할 수 없는 병고를 겪었고, 이제 죽음이 멀지

---

208) 대운, 「恩法師 지암당 종욱대종사 약전 편찬에 즈음하여」 1989년 10월 작성 미발표 원고.

않다는 것을 느꼈다.

이 무렵 조계종단은 지암의 사제인 영암 스님이 총무원장을 하고 있었다. 영암은 종단의 대공로자이자 사형인 지암 스님이 이름 없는 포교당에서 입적하게 할 수는 없다고 생각하고는 도반인 해인사 자운 스님과 상의해서 효상좌로 이름난 천운 스님을 총무원으로 불러 올렸다. 사숙의 부름을 받고 올라온 천운은 총무원장실에서 영암 스님과 자운 스님을 만났는데, 갑자기 자신을 구례 화엄사 주지를 맡으라 했다. 그러나 천운은 자신은 아직 젊으니 공부를 더 해야지 큰절 주지를 맡아 번거로운 살림을 사는 것이 싫다고 거절하였다. 그러자 총무원장 영암과 자운 스님은 이렇게 말했다.

자네에게 화엄사를 맡기려 하는 것은 지암 스님을 위한 것이다. 종단의 대공로자이고 총무원장을 지낸 분을 저렇게 이름 없는 절에서 돌아가시게 할 수는 없다. 그래도 본사에서는 돌아가시게 해야 하지 않겠느냐? 마침 구례 화엄사 주지 자리가 비었으니 가서 주지를 맡아 지암 스님을 모시고 돌아가실 때까지 보살피다 돌아가시면 다비까지 해 드려야 한다.

천운은 사숙의 이 말에 감동하여 은사를 위해 주지를 맡았다. 은사 지암 스님이 총무원장과 동국대 이사장을 맡아 종단을 이끌어 갈 때는 수많은 사람들이 찾아와 머리를 조아리며 아부를 했는데, 원장에서 물러나고 월정사마저 떠나 이름 없는 토굴에 머물자 아무도 찾는 이가

조계종의 산파 지암 이종욱

없었다. 그런데 두 스님은 지암의 인물됨과 공적을 평가하고 보은을
함에 천운은 가슴이 뭉클했다.

지암, 1969년 화엄사에서 입적하다

천운 스님은 총무원에서 주지 임명장을 받아 화엄사로 내려가 주지
에 취임하고 지암 스님을 모실 준비를 했다. 화엄사는 당시 종단의 모
든 절들이 그랬지만, 방사도 부족하고 살림도 형편이 없었다. 하는 수
없이 영산전을 지암 스님을 모실 처소로 꾸미고 주문진 동명사로 모시
러 갔다.

지암은 노환으로 몸이 불편한데도 상좌들이 화엄사로 모시려 하자
이제 주문진 동명사에 법당 터를 다져 법당을 세우려 하는데 떠날 수
없다고 고집했다. 하지만 총무원장이 된 사제 영암 스님과 자운 스님
의 부탁이 있었다는 말을 듣고는 그 뜻을 수용하였다.

1969년 여름에 화엄사로 주석처를 옮긴 지암은 이제 세수 86세였
다. 지암은 노년의 불편한 몸보다 부처님 법을 전하는 데 여전히 관심
을 쏟았다. 상좌 천운에게 전법에 한시도 게을러서는 안 된다며 화엄
사에 정기법회와 보살계 수계산림과 가사불사를 권했다. 그리고 지암
은 손상좌들에게 『초발심자경문』을 가르쳤다.

지암은 이제 가야할 때가 다가왔다고 생각해서인지 화엄사로 문안
오는 오대산쪽 제자들에게 오대산 물을 먹고 싶다고 물을 떠오라 해서

그 물을 마셨다. 그리고는 입버릇처럼 오대산으로 가고 싶다고 했다. 마지막으로 제자들에게 주문진 동명사의 대웅전 불사를 잘 마무리해 달라고 간곡히 부탁했다. 이것이 지암의 마지막 바람이었다.

그러던 1969년 가을이 절정에 달하던 어느 날 아침공양 후에 문안 온 주지 천운에게 지암은 조용히 오른 손을 들고는 말했다.

"나는 이제 가야겠다. 너무 오래 있었다."

천운 스님은 이 말을 평소 오대산으로 돌아가시겠다는 예삿말로 들었다.

"아이고 스님, 가시기는 어디를 가셔요! 여기서 제가 잘 모실테니 편안히 계셔요!"

지암 스님의 열반상

그렇게 말하고는 물러나와 오전 일을 보았는데 시자가 달려와 큰스님이 돌아가셨다고 했다. 곧바로 영산전으로 달려가니 지암은 평소 잠든 모습처럼 편안하게 원적하였다.

천운은 지암이 "나는 가네!" 한 그 말뜻을 그제사 알아차리고는 주체할 수 없는 눈물을 흘렸다. 이 날이 1969년 11월 3일로 음력으로는 9월 24일이었다. 지암의 세수 86세, 법랍 73세였다.

이렇게 하여 19세기 말 개화기에 태어나 20세기 굴욕과 고난의 시대

조계종의 산파 지암 이종욱

에 오대산 월정사를 지키고 항일구국운동과 민족문화수호에 헌신하여
조계사와 조계종을 재건한 한 거목이 "나는 가네!" 한 마디를 남기고
조용히 삶을 마감하였던 것이다.

지암의 다비, 사리를 남기다

지암이 입적하자 사제 영암 스님을 비롯하여 해인사에서 정진하던
상좌 지월 등 많은 제자와 지인들이 화엄사로 와서 조문하였다. 정계
인사로는 독립운동가로 국무총리를 지낸 이범석, 국회의장을 지낸 백
두진, 윤치영 등이 조문하였다.

당시 〈불교신문〉(1969년 11월 9일)에 지암의 입적 기사가 이렇게 났다.

이종욱 스님 입적 – 88세로 구례 화엄사서

불교계 거성이며 이 나라 정계(제헌국회의원), 교육계 발전에 일생
을 바친 고 이종욱 스님 영결식이 지난 7일 오전 11시 화엄사(전남 구
례군 마산면 황전리)에서 엄수됐다. 이날 영결식에는 동대 교직원, 종
단 인사, 영암 전 총무원장과 문도, 친지들이 많이 동참하였다. 식을
마치고 종욱 스님의 유해는 화엄사 다비장으로 옮겨 사부대중의 장
엄한 기도를 올리는 가운데 다비를 끝냈다. 세수 88세로 지난 3일 구
례 화엄사 조실로 주석하면서 수도에 전념하는 한편 후학양성에 힘
썼다. 고 종욱 스님은 일찍이 명진학교(동대 전신) 제1회 졸업생 약관

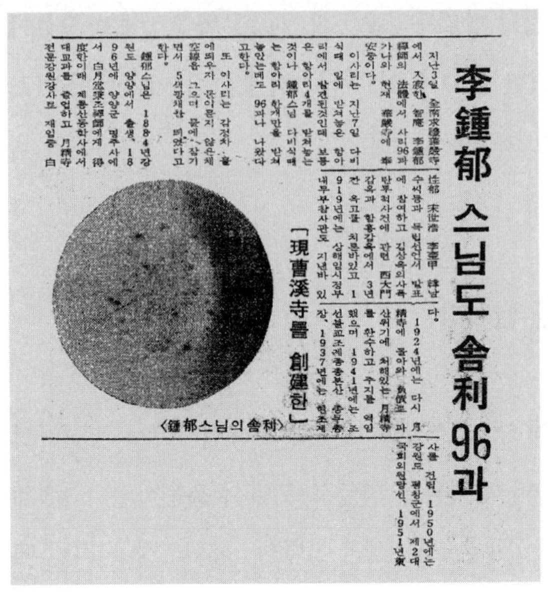

李鍾郁 스님도 舍利 96과

「現曹溪寺를 創建한」

〈鍾郁스님의 舍利〉

이종욱 스님 사리 96과 소식을 보도한 기사(《불교신문》 1969년 11월 16일자).

으로 불가에 귀의하여 득도를 했다.

스님은 종단정화 전 총무원장을 역임하며 불교유신과 중흥에 힘을 썼으며 월정사 중건에 큰 공덕을 쌓았다. 조국이 광복되기 전 뜻있는 인사들과 독립운동에 가담했으며 해방 후에는 제헌국회의원으로서 소임을 다했다.

한편 불교 유일의 종립 동국대 창립 당시 재단발전에 노력하는 한편 이사장의 책임을 맡았다. 또한 세계불교도대회에도 참석, 한국불교를 국제무대에 널리 선양했다.

지암은 오일장으로 하여 영결식을 치르고 다비를 하자 많은 사리가 나왔다. 당시 〈조선일보〉(1969년 11월 15일)에는 '화엄사 지암스님 몸서 사리 96개'라는 제목으로 이렇게 기사가 났다.

화엄사 지암 스님 몸서 사리 96개

법랍法臘 74세로 지난 3일 오전 전남 구례군 화엄사에서 입적한 지암(본명 李鍾郁 86세) 스님의 몸에서 우리나라에서는 최고 기록인 96개의 사리가 나와 화제다. 지난 8일 오전 화엄사 앞뜰에서 있은 스님의 다비茶毘 끝에 녹두알 크기의 45개, 좁쌀만한 51개 등 투명한 수정 같은 빛깔의 사리가 나왔는데 이는 지난 2일 입적한 동암東庵 스님의 40개 보다 56개나 더 많은 것이다.

지암 스님 입적을 알리는 기사(〈조선일보〉 1969년 11월 15일자).

오대산 월정사 부도밭에 있는 지암의 부도와 비석

부록

지암 이종욱 스님 연보

1884(갑신)	1월 13일. 강원도 양양군 현북면 상광정리에서 부친 전주이씨와 모친 경주김씨 사이에 2남으로 태어남. 이름을 학순이라 함. 태어난 지 13일 만에 어머니를 여의고 강보에 싸인 채 이웃에 사는 강릉김씨 경윤을 양부로 성장.
1889(6세)	양부와 양모를 연이어 사별하고 7세가 되는 이듬해에 양조모마저 타계하니 다시 생가로 돌아와 계모 밑에서 성장함.
1896(13세)	11월. 양양 明珠寺로 출가, 白月堂 炳肇 스님을 은사로 득도. 문중의 큰스님의 뜻에 따라 오대산 월정사로 가서 海天月雲 스님을 시봉하며 중대 적멸보궁의 노전 시자가 됨.
1898(15세)	양양 명주사에서 洪莆龍 스님을 계사로 사미계 수지.

1899(16세)   학문에 대한 갈망으로 월정사를 떠나 횡성 봉복사에서 탁발을
              하며 겨울을 보냄.

1900(17세)   안성 칠장사 明寂庵 金慶淳 강백에게 『資治通鑑』 수학.

1901(18세)   계룡산 동학사 강원 碧宇 스님에게 『초발심자경문』 수학. 광
              복 후 『초발심자경문』 한글 번역본 및 해설서를 최초로 펴냄.

1902(19세)   金萬愚 스님에게 2년 동안 『고문진보』, 『八家百選』, 『緇門警
              訓』, 『四集』 수학. 불교의 세계, 불자의 도리가 무엇인가 터
              득함.

1904~1905   순천 조계산 선암사 南庵으로 가 張錦峰師로부터 『치문경훈』
(21~22세)
              수학. 北庵에서 方洪坡 스님에게 『고문진보』 다시 수학. 또
              경운 강백에게 『능엄경』, 『금강경』, 『원각경』, 『화엄경』 수
              학, 이때 진진응, 박한영 스님도 함께 수학함.

              - 송광사에서 李晦光師를 계사로 비구계와 보살계 수지. 계룡
              산 동학사 만우 노사에게 『법화경』 수학.

1906(23세)   서울 원흥사에서 불교계 최초의 근대 학교인 明進學校 입학.

1907(24세)   범어사 청련암과 통도사 취운암에서 田錦坡 강백에게 『능엄
              경』 수학.

1908(25세)   설악산 백담사 오세암에서 설운봉인 스님을 법사로 건당. 설운봉
              인 스님의 은사는 개화당에 참여한 무불 탁정식 스님.

1909(26세)   강원도 건봉사 普眼院 강당에서 羅晴湖 스님에게 『대승기신
              론』 수학, 李鶴庵師에게 『반야경』 수학.

1910(27세)   문경 사불산 대승사 강원에서 金月河 노사에게 『십지경』, 법
              주사 張石霜 노사에게 『원각경』 수학.

조계종의 산파 지암 이종욱

1912(29세)   법주사에서 徐震河 강백에게 『화엄경』 三賢과 玄談을 수강하
             고 12년간의 일대시교와 강원 공부를 마치고 월정사로 돌아옴.

1913(30세)   월정사가 일제의 토지조사사업에 잘못 대처하여 경작지 소작
             인들과의 분규로 30여 정보의 밭과 5천 정보의 임야를 소작인
             들에게 빼앗길 위기에 직면함. 산중회의에서 지암을 '주지대
             리'로 추천하여 소작인들의 위협에도 굴하지 않고 투쟁 끝에
             승소하여 월정사 삼보재산 수호.

1915(32세)   월정사에 강원 개설. 『초발심자경문』 강의.

1917(34세)   월정사 강원 강사를 하면서 감무(지금의 총무) 소임. 주지는 홍
             보룡 스님.

1919(36세)   3·1 독립만세운동이 시작될 때 龍昌恩 스님을 대동하고 서울
             파고다공원에서 3·1 만세운동에 참가.
             - 3월. 李鐸, 손창준 등과 항일결사단체인 '27결사대' 참여.
             - 4월. 인천 만국공원에서 천도교·기독교·유교·불교 등
               각 종교 대표 20명이 모여 임시정부수립을 의결. 불교계 대
               표로 박한영 스님과 참여. 이것이 '한성임시정부'로 나중에
               상해임시정부로 법통이 이어짐.
             - 4월경. 상해로 건너가 임시정부에 참여(내무총장 안창호, 경무국
               장 김구).
             - 7월. 상해임시정부 내무부 특파원 임명. 함남지역에 선전 및
               시위 사명으로 특파. 복귀 후 9월에 경기지역 특파.
             - 10월. 상해임시정부의 국내 비밀연락기구인 聯通制의 국내
               총책 맡음. 특히 항일운동조직인 대동단 등과 긴밀한 관계

를 유지하며 청년외교단, 애국부인회, 대한적십자사 등을
지도. 대한제국에서 농림부 대신을 지낸 김가진 옹을 상해
로 탈출시켜 임시정부에 동참케 함.

– 11월. 대동단과 공조하여 의친왕 이강 공을 탈출시켜 상해
임정에 참여케 하다가 일제에 발각. 파리 국제평화회의에
대한승려연합회 12인 대표 명의로 '불교선언서' 배포.
1920년 3월 〈독립신문〉에 '불교선언서' 전문 게재.

– 12월. 상해임시정부의 내무부 참사 임명.

1920(37세)　상해임시정부 의정원 의원(강원도) 선출. 의정원은 임시정부의
국회 기능.

– 1월. 지암, 신상완, 백성욱, 김법린, 송세호, 백초월 등의
스님들과 상해임시정부와 연계된 '임시의용승군헌제'로 임
진왜란 당시 의승군과 같은 승군 조직 추진. 아울러 해인사,
통도사, 범어사, 석왕사 등 15개 주요 사찰에 기밀부 조직을
추진함. 핵심 인물의 체포로 좌절.

– 6월. 지암, 상해임시정부와 협의, 청년외교단 · 애국부인회
조직사건 관계로 대구지방법원 궐석재판에서 징역 3년형
선고받음(1920. 6. 29. 대구지방법원 판결문).

1923(40세)　1월. 김상옥 의사의 종로서 폭탄 투척사건에 연루 체포되어 서
울교도소와 함흥감옥에서 3년간 감옥생활.

1925(42세)　2월. 함흥감옥에서 출옥. 당시 오대산 월정사(주지 홍보룡)는 오
대산 사유림을 매각문제로 일본 상인과 소송에서 패소하여 월
정사 전 재산이 경매 위기를 맞음. 월정사 산중총회를 열어 지

조계종의 산파 지암 이종욱

암을 사채정리위원으로 추대하고 전권을 맡김. 오대산 부채 해
결과 안정을 위해선 법력이 높은 선지식을 주석케 해야 한다고
당시 강남 봉은사 조실로 계시던 한암 스님을 조실로 모심.

1927(44세) 부채 문제의 해결 가닥을 잡고 월정사 監務가 됨. 월정사 스님
들의 탄원과 지암의 노력으로 총독부와 강원도의 협조를 끌어
내어 월정사 감리위원회 구성.

1928(45세) 총독부 학무국 종교과장이 강원도 출장하여 도에 월정사 사유재
산정리회를 조직하고 10년 계획으로 재산 정리 추진.

1929(46세) 서울 각황사에서 개최된 '조선불교선교양종승려대회'에 월정
사 대표로 참석하여 의안심사위원, 대회 부의장(의장 진진웅)에
선출되어 '조선불교 종헌' 제정.

1930(47세) 공권회복과 함께 월정사 주지에 취임(광복까지 5차례 중임).

– 5월. 오대산 석존정골탑묘찬앙회 조직. 10만 회원 가입운
동을 전개하여 불지종찰 월정사 복원의 대중적 기반 마련.
지암 스님은 일인 총독까지 후원을 받는 수완 발휘. 김용우
거사 4만원 희사.

1932(49세) 월정사에 강원 재건. 매년 학생 2명을 선발하여 일본에 장학생
으로 유학을 보냄. 월정사 교구 내에 군, 읍 단위로 포교당과
유치원 건립 추진.

– 3월. 중앙교무원 제10회 평의원회 의장 피선, 재단법인 조
선불교중앙교무원 서무이사 피선.

1933(50세) 종헌발포 기념식 각황사에서 거행, 서무이사 이종욱 스님 종
헌 봉독.

1934(51세)   조선불교중앙교무원 서무이사로 지금의 조계사터에서 천도교
              가 운영하던 보성고보를 인수함.

1935(52세)   한암 스님이 주석하는 상원사에 강원도 3본산(월정사, 건봉사, 유
              점사) 연합수련소 설립. 3기까지 운영. 당시 수련소에 영암, 탄
              허, 탄옹, 월하 스님 등 현대 선지식들이 수학.

1936(53세)   월정사 강원 강사로 유명한 독립운동가 백초월 스님 초빙.

              – '총본산' 논의가 은밀하게 시작됨. 일본인들은 조동종계
                박문사를 조선불교 총본산으로 통제하려는 음모를 추진함.
                지암은 이 음모를 듣고 남북불교 지도자들과 대책 마련을
                추진함.

1937(54세)   2월. 남차랑 총독, 31본산 주지회의를 총독부에 소집. 이 자리
              에서 전국 본산 주지들 한국불교 총본산의 필요성을 한 목소
              리로 제안하여 긍정적인 답변을 얻어냄. 2월 28일 31본산주지
              회의 열림, 지암 임시의장에 선출, 회의를 주재하여 총본산건
              설기본계획을 확정짓고 건설위원회를 구성하였는데 여기에
              31본산주지 대표로 추대되어 총본산건설의 총책임자가 됨.

              – 3월. 지암 전북 정읍의 보천교 십일전의 건자재를 인수하여
                지금의 서울 조계사 대웅전 건립 불사를 총지휘.

1938(55세)   10월. 지금의 조계사(당시는 태고사) 대웅전 낙성 및 봉불식 거행.

              – 12월. 춘천의 춘천농업학교 독서회 학생들이 월정사로 찾
                아와 지암에게 민족의 진로에 대한 가르침을 청함.

1939~1940   지암을 비롯한 교계 지도자들이 조계사 대웅전을 한국불교 총
(56~57세)
              본산으로 하는 종단 재건을 추진. 이때 종명 제정건이 논의되

조계종의 산파 지암 이종욱

자 지암이 선교양종은 총독부가 만든 종명이므로 중국불교에
도 일본불교에도 없는 한국불교의 자주적인 종명을 학자들에
게 의뢰하여 '조계종' 합의.

1941(58세)　4월. 일제 총독부, 지암 등 31본산주지 31명이 신청한 조선불
교조계종 관련 법을 인가. 강석주 스님은 조계종 재건을 주도
한 지암을 '조계종의 산파자'라 평가.

－ 6월. 조선불교조계종 제1회 종회 개최, 조계종 종정 선거를
하여 방한암 스님이 31표 중 19표를 얻어 선출.

－ 8월. 한암 종정, 지암을 종무총장(총무원장)에 지명, 10월에
취임하여 해방 때까지 조계종과 조계사의 종무 총괄.

1941. 10~　조선불교조계종 종무총장을 맡아 한암 종정을 보좌하며 조선
1945. 8. 15.　불교의 전통과 교단의 유지 운영을 위하여 일제 총독부의 정
책에 협력.

1944(61세)　3월. 지암, 강태동, 유석현 등 독립운동가들과 송죽원에서 회
동 항일무장투쟁을 결의하고 자금책을 맡아 비밀활동 중 광복
을 맞다.

1945(62세)　8월. 종무총장 지암 이하 소임자가 새 시대에는 새 인물이 종
단을 이끌어 가도록 하기 위해 스스로 물러남. 그러나 월정사
주지와 강원도 교무원장직에 다시 추대됨.

1946(63세)　1월. 백범 김구, 이시영 선생이 지암을 찾아 함께 북한산 진관
사 참배.

1948(65세)　『초발심자경문』과 『보조국사어록』을 최초의 한글 번역본으로
출판.

지암 스님 진영

1950(67세)	5월. 제2대 국회의원 선거에 평창지역에 무소속으로 출마하여 국회의원에 당선.
1951(68세)	8월. 조선불교 총무원장에 재선출되고, 동국대 재단 이사장에 취임. 1949년 이승만 정권의 농지개혁 정책으로 전국 사찰의 토지가 대부분 유실될 위기를 맞아 총무원장으로 백방의 노력을 기울여 이를 저지함.
1953(70세)	지암, 동국대학을 종합대학으로 승격시키다.
1954(71세)	3월. '조선불교' 교단 명칭을 '조계종'으로 변경하고 총무원장직에서 물러남. 8월에 정화운동 시작.
1960(77세)	월정사 주지 시절 이루지 못한 주문진읍에 포교당을 건립하기 위해 주문진으로 가서 초막에 기거하면서 탁발로 불사를 시작하여 동명사 창건.

조계종의 산파 지암 이종욱

1962(79세)	7월. 백중날 동명사에서 위국선열지사 천도재 봉행.
1969(86세)	11월 3일(음 9. 24). 전남 구례군 화엄사 조실채에서 입적. 세납 86세, 법랍 73년. 다비 후 사리 96과 수습.
1977년	독립운동가들의 추천으로 '대한민국건국훈장 국민장' 추서.
1978년	11월. 지암의 사리 일부를 서울 동작동 현충원 애국지사 묘역에 안장.
1979년	오대산 월정사 부도전에 지암의 사리탑을 세우고 탄허 스님이 지은 비석을 세움.
2009년	이명박 정부 하에 '친일반민족행위진상규명위원회'에서 '친일반민족행위자'로 판결되어 대한불교조계종 총무원(당시 원장 지관 스님) 차원의 재심의 요청과 반박 노력이 있었으나 무위에 그침.
2010년	국무회의에서 '대한민국건국훈장 국민장' 서훈이 취소, 국가보훈처 국립현충원에 안장된 묘역 이전 통고.
2011년	지암문도회 국립현충원의 지암 묘역에 안장된 사리를 수습하여 대흥사로 모심.

국내 三一運動의 回顧

- 〈동아일보〉 1958년 3월 1일자 4면 -

이 종 욱

이제 또 한 번의 三·一節이 찾아왔다. 이날이 몇 百年 몇 千年 아니 몇 萬年을 지나더라도 우리 民族에게 그 찬연한 빛을 발할 것이지만 특히 국토통일의 민족적 숙원을 달성해야만 하는 오늘날에 있어서는 더욱이 三·一精神의 의의는 중차대한 것이라 아니 할 수 없는 것이다. 三·一萬歲運動 그 자체는 말할 것도 없지마는 그 이후에 國內外 각지에서 부단히 계속되었던 독립운동이야말로 三·一정신의 具顯이었은 즉 우리는 이 모든 독립운동을 전부 기념하고 그 정신을 길이길이 받들지 않으면 안 될 것이다.

해마다 三·一節을 맞이할 때면 내 腦裏에서 사라지지 않는 몇 가

三一運動의 回顧

上海「臨政」과 行動統一

聯通制라는 秘密行政機關으로

………李鍾郁

國內

국내 三一運動의 回顧 기사(〈동아일보〉 1958년 3월 1일자).

지가 있다. 當時 三十六歲였던 내가 龍昌恩 等 中央佛敎專門學校(現 東國大學校 前身) 學生들과 함께 파고다공원에서 식을 마치고 萬歲를 부르며 大漢門으로 행진하였던 그 光景은 지금도 눈앞에 선하다. 그 後 三月二十日傾에는 韓南洙, 李奎甲 等 여러 同志와 連絡하여 仁川 月尾島에서 會合하여 李承晩 博士를 執政官 총재로 推戴하여 臨時政府(世稱 漢城政府)를 조직하고 우리의 대표로서 한남수 同志를 上海로 派遣하였었다.

또한 그해 八月경에는 趙鏞周, 李丙哲, 安在鴻, 宋世浩, 延秉浩 等 여러 同志와 같이 靑年外交團을 조직하고 外交代表者로 趙素昻을 巴里講和會議에 派遣하여 우리 독립운동사상을 世界에 發表케 하였고 한편으로 愛國婦人會라는 姉妹團體를 조직하여 비밀리에 활동하다가 그만 大邱에서 발각되어 청년외교단원 및 애국부인회원 男女 五十여 명이 日警의 毒牙에서 무수한 拷問을 당한 끝에 대량 投獄되었었다. 당시 日人들은 세계 각국에 惡宣傳하기를 "朝鮮의 獨立運動은 王族과 貴族은 참가하지 않고 賤民階級들만이 떠들어댄다"고 하였으므로 우리는 이 국제적인 비난을 모면하기 위하여 大同團圓 全協, 鄭男用 등 同志와 연락하여 王族인 義親王(義和君＝李堈 公)과 貴族인 金嘉鎭 翁을 상해로 탈출케 하여 "王族, 貴族이 모두 獨立運動에 參加하여 全國民이 上下가 一致團結된 것을 外國에 宣傳할 계획을 수립한" 후 己未年 十月 中旬傾 김가진 옹은 내가 상해로 안내하고 의화군은 전협, 정남용 동지가 모시고 국외로 탈출하다가 安東顯驛에서 日警에게 발각되어 완전히 성공도 못하고 전협, 정남용 兩 同志는 애석하게도 獄中에서 不歸의 客이 되고 말았다.

그 이듬해 庚申年 三月에는 國內에 聯通制를 실시하기 위하여 나는 上海臨時政府에서 內務部 參應하여 行動統一을 기할 수 있었던 조직이었다. 그 事職을 辭하고 歸國하여 上海臨時政府의 指令으로 함경남 북도와 황해도 三道를 제외한 十道에 明濟世, 尹和秀, 劉鎭世, 申尙玩 등 여러 同志를 派遣하여 道에 總辦을 두고 郡에는 郡監을 두어 聯通制를 실시하였는데 이 聯通制라는 것은 秘密行政機關으로서 上海臨時政府와의 긴밀한 聯絡網을 가지고 있어서 上海臨時政府와 國內가 呼러므로 이 聯通制를 통하여 金相玉 義士가 종로서에 던진 폭탄도 반입될 수 있었고 나도 이에 관련되어 마침내 日警에게 잡혀 三年間이란 獄中生活을 당하게 되어 서울형무소에서 함흥감옥으로 轉轉受

조계종의 산파 지암 이종욱

難한 바 있었지만 이 聯通制로 말미암아 會寧에서는 五十餘人의 愛國志士들이 체포되어 서울로 압송된 大事件도 일어났었다.

그런데 이러한 鬪爭을 暗中繼續하는 中에 상해로부터의 武器 기타 모든 秘密文書 등을 國內로 반입하는 데는 安東顯에 있던 英國人 "쏘이"가 경영하는 이륭양행과 奉天西塔十間房에 살던 禹應圭 同志(現 東亞日報 編輯局長 禹昇圭 씨의 實兄)의 處所를 통하였었고 이것을 조선으로 들여오는 책임을 당시 鐵道國 貨物關係 責任者이던 全鎭源 同志가 도맡아 가지고 철도복을 입고 안동현으로 드나들며 一不差錯으로 모조리 들여왔었다. 이렇게 세월이 흐르는 동안 日警의 暴惡한 强壓과 監視는 極度에 達하여 國內에서의 鬪爭은 거의 불가능한 상태에 빠졌었는데 解放 前年인 卽 甲申年 三月에 나는 비밀리에 姜泰東, 劉錫鉉 等 諸 同志와 連絡하여 파고다공원 뒤 松竹園(料亭)에서 密會하여 "己未年 파리강화회의 때에 우리 대표 金奎植 博士가 派遣되었으나 韓國은 交戰國家가 아니라 하여 發言權을 얻지 못한 悲憤한 例에 鑑하여" 世界 第二次大戰이 종결된 후 세계강화회의가 열리게 될 때에는 우리도 交戰國家의 一員으로써 발언권을 얻어 우리의 獨立을 主唱하여야 되겠다는 合意下에서 "美軍이 제주도에 상륙하거든 國內 靑年 約 五百名을 武裝動員시켜 敵 日本軍과 交戰하자"는 計劃을 수립하고 나는 財政調達의 責任을 지고 暗中活躍하다가 그만 解放을 맞고 말았다. (宗敎家)

'동국 60년' 前史
- 명진학교에서 중앙학림에 이르기까지
- 〈동대신문〉 1966년 6월 6일자 기고 -

지암 이종욱

워낙 오래된 일이고 더구나 이렇다 하게 기록해 놓은 것도 없어서 당초 이 원고를 사양했었다. 그러나 편집자의 거듭된 청을 마다하기 어려워, 어렴풋이나마 떠오르는 것들을 더듬어가며 몇 자 적어보기로 한다.

먼저 明進學校 개교의 터가 되었던 元興寺의 이야기부터 펼쳐보자.

우리 근세불교사에서 원흥사의 창건은 획기적인 하나의 사건이었다. 이른바 숭유억불하던 조선조 아래의 오랜 탄압에서 벗어나 시대의 조류에 따라 새로운 전기를 맞으면서 전국 불교도의 자치적이면서도 종합적인 가람이고 또 교육기관으로 등장한 것이 원흥사이다.

고종대에 접어들면서 일본불교의 각 종 승려들이 경쟁이라도 하듯 우리나라로 들어와 앞을 다투어 포교하는 등 해괴한 현상이 벌어지고 있었다. 그런가 하면 이미 그 이전에 들어와 傳敎를 꾸준히 펼치고 있던 기독교의 움직임도 활발하였다.

이러한 때에 마침내 승려의 도성출입이 허용되는 등 불교계 역시 서서히 기지개를 켜는 형국이었다. 이 무렵 조정에서는 勾當官署를 두어 불교계를 관장하고 있었다.

그 후 광무 6년(1902)에는 현재의 동대문 밖 창신초등학교 자리에 원흥사가 조성되었는데, 구당관서는 이때 관리서로 대치되면서 전국의 각 사찰을 관리케 하였다.

이에 따라 원흥사를 大法山이라 하여 首寺刹로 하였고, 또 각 지방에는 16개 사찰을 두어 중법산으로 삼아 전국 사암을 관장하게 하였는데, 이때의 중법산은 봉은사, 봉선사, 용주사, 마곡사, 속리사, 송광사, 금산사, 해인사, 통도사, 동화사, 월정사, 유점사, 석왕사, 귀주사, 신광사 및 보현사 등이었다.

이때 전국의 사찰을 각각 그 지역의 중법산에 속하게 하여 행정상의 조직체계를 갖추게 하였던 것이다.

개화시대를 맞이한 불교의 복건은 이처럼 대법산－원흥사를 중심으로 이루어지고 있었다. 비록 그것의 출발과 진행이 어떠하였던 간에 당시로서는 일대사가 아닐 수 없었다.

원흥사의 터는 홍판서의 저택이었던 것으로 기억되는데, 수백 칸에 이르는 그 집을 대법산의 사무실과 요사로 삼았으며, 동쪽 공터에는 큰 법당을, 동북쪽에는 노전을, 노전 북쪽에는 시왕전을 지었다. 그리고 시왕전의 서쪽에는 영산전을 지었는데, 이 모든 역사는 조정(관리서)에서 전국 사원에 명령하여 아름드리 목재와 많은 인력을 차출, 대대적인 규모로 추진되었다.

그때의 광경을 마치 수달다 장자와 바사익왕의 태자가 힘을 모아 이룩한 '기수급고독원 곧 기원정사'의 조성이 연상케 되리만큼 매우 고무적인 불사로서, 지금에도 그때 분주하게 돌아가던 모습이 눈에 선하다.

원흥사가 창건될 당시의 당상으로는 權氏와 최태영 두 사람이었고, 홍보룡(洪莆龍, 당시 명주사 주지였고 뒤에 월정사로 옮김) 스님이 지금으로 말하자면 경리사무의 직책을 가지고 있었다.

부전(흔히 '扶殿' 또는 '持殿'이라 쓰지만 이는 잘못이고, '佛殿'이던 것이 '부전'으로 부르게 되었다)은 이해성 스님이 맡고 있었던 것으로 기억된다.

이와같이 거국적이고 범불교적인 협찬 속에서 조성된 원흥사는 다시 근대적 의의를 갖는 최초의 불교학교인 明進學校의 개교로 이어지고 있었다. 지극히 당연한 일이며 시의에 맞는 쾌거이기도 했다.

명진학교의 개교는 불교가 5백 년 동안의 탄압에서 벗어나 스스로의 힘으로 起死回生하는 상징적 의미이기도 했다. 그러나 무엇보다도 불교 근대화의 요람으로서 불교의 근대화를 위해 종래와 같은 내전 위주의 교육에서 탈피, 새로운 교육을 모색하는 일대 혁신적인 진일보임에는 틀림이 없었다.

이처럼 중요한 의미를 갖는 명진학교의 개교의 주역으로는 화계사의 洪月初 스님과 봉원사 李寶潭 스님을 꼽을 수 있다. 따라서 이 두

조계종의 산파 지암 이종욱

스님의 업적을 기리지 않을 수 없으며, 그 뜻을 높이 사야 마땅하다 할 것이다.

초대 교장에는 역시 홍월초 스님이 취임하였고, 內典교사로는 朴漢永 스님이 맡았던 것으로 기억된다.

명진학교의 학생은 전국 각 사찰에서 이미 내전을 배운 사람들이었고, 학덕을 어느 정도 갖춘 이들로서 권상로, 안진호와 같은 당대의 학승이 들어 있었다.

권상로 스님은 불교학과 國學의 권위자로서, 종합대학으로 승격된 동국대학의 초대 총장직을 역임하였으며, 또 안진호 스님은 평생을 佛典의 국역사업에 바친 희유의 공로자이기도 하다.

두 스님에 얽힌 삽화 한 토막을 들어 이들의 뛰어난 면목을 우러러 추념하는 뜻으로 삼고자 한다.

어느 때의 일이었다.

명진학교 학생들이 주최하는 시국강연회가 있었는데, 이때 초청강사로는 당대의 지성인이고 청년지도자였던 김옥균, 서광범, 어윤중, 윤치호 등이었다.

강사의 열변은 차례로 진행되었다. 그런데 이때 강연의 한 마디 한 마디를 놓치지 않고 받아쓰는 두 명의 학생이 있었다.

연사들은 두 학생을 눈여겨보았다. 강연이 끝난 뒤 두 학생의 속기록을 훑어본 연사들은 깜짝 놀랐다. 자기들이 강연한 내용을 한 자도 빼놓지 않고 적었을 뿐만 아니라, 그 속기가 모두 한문으로 묘사되어 있었던 것이다.

그 주인공은 다름 아닌 권몽찬(권상로의 본명)과 안진호 학생이었다. 이 사실은 다음날 신문에 보도됨으로써 세인을 놀라게 하였다.

그러나 명진학교는 개화시대가 갖는 풍운을 실감하듯, 이듬해 관리서가 '불교연구회'로 대체되면서 폐지되었고 불교사범학교로 개칭되었다. 사범학교의 초대 교장에는 李萬愚(고운사) 스님이 취임하였다.

한편 불교연구회는 다시 원종 종무원으로 바뀌었다. 원종은 전국의 사찰 대표 50여 명이 모인 총회를 거쳐 발족된 순수한 기관으로 출발했으나, 원종 종무원의 대표이던 이회광의 이반 — 일본으로 건너가 조동종과 연합을 시도하는 등의 추태 — 으로 혼란만을 거듭하다가 폐지되었다. 출범 당시의 순수성이 여지없이 변질되어 지탄의 대상으로까지 되었던 것이다.

이 무렵 이른바 '30본산'이 선정되었는가 하면, 30본산 주지총회에 의해 불교사범학교가 다시 佛敎高等學院으로 바뀌어졌는데, 이때 필자도 학적을 두었으나 월정사의 얽히고설킨 일에 매달려 이렇다 하게 공부하지 못한 것이 못내 아쉽다.

불교고등학원의 내전은 박한영 스님이 담당하고 있었는데, 그때 측량과목을 두어 사원의 건축과 보수 등에 대한 신식교육을 실시할 정도로 학과는 다양하였다.

그러다가 불교고등학원은 30본산이 주동(위원장 강대련 스님)이 되어 다시 중앙학림으로 발전적 개편을 하여 보다 근대적인 교육을 실시하였다.

중앙학림에는 필자도 적을 두고 있었지만 역시 학업에는 충실하지

못했다. 이때 학생들 중에서 가장 모범생으로 손꼽히던 학생은 綺山
(임석진) 스님이었다. 성적도 우수했으며 몸가짐에 있어서도 단연 돋보
인 학생이었다고 생각된다.

돌이켜 보면 '동국 60년'의 前史이기도 한 명진학교에서 불교사범
학교 → 불교고등학원 → 중앙학림, 이렇게 해서 오늘의 동국대학교
로 이어져 왔다. 이 변천의 역정은 그대로 우리 불교사(최근세)의 조감
도라는 사실에서 중요한 의미를 지닌다 할 것이다.

그러나 필자가 이에 대한 기록을 갖고 있는 것도 아니고 다만 희미
한 기억을 더듬어 적어 본 것에 지나지 않다는 것을 말하면서 붓을 놓
고자 한다.

보다 밝은 학덕에 의한 새로운 조명을 기대해 마지않는다.

1966년 5월

爲國先烈招魂 百衆薦度*)

- 南無十方常住佛 南無十方常住法 南無十方常住僧 -

李 鍾 郁

嗚呼哀哉라

島山선생님이시여, 선생님께서 庚申年 三月 중에 국내에 聯通制를 실시할 것을 나에게 부탁하시려고 李光洙를 데리고 上海 永安公社 삼층에서 小衲에게 靑料理를 주시면서 국내에 전동포가 敵日本놈들에 서리 찬 총칼 밑에서 신음하며 다수한 애국동지가 감옥에서 고통받는데 우리가 안전지대인 상해에만 있을 수가 없는데 汝가 가는 것은

●) 이 초혼문은 지암이 말년에 주석한 주문진 동명사에서 1962년 백중날(음7월 15일) 백중 및 爲國先烈志士 薦度齋를 지내면서 지암이 손수 지어 봉독한 글이다. 박희승, 「자료 발굴-이종욱의 '초혼문' 과 '대동단 활동의 동기'」, 『불교평론』 2001년 봄호 참조.

조계종의 산파 지암 이종욱

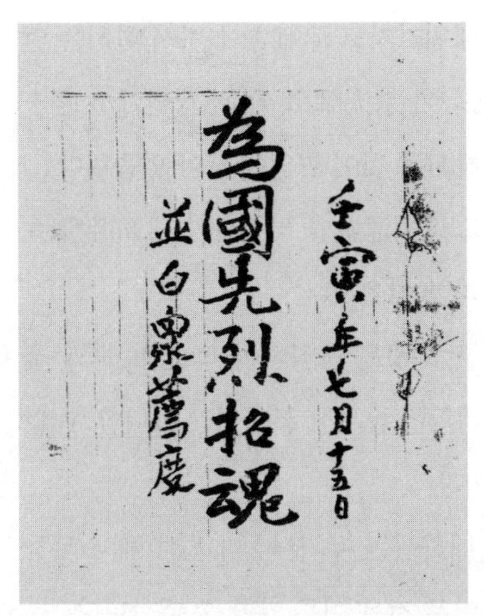

위국선열 초혼문

심히 애처러우면서도 고마운 일이다. 我도 장차 들어가겠다 하시다가 불행히도 왜경에게 체포되어 옥에서 세상을 떠났으니 어찌 애통치 않으리오.

애국가를 봉창할 때마다 선생님의 애국정신을 사모하매 더욱 간절하옵나이다.

嗚呼哀哉로소이다. 東農선생님이시여, 己未年 시월에 선생님 모시고 상해로 향할 때에 안동현을 건너가시며 선생님이 지으신 詩句 중에 天羅地網脫如神이라고 지금도 기억에 남아 있습니다. 臨政要人을 일석에서 만나실 때에는 '亡國大夫 金嘉鎭이 죽지 않고 이곳을 왔습니다' 하던 말씀이 지금도 이 중에 기억에 사라지지 않습니다.

嗚呼哀哉라 白凡선생님이시여, 해방되던 그 이듬해에 正月 二日에

李始榮 선생과 소납을 자동차에 태워가지고 津寬寺에 가서 하시는 말씀 가운데 我가 해외망명할 때 圓宗이 宗大師로 이 절 상판에서 四十日間을 客僧 노릇을 하였노라구 하시든 것이 기억에 남아 있습니다.

嗚呼哀哉라 선생의 일생을 두고 祖國運動을 하시다가 내 同胞彈丸에 命을 잃어버린 것은 千萬意外의 事이올시다.

嗚呼哀哉라 全協선생이시여, 大同團을 조직하여 李義和 군과 金嘉鎭 선생을 상해정부로 내보낼 계획은 눈부신 활동이라 아니할 수 없는 동시에 감탄을 말지 못하였나이다.

嗚呼哀哉라 선생과 鄭南容에 대하여는 두 분이 다 獄中에서 무참히도 永眠하신 것이야 내 가슴이 아픈 것은 이루 말할 수 없습니다.

嗚呼哀哉라 于界선생이여, 선생은 滿鐵회사 사원의 복장을 하고 安東縣 이륭양행과 奉天西塔十間房을 드나들며 상해정부에서 연락서류를 비밀히 내게 전해 주시든 광경은 눈의 선함이다.

영혼이시여 어디로 가시었나이까?

嗚呼哀哉라 月南선생이시여, 미국의원단이 왔을 때에 비단에 수놓은 韓美兩國 國旗를 금극이 삼엄한 속에서 老人의 손으로 전하시든 그 추억이 새롭습니다.

嗚呼哀哉라 同志先輩諸賢이시여, 民族이 敵手에서 해방된 지 于今 十七年이 되도록 國土는 兩斷되어 아직도 統一을 못보고 있으나 政府가 누차 변혁되어 현재 革命政府가 탄생되어 舊惡을 一掃하고 우리의 福祉社會를 재건하오니 무참히도 永眠하신 先烈諸賢들이시여 瞑目하소서.

滄海는 茫茫하고 青山은 疊疊한데 諸位의 靈魂은 어디계십니까?

雪滿空谷에 孤松特立은 諸賢들의 忠이요 滄海獨島에 一株綠竹은 先烈들의 節이외다.

四大各離如夢幻 六塵識心本來空
俗識佛祖廻光處 日落西山月出東

壬寅 七月 十五日

李鍾郁

智庵大宗師舍利塔碑文[●]

宗師의 俗姓은 李氏요 本貫은 完山이요 名은 應潤이며 別號는 海運 혹은 海觀 또는 古鏡이라고도 한다. 父의 諱는 永錄이요 母는 慶州 金氏다.

檀紀 四二一七年 甲申 正月 十三日에 강원도 양양군 현북면 상광정리에서 그의 次男으로 탄생하니 덕흥대원군의 十一代孫이었다. 생후 13일만에 母親이 死亡하고, 三, 四日이 지나도록 命이 보존되어

●) 오대산 월정사 부도밭에 부도와 비가 있다. 비문은 탄허 스님이 지었다.
지관 편,『한국고승비문총집-조선조·근현대』, 가산불교문화연구원, 2000.

조계종의 산파 지암 이종욱

강릉김씨 敬允氏가 강보에 싸서 양육하니 마치 옛날 后稷이와 같은 奇蹟이었다. 13세에 명주사로 들어가서 白月老師께 歸依하여 得度하니 法名은 鍾郁이요 다음 雪耘長老에게 嗣法하니 法號는 智庵이었다. 16세에서 27세까지는 전국 名山大刹의 여러 宗匠을 參禮하여 一代時敎를 修學하고 또 東大前身인 明進學校에 입학하여 外典을 卒業하였다. 韓日合邦이 되자 三·一運動에 참가한 후 27決死隊를 조직하여 賣國賊의 暗殺을 도모하고 또 靑年外交團, 大韓愛國婦人會, 國民會 등을 조직하여 국내에서 지하운동을 전개하다가 中國으로 亡命하여 上海臨政의 內務部 參事, 議政院 議院, 聯通制 特派員, 義烈團員 등으로 活動 중 日警에 체포되어 咸興監獄에서 三年의 獄苦를 치르고 나니 때는 宗師의 41歲時이었다. 그 후 月精寺에 住錫하면서 大伽藍이 負債관계로 거의 廢墟에 이름을 보고 慨然히 復舊할 뜻을 發하였다.

總督府 高位官吏를 설득하여 府內에 월정사재산정리위원회를 설치하고 三十本寺에 호소하여 義捐金을 얻음과 동시에 釋尊塔廟贊仰會를 조직하여 金容禹 씨의 喜捨金과 林山매각대금으로 모든 負債를 청산하고 아울러 國有林 千五百情報를 拂下받아 寺有로 만들었다. 그리고 日本佛敎曹洞宗僧인 鈴木夫山이란 자가 博文寺를 건립하고 한국불교를 거기에 嶺屬하려 할 때 宗師는 은밀히 三十本山의 決議를 얻어 總本寺(曹溪宗)를 建立하고 代表가 되어 그의 陰謀를 좌절시켰다. 宗師가 月精寺 住持 35년 여에 당하여 末寺管理, 布敎敎育등 위대한 業績을 거론할 여지가 없거니와 특히 漢岩宗正을 輔翼하여 20

여 년간 안으로 禪院을 外護하고 밖으로 總務院長 및 東大理事長 등을 歷任하면서 宗政을 領導해온 그 卓越한 안목과 博厚한 力量은 누구도 追從을 不許했던 것이다.

宗師는 護國佛敎의 精神을 躬行實踐하여 光復後에 반탁운동의 강원도책과 대한독립촉성국민회 총무부장으로 建國準備에 獻身하였고 제2대 國會議員에 被選하였으며 大韓佛敎臨戰救國總聯盟 委員長, 大韓傷痍軍人會長 등 重責을 역임하면서 民族을 위한 盡忠報國을 하였다.

己酉 九月 二十四日에 구례 화엄사에서 當時 住持 겸 弟子이었던 天雲 등에게 擧手微笑의 法門을 敎示하시고 唵然히 圓寂하시니 世壽는 86이요 法臘은 73이었다. 茶毘 後 舍利 96顆를 습득하였다.

戊午年 十二月에 建國勳章 國民章을 追敍받고 翌年 十二月에 동작동 國立墓地 愛國志士 墓域에 舍利 일부를 安置하고 餘分은 月精寺 浮屠塔에 奉安하게 되었다. 舍利를 總譯하면 靈珠다. 別稱하면 세 가지가 있으니 一은 積聚요, 二는 骨神이요, 三은 不思議다. 모두가 三學을 수습한 것으로 나타나는 것이라면 宗師의 일생을 통해 愛國愛族의 一念은 말할 나위도 없거니와 그 도도한 急流中에서도 三學의 修習이 主體가 되었던 行迹은 누구도 부정할 수 없는 사실일 것이다.

上來의 敍述한 幼時의 奇跡과 壯年의 雄志, 老年의 事業과 死后의 行迹은 前으로 百載의 旣往과 後로 百載의 方來에 이와같은 領導的인 人物이 佛敎思想에 다시 있기 어려우리라고 斷定되는 것이다. 이제 塔을 建立함에 즈음하여 그 門徒, 靑空, 臥雲 등이 襄貯를 기울이

조계종의 산파 지암 이종욱

고 現住持 萬化의 협찬을 얻어 浮屠를 세우게 되었다. 宗師의 略傳을 가져와 나에게 碑文을 請허거늘 내가 감히 不文으로써 辭讓할 수 없는 處地일뿐 아니라 萬人의 口傳이 그대로 碑文이기 때문에 右와 같이 十의 一, 二인 事實만을 略述했을 따름이요, 枝葉的인 文辭는 힘쓴 바가 없도다.

應化 三〇〇六(1979)年 己未 菊月 二十四日

漢岩門人 吞虛 金宅成 謹撰 幷書

(지암 스님이)
제자들에게 당부하신 말씀[*]

고 천운 스님 / 전 대흥사 조실, 조계종 대종사 · 원로의원

우리 스님께서는 상좌들에게 엄하게 다루셔 지도하셨습니다. 그러나 손상좌들에겐 너무나 자애로우셨습니다.

우리 스님 자신의 시간생활은 엄격하셨습니다. 여기서 지도의 기점이 이루어지는 것입니다.

스님은 아침 2시 30분에 기침하십니다. 세수 양치를 다 하시고 3시에 예불, 금강경 독경 그리고 참선에 아침 공양까지 앉아서 합니다.

---

[*] 이 원고는 천운 스님이 스승 되는 지암 스님의 평소 가르침을 회고하며 써놓은 원고입니다. 지암 스님의 수행가풍을 알 수 있는 글이라 실어 놓습니다.

아침 공양이 끝나면 작설차 한 잔에 주지하는 상좌로부터 그날 해야되는 사중사를 전부 보고 들으시고 지도하실 것을 전체 메모하여 주십니다.

그 다음 시간에는 오전 8시~9시가 되는데 반드시 주지하는 상좌를 그냥 돌려보내는 것이 아니라 상좌가 좋아하는 경에 대하여 한 구절씩 읊어서 그 뜻을 분명하게 요달토록 하여 주십니다. 그 후 잠깐 휴식을 30분 내지 40분 정도 누워서 쉬시고 산책을 즐기십니다.

절 두루두루 살피시며 한 곳도 허술히 그냥 주의력을 보내시지는 않습니다.

사시마지를 할시 그 정성스런 발원은 눈물이 나올 지경입니다. 나라 축원, 사중 축원, 대중 축원, 신도 축원으로 이어지면서 신중단 영단까지 그 정성을 상좌들이 따를 수가 어려울 정도로 정성에 진실을 다 발원해 주십니다.

점심 공양이 끝나시면 손상좌들의 교육시간이 시작되는 것인데 주로 글은 강사가 있으니 수행의 경험담으로 신심을 돋워 주십니다. 그리고 그 연령 차이로 오는 이해력을 중요시 하시는 성품이라서 한 사람, 한 사람 지적하시며 납득을 시키시는 그 교육 방법은 그저 감사하다고 한 마디로 드릴 수밖에 없습니다.

절대로 상좌나 손상좌나 앞에 놓으시고 종단의 말이나 남의 말 큰스님 작은 스님들 할 것 없이 남의 해가 되는 말씀은 절대로 못하게 하시며 항상 고생하고 수고가 많고 공덕이 크다고 칭찬으로 일관하시어 소임을 볼 때 칭찬받는 보답자라는 것을 강조하시니 남의 험담을 완전히 봉쇄해 버리시는 교육 방법입니다.

그 다음 시간은 일반 신도 특별 면회자를 상대하시어 인사도 받고 설교도 하시고 당부도 하시는 시간이 됩니다. 저녁 공양이 끝나시면 예불, 독경, 참선으로 일관하신다고 그냥 넘기시지 않고 꼭 주지의 그날 소임 결과를 보고 들으십니다. 주지가 출타나 사정이 있을 시는 총무라도 꼭 보고를 드려야 됩니다.

이렇게 하루, 한 달, 일 년이 그저 똑같은 시간이어서 삿된 짓을 일체 못하도록 제자들을 지도 감독하시며 스님의 시간 생활을 하고 계시는 것입니다.

돈은 어떤 돈이라도 주지 상좌에게 맡겨 쓰시며 스님의 품에는 땡전 한 푼도 가지고 계시지 않습니다. 스님께선 또 윗대의 스승님들 스님의 직접 마실집 조상님들의 기일제는 틀림없이 사중돈이 아닌 재원을 염출하시어 정성껏 제사를 드려 드리는 철두철미한 행동을 하십니다. 만약 출타하시어 타사를 가시게 되시면 꼭 미리 그 절에 가서 사시불공을 모시도록 준비가 되셔야 가시는 어른입니다. 그냥 그 절에 가시어 공식은 아니 하시는 스님이어서 고개가 절로 수그러집니다.

남의 절 본사에 초청이 계시면 꼭 하루 전에 가시어 제반사를 뜻과 일이 맞아 떨어지도록 지도해 주시며 설법 또한 거기에 맞도록 최선을 다하시어 그 불사에 대하여 확고히 신도들에 주의력을 갖도록 하여 주십니다.

상좌나 신도들이 남의 단점을 말씀해 드리면 가만히 모른 체 듣지 않고 계셔 버립니다.

조계종의 산파 지암 이종욱

공양은 언제나 한 술 적게 드시며 과만을 보이시지 않습니다.

법체는 언제나 상좌 이외의 사람에게 보이지 않습니다.

스님네들이 몸을 아무에게나 아무 데서나 남의 눈에 띄게 하면 신앙상 아니 된다는 교훈이십니다.

자주 씻고 세탁하고 갈아입고 해서 항상 청정신을 남에게 보여서 신심을 돈독히 갖도록 하라는 교훈이십니다.

승려가 오신채, 해물, 육물, 술, 담배를 금기시하는 상식을 가지고 수행해 가라는 당부이십니다.

대처승은 어떠한 이유에도 용납될 수 없고 수행이 안 되는 대처를 해놓고 수행인이라는 허울을 쓰지 말라는 말씀은 눈물겹도록 제자들에게 당부하셨습니다. 기득권을 가지고 있는 대처승이 옳다는 것이 아니고 그네들이 지어놓은 2세들의 장래를 보살펴 주되 2세들에게는 죄가 없으니 외도꾼에 넘어가지 않도록 하라는 당부였습니다.

그 2세는 훌륭히 키워 가르쳐서 우리의 뒤를 이어주도록 만들어야 된다는 철칙입니다. 사업도 사업이지만 쓸데없이 건물을 장엄으로 짓지 말고 한 푼이라도 절약해서 2세 교육에 전력을 기울여 달라는 교육입니다.

이렇게 일과에 정성을 다하시니 또 제반 불사에 용의주도하시니 이 어른께 훈습되다 보면 그대로 나근나근한 승려상이 아니 될 수 없습니다. 그래서 이 어른의 제자들은 다 천진무구하고 나근나근한 제자들이 참 많습니다. 그리고 보살행을 많이 하며 수행을 하고 있습니다.

 대한불교조계종

수　신　　친일반민족행위진상규명위원회
참　조
제　목　　"지암 이종욱 스님"에 대한 재심의 요청

1. 친일반민족행위진상규명위원회 위원장님 이하 관계자 여러분에게 부처님의 가피가 항상 하기를 기원합니다.

2. 우리 대한불교조계종은 지난 7월 10일 정부의 친일반민족행위진상규명위원회가 조선불교조계종의 승려 독립운동가 지암 이종욱 스님에 대하여 '친일반민족행위 조사대상자'로 결정한 것에 대하여 이의를 제기하며, 첨부와 같은 반박문을 보내오니 심도있는 검토를 통하여 재심의하여 주실 것을 정중히 요청드립니다.

3. 특히, 귀 위원회가 이종욱 스님에 대하여 판단하는데 가장 영향력을 끼친 것으로 보이는 <친일불교론>의 저자 임혜봉 스님은 조계종 승려가 아니며, 당시 조선불교조계종과 이종욱스님에 대하여 편파적인 저술로 많은 문제를 야기하고 있습니다. 이에 일제강점기 조선불교조계종과 이종욱 스님에 대하여 대한불교조계종의 공식적인 입장을 정리하여 보내오니 진지한 재심을 요청드리는 바입니다.

＊ 첨부 : 승려독립운동가인 지암 이종욱을 '친일반민족행위 조사대상자'로 선정한 것에 대한 반박문과 자료.　끝.

대한불교조계종 총무원장　지　관 

☐ 담　당: 총무팀장 윤영희(blue@buddhism.or.kr)　　　☐ 전　결: 총무부장
☐ 문서번호: 대불총총제2009-2710 호　　　　　　　　☐ 시행일: 2009. 9. 7.
☐ 110-170 서울 종로구 견지동 45 / 전화 02) 2011-1709 / 전송 02)720-3302

- 이 공문은 조계종이 2009년 이명박 정부 하 친일반민족진상규명위원회 앞으로 보낸 것이다.
  위원회는 이 의견을 수용하지 않았다. 공문을 보관 중인 조계종 총무원 불교중앙기록관의
  승인을 얻어 사본을 게시함.

승려 독립운동가인 지암 이종욱을 '친일반민족 행위 조사대상자'로 선정한 것에 대한 반박문

대한불교조계종 총무원

- 목 차 -

1. 시작하는 말

2. 지암의 항일 독립운동

3. 위원회의 잘못된 역사 해석과 과도한 행정행위의 지적

4. 독립운동가의 증언, 판단, 지성을 무시하는 위원회의 편향성

5. 일제말기까지 지암의 항일운동을 인정하는 불교계의 증언 사료들

6. 입장을 총괄 정리하며

1. 시작하는 말

친일반민족행위 진상규명위원회(이하 위원회로 약칭함)가 일제하 조선불교조계종 총무원장(종무총장)을 역임한 항일 독립운동가인 지암 이종욱 스님(이하 지암으로 약칭함)을 친일 반민족 행위자로 결정하여, 통보한 "이의신청 결정통지서(2009. 6. 24, 이하 통지서로 약칭함)에 대하여 대한불교조계종(이하 조계종으로 약칭함)은 강한 유감과 함께 재심의를 요청하는 바이다.

- 2 -

공적사항확인서

– 광복회장이 된 유석현 씨 등이 지암 스님의 항일운동 공적을 확인해 준 서류 사본.

功績事項確認書

姓名　李　鍾　郁
生年月日　1884年 1月 13日生

上記 李鍾郁先生에 관한 別添 功績事項
은 모두 事実과 相違가 없음을 確認하는 同時
에 1924年 咸興監獄에서 出獄后 8.15 光復時
까지의 期間에 관한 有功事実을 다음과 같이 證
言兼 再確認코자 합니다.

1. 咸興監獄에서 出獄后 李鍾郁先生은 甲
種要視察人으로 指目되어 倭警의 嚴重한 監
視를 8.15 光復時까지 받아 왔으므로 表面上
露出되는 活動은 못하였으나 江原道 五台山
月精寺에서 僧侶生活을 하면서 秘密裡에
独立運動資金을 마련하여 上海로 密送하는
등의 隱性的 活動을 継續하였고,

2. 1944年 3月에 이르러서는 姜泰東, 李應辰,
金鉉國 및 本人 등과 함께 과고다 公園및
松竹園에서 数次 密会를 하고 美軍이 済
州島에 上陸하는 경우, 日軍의 後方攪亂作
戰을 펴는 同時에 終戰后에는 交戰団体로
認証을 얻어 媾和会議에 우리의 代表를 参

席시킬 目的으로 國內에서 武裝蜂起하여 게릴라戰을 展開하기로 決議하고 李鍾郁 先生은 財政責任을, 本人은 武器에 대한 責任을 지기로 하고 行動計劃까지 세웠었다. 當時 우리들은 擧事日字를 9月 18日로 豫定하고 金載浩, 金鎭國 金燦 同志들을 中國京時 政府에 派遣하여 武器를 搬入토록 하였고, 李鍾郁 先生은 月精寺, 妙香寺, 釋王寺 等地에서 資金을 마련토록 하는 等 具體的으로 行動計劃이 實踐에 옮겨졌었으나 日本이 우리의 豫想보다 빨리 降服하였기 때문에 이 計劃은 實現되지 못하였다. 그러나 비록 實現되지는 못하였다고 하드라도 이것은 韓國獨立運動史에 永遠히 남을 大謀議였었다.

3. 한마디로 말해서 李鍾郁 先生은 1919年 3月 이후 8.15 光復時까지 줄기차게 獨立運動에 獻身한 愛國志士이었으며 이는 光復後의 그분의 活動에서도 그 面貌를 찾아볼수가 있는 것이다.

西紀 1977年 2月 日

立証人 體五同志會
    副會長 劉錫鉉
    會長 金載

【 참고자료 】

「開化百景(16) 僧尼」, 〈조선일보〉, 1968. 5. 23.

「各本寺住持 創氏改名」, 『佛敎』 제24집(1940. 6).

「대동단　예심결정서」, 申福龍, 『大同團實記』 부록.

「島山 安昌浩」, 『李光洙全集』 제13권, 三中堂, 1962.

「이대정 경성복심법원 형사 판결문」·「이대정 고등법원 형사부 판결문」.

「제3회 종회회록」, 「제4회 종회회록」, 『근현대불교자료전집』 권67.

「朝鮮佛敎禪敎兩宗의 宗名 改正」, 『佛敎時報』 제66호(1941. 1. 10).

「總本寺太古寺住持選擧會」, 『佛敎時報』 제71호(1941. 6. 15).

「默菴 李鐘一先生 備忘錄(5)」, 이현희 역, 韓國思想硏究會, 『韓國思想』 제20집(1985).

강석주 · 박경훈, 『佛敎近世百年』, 中央日報社, 1980.

강석주 · 박경훈, 『불교근세백년』, 민족사, 2001.

강원도, 『治安狀況』 소화 13년 11월말 현재, 국사편찬위원회 한국사검색DB(db.
　　history.go.kr).

강인철, 「이승만 – ‘기독교국가’ 꿈 꾼 친미 · 반공의 화신」, 『복음과 상황』, 1993년 2월호.

강인철, 『한국기독교회와 국가 · 시민사회 – 1945~1960』, 한국기독교역사연구소, 1996.

高珽烋, 「世稱 漢城政府의 組織主體와 宣布經緯에 대한 檢討」, 한국사연구회, 『한국사
　　연구』 97, 1997. 6.

국사편찬위원회, 『韓國獨立運動史』 제3권, 1967.

金法麟, 「曹溪寺는 이렇게 創建됐다」, 〈大韓佛敎〉, 1963. 8. 1.

金法麟, 「韓國佛敎의 獨立을 爲한 抗日鬪爭記」, 〈大韓佛敎〉, 1963. 9. 1.

金法麟, 「韓國佛敎抗日鬪爭回顧」, 〈大韓佛敎〉, 1964. 9. 6.

金尙昊, 「韓國佛敎抗日鬪爭回顧 – 3 · 1運動에서 8 · 15光復까지 숨어 있던 이야기」, 〈大
　　韓佛敎〉, 1964. 8. 23.

조계종의 산파 지암 이종욱

金尙昊,〈大韓佛教〉, 1964. 8. 23.

金包光,「朝鮮佛教의 宗名과 傳燈及宗旨에 對하야」,『佛教時報』제29호(1937. 12).

김광식,「1945~1980년간의 불교와 국가권력」, 동국대 불교문화연구원,『불교학보』제
    58집.

김광식,「농지개혁과 불교계의 대응」,『한국 현대불교사연구』, 불교시대사, 2006.

김광식,「백초월의 삶과 독립운동」,『민족불교의 이상과 현실』, 도피안사, 2007.

김광식,「백초월의 항일운동과 진관사」,『한국 독립운동과 진관사 학술세미나 제2집』,
    2009.

김광식,「일제하 佛教界의 總本山 建設運動과 曹溪宗」,『韓國近代佛教史研究』, 民族
    社, 1996.

김광식,「일제하 불교계 통일운동과 조계사」,『새불교운동의 전개』, 도피안사, 2002.

김광식,「朝鮮佛教禪教兩宗 僧侶大會의 개최와 성격」,『韓國近代佛教史研究』, 民族
    社, 1996.

김광식,「조선불교조계종과 이종욱」,『지암 이종욱의 독립운동과 조선불교 조계종』, 지
    암불교문화재단, 2007.

김광식,「조선불교조계종의 성립과 역사적 의의」,『조선불교조계종의 창립과 주역 연
    구 – 조계사 창건 91주년 학술토론회』(2545. 10. 24).

김광식,『그리운 스승 한암스님 – 한국불교 25인의 증언록』, 민족사, 2006.

김구,『白凡逸志』.

김대은,「고 이종욱 대종사의 오주기를 당하여」,『불교』, 1974. 10. 1.

김산 · 님 웨일즈, 조우화 옮김,『아리랑』, 동녘, 2000.

김상영,「일제강점기 불교계의 宗名 변화와 宗祖 · 法統인식」, 조계종 불학연구소,『불
    교근대화의 전개와 성격』, 조계종출판사, 2006.

김순석,「1930년대 후반 조선총독부의 심전개발운동의 전개와 조선불교계」,『한국민족
    운동사연구』25, 2000.

김순석,「중일전쟁 이후 조선총독부의 불교종책과 불교계의 대응」,『한국근현대사연구』
    17, 2001.

김순석,『일제시대 조선총독부의 불교정책과 불교계의 대응』, 경인문화사, 2003.

김승태, 「'친일인명사전'에 수록된 개신교 지도자들」, 『기독교사상』, 2011. 8.

김승태, 「기독교계의 일제잔재 청산문제」, 정운현·김삼웅, 『친일파 Ⅲ』, 학민사, 1993.

김유철, 「깨물지 못한 혀」, 『기독교사상』, 2011. 8.

김재득, 「일제의 종교정책과 가톨릭교회」, 가톨릭대, 『한국 근·현대 100년 속의 가톨릭 교회 심포지엄자료집』, 2003.

金正明, 「二一七 抗日運動の僧侶白性郁等檢擧の狀況報告の件」, 『朝鮮獨立運動 Ⅰ 分冊 - 民族主義運動篇』, 原書房, 昭和42년.

大同出版協會, 『朝鮮併合十年史-朝鮮獨立問題의 眞相』, 大同出版協會, 1924.

대운, 「恩法師 지암당 종욱대종사 약전 편찬에 즈음하여」, 1989년 10월 작성 미발표 원고.

대한민국 제1대 국회 제1회 회의록, www.assembly.go.kr/renew09/main.jsp.

대한불교조계종 교육원 불학연구소, 『독립유공자 지암 이종욱스님 조사보고서 자료집』, 1998.

대한불교조계종 교육원, 행자교육원 교재 『行解入門』, 1999.

대한불교조계종, 『조계종사-근현대편』, 조계종출판사, 2001.

대한불교조계종 총무원, 『조선총독부 불교관련 자료집 : 일제시대 불교정책과 현황』, 선우도량 출판부, 2001.

도산기념사업회, 『安島山全書』中, 범양사출판부, 1990.

독립운동사편찬위원회, 『독립운동사자료집』 제9집, 1975.

독립운동사편찬위원회, 『독립운동사』 7, 1979.

동국대학교출판부, 『동국대학교 백년사』.

동국대 중앙도서관 소장, 『현대한국불교사료, 1941년도』 「조선불교조계종 총본사 태고사 종무총장 채용 인가신청문서, 그에 관련된 지령안」.

卍海, 「總本山創設에 對한 再認識」, 『불교』 신17집(1938. 11).

박설산, 『뚜껑없는 조선 역사책』, 삼장, 1994.

박희승, 「조계사와 한국불교현대사」, 『불기2544년 부처님오신날 기념 학술세미나 조계사의 역사와 문화 자료집』, 2000.

박희승, 「자료 발굴-이종욱의 '초혼문' '대동단 활동의 동기'」, 『불교평론』 2001년 봄호.

박희승, 「일제강점기 상해임시정부와 이종욱의 항일운동 연구」, 『대각사상』 5호, 2002.

박희승, 「조선불교조계종의 주역 연구 - 종정과 종무총장을 중심으로」, 『조선불교조계종의 창립과 주역 연구 - 조계사 창건 91주년 학술토론회』(2545. 10. 24); 『정토학연구』 4집(2001)에 재수록.

박희승, 『이제, 승려의 입성을 허함이 어떨는지요』, 들녘, 1999.

박희승, 『지암 이종욱 연구』 동국대학교 불교대학원 석사학위논문, 2000.

卞相泰, 『慶南獨立運動小史』, 1966.

상준, 미공개 유고 「은법사 略傳 편찬을 마치면서」.

선우도량 한국불교근현대사연구회, 『신문으로 본 한국불교 근현대사』 상·하, 1999.

선우도량 한국불교근현대사연구회, 『22인의 증언을 통해 본 근현대불교사』, 선우도량, 2002.

송영수, 「3·1운동과 보성사」, 『보성사기념 조형물 제막식』 자료집, 1999. 2. 27.

신복룡, 『大同團實記』, 養英閣, 1982.

신용하, 「日帝下의 '朝鮮土地調査事業'에 대한 一考察」, 『한국사연구』 15, 1977.

신용하, 「3·1운동과 대한민국 임시정부와의 관계」, 『3·1운동과 독립운동의 사회사』, 서울대출판부, 2001.

안후상, 「불교 총본산 조계사 創建考」, 조계종 불학연구소, 『조계사의 역사와 문화』 학술세미나자료집, 2000. 5.

안후상, 「불교총본산 조계사 창건고」, 『보조사상』 제15집, 보조사상연구원, 2001.

안후상, 「한국불교 총본사 건설과 이종욱」, 지암불교문화재단, 『지암 이종욱의 독립운동과 조선불교조계종 학술회의자료집』, 2007.

용명스님, 「봉은사 판전선원시절」, 『오대법보』, 2541. 3·4.

유재인, 『강원도 비사』, 강원일보사, 1974.

이광린, 「탁정식론」, 『개화기연구』, 일조각, 1998.

이광수, 「나의 고백」, 『이광수전집』 13, 삼중당, 1964.

李求鎔 外 共著, 『江原道 抗日獨立運動史(Ⅲ)』, 광복회 강원도지부, 1992.

李奎甲, 「漢城臨時政府 樹立의 顚末」(『新東亞』 통권 56호, 1946. 4).

이능화, 이병두 역, 『조선불교통사』 상, 혜안, 2003.

이명화, 「朝鮮總督府 學務局의 機構變遷과 機能」, 한국독립운동사연구소, 『한국독립운동사연구』 제6집, 1993.

이종욱, 「동국60년 – 명진학교서 중앙학림까지」, 〈동대신문〉, 1966. 6. 6.

이종욱, 『위국선열초혼 백중천도문』.

이종욱, 「조선불교의 부진의 원인과 조선불교의 진흥책에 대하야」, 『경북불교』 20호
　　　(1938. 1. 1).

「이종욱, 국내 삼일운동의 회고」, 〈동아일보〉 1958. 3. 1, 4면.

이종욱, 「미공개 자필 회고록」.

이현희, 「대한민국 임시정부의 법통성 인식」, 신용하 외, 『일제강점기하의 사회와 사상』,
　　　신원문화사, 1991.

이현희, 「대한민국 임시정부와 지암 이종욱」, 지암불교문화재단, 『지암 이종욱의 독립운
　　　동과 조선불교조계종 학술회의 자료집』, 2007.

林英正, 「대한승려련합회 독립선언서 원문 발견의 의의」, 〈대한불교〉, 1970. 3. 15.

임종국, 『실록 친일파』, 돌베개, 1991.

임종국, 『일제침략과 친일파』, 청사.

임혜봉, 『친일불교론(하권)』, 민족사, 1993.

임혜봉, 『친일파 108인』, 청년사, 2005.

張錫興, 「大韓民國靑年外交團硏究」, 독립기념관 독립운동사연구소, 『한국독립운동사
　　　연구』 제2집(1988).

鄭珖鎬, 「通度寺會議錄綴」, 『韓國佛敎最近百年史編年』, 仁荷大出版部, 1999.

朝鮮佛敎曹溪宗, 「宗報」, 『佛敎』 신34집(1942. 3) 附錄.

朝鮮佛敎曹溪宗總本寺太古寺, 「朝鮮佛敎曹溪宗總本寺太古寺法」, 『朝鮮佛敎曹溪宗
　　　法及宗令』, 1942.

조경한, 「이종욱공적사항 확인서」, 1977. 3.

조영암, 「救國堂 白初月 大禪師 獄死殉國錄(略記)」, 국가보훈처장에게 보낸 자료.

지관, 『한국고승비문총집 – 조선조 · 근현대』, 가산불교문화연구원, 2000.

지암문도회, 『지암화상평전』, 삼장원, 1991.

지암불교문화재단, 『지암 이종욱의 독립운동과 조선불교조계종 학술회의 자료집』 2007.

總本山建設事務所, 「總本山建設에 關한 報告」, 『佛敎』 신20집(1938. 5).

崔錦峯, 「三十一本山住持會同見聞記」, 『佛敎』 신2집(1937. 4).

崔凡述, 「三‧一運動과 海印寺」 ①～③, 〈大韓佛敎〉 1969. 2. 16, 2. 23, 3. 9.

중앙일보 특별취재반, 「발굴자료와 새 證言으로 밝히는 日帝統治의 뒷무대 – 잃어버린
　　36年」, 〈中央日報〉, 1984. 1. 23.

한국농촌경제연구원, 『농지개혁사연구』, 1989.

韓圭茂, 「尙洞靑年會에 대한 연구, 1897–1914」, 『歷史學報』 126(1990).

한승인, 『독재자 이승만』, 일월서각, 1984.

韓龍雲, 「朝鮮佛敎의 改革案」, 『佛敎』 제88호(1931. 10).

洪德裕, 「李鍾郁」, 조동걸 외, 『太白의 人物』, 강원일보사, 1973.

〈대한불교〉 1970. 3. 8, 「승려 3‧1독립투쟁사 발견」.

〈불교신문〉 1951. 10, 〈불교신문〉 1951. 11. 19, 1951. 12. 11, 1984. 8. 1, 김어수 글.

〈불교신문〉 1969. 11. 9, 「이종욱스님 입적 – 88세로 구례 화엄사서」.

『불교』 56호(1929. 2), 『佛敎』 신33집, 1942년 2월호.

〈독립신문〉 大韓民國 二年 一月 一日, 「義親王 以下 三十三人의 宣言」.

〈동아일보〉 1920. 9. 13, 1922. 3. 27.

〈매일신보〉 1920. 10. 5, 3면 「이대정就捕內幕 – 이강 전하를 모셔가려던 이대정의 계획
　　사실의 내막」.

〈매일신보〉 1944. 9. 25, 1945. 6. 9, 1926. 12. 24.

〈매일신보〉 1927. 7. 4, 4면, 「月精寺 死活問題」.

〈매일신보〉 1928. 7. 29, 4면, 「月精寺 負債 整理 進捗」.

『법륜』 1979. 8, 「8‧15특집좌담 – 일제통치와 8‧15해방」.

〈법보신문〉 1993. 9. 20, 「큰스님을 찾아서 – 봉선사조실 雲鏡대종사」.

『불교공보』 1949. 6.

『불교시보』 제16호(1936. 11. 1).

『불교』 44(1928. 2), 「江陵布敎堂 復活」.

『불교』 신12집(1938. 5), 「교무원 소식」.

『불교』 신12집(1938. 5), 「支那事變에 依한 各種獻納金品調」.

『불교』 신17집(1938. 11), 卍海, 「總本山創設에 對한 再認識」.

『佛敎』 제81호, 10쪽. 三寶學會, 『韓國近世佛敎百年史』, 민족사.

『佛敎』 제91호(1932. 1), 17쪽. 金光植, 「1930년대 佛敎界의 宗憲 실행문제」, 『韓國近
　　代佛敎史硏究』 民族社, 1996.

『朝鮮民族運動年鑑』, 1932.

『朝鮮佛敎曹溪宗報』 제32호(1944.9).

『朝鮮佛敎叢報』 제6호, 65쪽.

〈朝鮮日報〉 1937. 3. 20, 「大本山 創設難 佛敎 寺刹令의 改正이 없으면 當局에서도 許
　　可 不能」.

〈朝鮮日報〉 1969. 11. 15, 「화엄사 지암스님 몸서 사리 96개」.

〈인터뷰〉
고송 스님(대구 파계사, 2000. 6. 16).
보광 스님(삼척 감로사, 1999. 8).
설산 스님(서울 정토사, 2000. 3. 5).
조용명 스님(부산 동래온천관광호텔, 2000. 4. 22).
화산 스님(대구 화광원, 1999. 8).
희태 스님(대전 보광명사, 1998. 11, 2000. 1. 10, 6. 17).

조계종의 산파
지암 이종욱

1판 1쇄 펴냄 2011년 11월 30일

글 박희승

발행인 이자승 편집인 김용환 총괄 문종남
편집 김선경 박선주 김진한 디자인 김형조
제작 윤찬목 마케팅 문성빈 관리 김미경

펴낸곳 (주)조계종출판사
출판등록 제 300-2007-78호(2007. 4. 27)
주소 서울시 종로구 견지동 13번지 대한불교조계종 전법회관 7층
전화 02-733-6390 팩스 02-720-6019
홈페이지 www.jogyebook.com
구입문의 불교전문서점 02-2031-2070

ⓒ 박희승, 2011

ISBN : 978-89-93629-70-5   03220

이 도서의 국립중앙도서관 출판시도서목록(CIP)은 e-CIP홈페이지(http://www.nl.go.kr/ecip)
와 국가자료공동목록시스템(http://www.nl.go.kr/kolisnet)에서 이용하실 수 있습니다.
(CIP제어번호 : CIP 2011004986)